Bettina von Arnim
Die Günderode
Erster Band

I0660718

SEVERUS Verlag

ISBN: 978-3-95801-699-6
Druck: SEVERUS Verlag, 2017
Nachdruck der Originalausgabe von 1914

Der SEVERUS Verlag ist ein Imprint der Diplomica Verlag GmbH.
Bibliografische Information der Deutschen Nationalbibliothek:
Die Deutsche Nationalbibliothek verzeichnet diese Publikation in der Deutschen National-
bibliografie; detaillierte bibliografische Daten sind im Internet über http://dnb.d-nb.de
abrufbar.

© SEVERUS Verlag, 2017
http://www.severus-verlag.de
Printed in Germany
Alle Rechte vorbehalten.
Der SEVERUS Verlag übernimmt keine juristische Verantwortung oder irgendeine Haftung
für evtl. fehlerhafte Angaben und deren Folgen.

Bettina von Arnim

Die Günderode
Erster Band

ERSTER TEIL

Den Studenten

Die Ihr gleich goldnen Blumen auf zertretnem Feld wieder aufsprosset zuerst! In fröhlichen Zukunftsträumen der Muttererde huldigt, harrend voll heiligem Glauben, daß endlich Eurer Ahnung Gebild vollende der Genius und Fesseln der Liebe Euch umlege und großer Männer Unsterblichkeit in den Busen Euch säe –

Die Ihr immer rege, von Geschlecht zu Geschlecht, in der Not wie in des Glückes Tagen auf Begeistrungspfaden schweift; in Germanias Hainen, auf ihren Ebnen und stolzen Bergen, am gemeinsamen Kelch heiligkühner Gedanken Euch berauschend, die Brust erschließt und mit glühender Träne im Aug Bruderliebe schwört einander, Euch schenk ich dies Buch.

Euch Irrenden, Suchenden! die Ihr hinanjubelt den Parnassos, zu Kastalias Quell; reichlich der aufbrausenden Flut zu schöpfen den Heroen der Zeit und auch den Schlafenden im schweigenden Tal, schweigend, feierlichen Ernstes die Schale ergießt.

Die ihr Hermanns Geschlecht Euch nennt, Deutschlands Jüngerschaft! – dem Recht zur Seite, klingenwetzend der Gnade trotzt; mit Schwerterklirren und der Begeistrung Zuversicht der Burschen Hochgesang anstimmt: >Landesvater, Schutz und Rater!< mit flammender Fackel, donnernd ein dreifach Hoch dem Herrscher, dem Vaterland, dem Bruderbunde jauchzt, und: >Strömen gleich, zusammenrauschet in ein gewaltig Heldenlied<.

Ihr, die mit Trug noch nicht nach nichtiger Hoffnung jagtet! Wenn der Philister Torengeschlecht den Stab Euch bricht, so gedenket, Musensöhne! daß ihre Lärmtrommel des leuchtenden Pythiers Geist nicht betäubt; keine Lüge haftet an ihm, keine Tat, kein Gedanke! Er ist wissend! – und lenkt, daß, unberührt von des Gesetzes Zwang, schnellen, feurigen Wachstums das Göttliche erblühe und in der Zeiten Wechsel ein milder Gestirn schützend über Euch hinleuchte.

1

An die Günderode

Der Plaudergeist in meiner Brust hat immerfort geschwätzt mit Dir, durch den ganzen holperigen Wald bis auf den Trages, wo alles schon schlief; sie wachten auf und sagten, es wäre schon ein Uhr vorbei; auf dem Lande blasen sie abends die Zeit aus wie eine Kerz, die man sparen will. Wie ich erzählte, daß Du mitgefahren warst bis Hanau, da hätten sie Dich all gern hier haben wollen, ein jeder für sich allein, da wär ich doch um Dich gekommen. Durch Dich feuert der Geist, wie die Sonn durchs frische Laub feuert, und mir geht's wie dem Keim, der in der Sonn brütet, wenn ich an Dich denken will, es wärmt mich, und ich werd freudig und stolz und streck meine Blätter aus, und oft bin ich unruhig und kann nicht auf einem Platz bleiben, ich muß fort ins Feld, in den Wald; – in freier Luft kann ich alles denken, was im Zimmer unmöglich war, da schwärmen die Gedanken über die Berg, und ich seh ihnen nach.

Alles ist heut nach Meerholz gefahren zum Vetter mit der zu großen Nas, ich bin allein zu Haus, ich hab gesagt, ich wollt schreiben, aber die Hauptursach war die Nas.

Eben komm ich aus der Lindenallee, ich hab das ganze Gewitter mitgemacht, die Bäum geben gut Beispiel, wie man soll standhaft sein im Ungewitter, Blitz und Donner hintereinander her, bis sie außer Atem waren, nun ruhen alle Wälder. Ich war gleich naß, und so warm der Regen, hätt's nur stärker noch regnen wollen, aber bald war's schön Wetter und der Regenbogen auf dem Saatfeld; ich war wohl eine halbe Stunde weit gelaufen und ihm doch nicht näher gekommen, da fiel mir ein, daß man oft denkt, es wäre so nah alles, was man gern erreichen möcht, und wie man mit allem Eifer doch nicht näher rückt. Wenn nicht die Schönheit vom Himmel herab uns überstrahlt, von selbst, ihr entgegenlaufen ist umsonst – ich hab den ganzen Nachmittag verlaufen; eben kommen sie schon angefahren.

Sonntag

Gestern ging ich noch allein in der Dunkelheit durchs Feld. Da fiel mir wieder ein, alles, was wir am Sonntag von Frankfurt bis Hanau im Wagen zusammen geredet haben; – wer von uns beiden zuerst sterben wird. Jetzt bin ich schon acht Tag hier, unser Gespräch klingt noch immer nach in mir. »Es gibt ja noch Raum außer dieser kleinen Tags- und Weltgeschichte, in dem die Seel ihren Durst, selbst etwas zu sein, löschen dürfe«, sagtest

2

Du. – Da hab ich aber gefühlt und fühl's eben wieder und immer: wenn Du nicht wärst, was wär mir die ganze Welt? – kein Urteil, kein Mensch vermag über mich, aber Du! – auch bin ich gestorben schon jetzt, wenn Du mich nicht auferstehen heißest und willst mit mir leben immerfort; ich fühl's recht, mein Leben ist bloß aufgewacht, weil Du mir riefst, und wird sterben müssen, wenn es nicht in Dir kann fortgedeihen. – Frei sein willst du, hast du gesagt? – ich will nicht frei sein, ich will Wurzel fassen in Dir – eine Waldrose, die im eignen Duft sich erquicke, will die der Sonne sich schon öffnen, und der Boden löst sich von ihrer Wurzel, dann ist's aus. – Ja, mein Leben ist unsicher; ohne Deine Liebe, in die es eingepflanzt ist, wird's gewiß nicht aufblühen, und mir ist's eben so durch den Kopf gefahren, als ob Du mich vergessen könntest; es ist aber vielleicht nur, weil's Wetter leuchtet so blaß und kalt, und wenn ich denk an die feurigen Strahlen, mit denen Du oft meine Seele durchleuchtest! – bleib mir doch.

Bettine

An die Bettine

Ich habe die Zeit über recht oft an Dich gedacht, liebe Bettine. Vor einigen Nächten träumte mir, Du seist gestorben, ich weinte sehr darüber und hatte den ganzen Tag einen traurigen Nachklang davon in meiner Seele. Als ich den Abend nach Hause kam, fand ich Deinen Brief; ich freute mich und wunderte mich, weil ich glaubte, einen gewissen Zusammenhang zwischen meinen Träumen und Deinen Gedanken zu finden.

Gestern abend ist Clemens hier angekommen, ich wollte, Du wärst hier, es würde ihm viel behaglicher und heimlicher sein, ich glaube, wenn Du nicht bald hierher kömmst, so geht er nach Trages.

In diesem ganzen Brief ist wohl noch kein einziges Wort, was Dich erfreut? Du drehst das Blatt herum und siehest, ob nicht eine Art von russischem Kabriolett gefahren kommt; aber es will nichts kommen; weißt Du warum? weil ich ihn in der ganzen Zeit nur zwei Minuten gesehen habe; weil er geritten kam und weil er kein vernünftiges Wort gesprochen hat. Sei lustig, Bettine, und laß Dir nicht mit Kabrioletts im Herzen herumfahren.

Grüße den Savigny recht freundlich von mir, erinnere ihn doch zuweilen an mich; ich habe ihn sehr lieb, aber nach Trages komme ich doch nicht.

Tue mir den Gefallen und frage die Sanchen, ob ich nicht einen Chignonkamm und eine Kette in Trages hätte liegenlassen? – Wenn Du noch nicht bald wieder zu uns kommst, so schreibe mir wieder, denn ich habe Dich lieb; sage mir auch, wie Ihr lebt.

Karoline

Grüße doch auch die Gundel von mir. Auf meiner Heimfahrt von Hanau hab ich das Gespräch gedichtet; es ist ein bißchen vom Zaun gebrochen. – Ich wollt, die Prosa wär edler, das heißt: ich wollt, sie wär musikalischer; es enthält viel, was wir im Gespräch berührt haben. Du schreibst mit mehr Musik Deine Briefe; ich wollt, ich könnt das lernen.

Die Manen

SCHÜLER. Weiser Meister! ich war in den Katakomben der Schwedenkönige, ich nahte mich dem Sarg des Gustav Adolf mit sonderbarem, schmerzlichem Gefühl, seine Taten gingen an meinem Geist vorüber, ich sah zugleich sein Leben und seinen Tod, seine überschwengliche Tatkraft und die tiefe Ruhe, in der er schon dem zweiten Jahrhundert entgegenschlummert; ich rief mir die grausenvolle Zeit zurück, in der er lebte, mein Gemüt glich einer Gruft, aus der die schwankenden Schatten der Vergangenheit heraufsteigen. Ich weinte so heiße Tränen seinem Tod, als sei er heute erst gefallen. Dahin! Verloren! Vergangen! sagte ich mir, sind dies des großen Lebens Früchte alle? – Ach! – ich mußte die Gruft verlassen, ich suchte Zerstreuung, ich suchte andre Schmerzen, aber der unterirdische trübe Geist verfolgt mich, ich kann die Wehmut nicht loswerden, die wie ein Trauerflor über meine Gegenwart sich legt, dies Zeitalter ist mir nichtig und leer, sehnlich und gewaltig zieht mich's in die Vergangenheit dahin! Vergangen, so ruft mein Geist. O möcht ich mit vergangen sein und diese schlechte Zeit nie gesehen haben, in der die Vorwelt vergeht, an der ihre Größe verloren ist.

LEHRER. Verloren ist nichts, junger Schüler, und in keiner Weise, nur das Auge vermag nicht des Grundes unendliche Folgenkette zu übersehen. Aber willst Du auch dies nicht bedenken, Du kannst doch nicht verloren nennen und dahin, was so mächtig auf Dich wirkt. – Dein eigen Geschick, die Gegenwart bewegen Dich so heftig nicht wie das Andenken des großen Königs, lebt er da nicht jetzt noch mächtiger in Dir als die Gegenwart, oder nennst Du nur Leben, was im Fleisch und im Sichtbaren fortlebt, und ist Dir dahin und verloren, was noch in Gedanken wirkt und da ist?

SCHÜLER. Wenn es Leben ist, so ist es doch nicht mehr als Schattenleben, dann ist die Erinnerung des Gewesenen mehr als die bleiche Schattenwirklichkeit.

LEHRER. Gegenwart ist ein flüchtiger Augenblick; sie vergeht, indem Du sie erlebst; des Lebens Bewußtsein liegt in der Erinnerung; in diesem Sinn nur kannst du Vergangenes betrachten, gleichviel ob es längst oder eben nur vorging.

SCHÜLER. Du sprichst wahr! – So lebt denn ein großer Mensch nicht nach seiner Weise in mir fort, sondern nach der meinen. Wie ich ihn aufnehme, wie und ob ich mich seiner erinnern mag?

LEHRER. Freilich lebt das nur fort in Dir, was Dein Sinn befähigt ist aufzunehmen, insofern es Gleichartiges mit Dir hat; das Fremdartige in Dir tritt nicht mit ihm in Verbindung, darauf kann er nicht wirken, und mit dieser Einschränkung nur wirken alle Dinge. Wofür Du keinen Sinn hast, das geht Dir verloren wie die Farbenwelt dem Blinden.

SCHÜLER. So muß ich glauben, nichts gehe verloren, da alle Ursachen in ihren Folgen fortleben, daß sie aber nur wirken auf das, was Empfänglichkeit oder Sinn für ihn hat. –

Der Welt mag genügen an diesem Nichtverlorensein, an dieser Art fortzuleben, mir ist es nicht genug; ich möchte zurück in der Vergangenheit Schoß, ich sehne mich nach unmittelbarer Verbindung mit den Manen der großen Vorzeit.

LEHRER. Hältst Du es denn für möglich?

SCHÜLER. Ich hielt es für unmöglich, als noch kein Sehnen mich dahin zog; gestern hätte ich noch jede Frage danach für töricht gehalten, heute wünsche ich schon, die Verbindung mit der Geisterwelt wäre möglich, ja mir deucht, ich wäre geneigt, sie glaublich zu finden.

LEHRER. Mich deucht, die Manen des großen Gustav Adolf haben Deinem innern Auge zum Lichte verholfen. So vernehme mich denn. So gewiß alles Harmonische in Verbindung stehet, es mag sichtbar oder unsichtbar sein, so gewiß sind auch wir in Verbindung mit dem Teil der Geisterwelt, der mit uns harmoniert. Ähnliche Gedanken verschiedener Menschen, auch wenn sie nie voneinander wußten, ist in geistigem Sinn schon Verbindung; der Tod eines Menschen, der in solcher Berührung mit mir steht, hebt sie nicht auf; der Tod ist ein chemischer Prozeß, eine Scheidung der Kräfte, aber kein Vernichter; er zerreißt das Band zwischen mir und ähnlichen Seelen nicht, aber das Fortschreiten des einen und das Zurückbleiben des andern kann wohl diese Gemeinschaft aufheben, wie einer, der in allem Trefflichen fortgeschritten ist, mit dem unwissend gebliebenen Jugendfreund nicht mehr zusammenstimmen wird. Du wirst dies leicht ganz allgemein und ganz aufs Besondere anwenden können.

SCHÜLER. Vollkommen! – Du sagst, Harmonie der Kräfte ist Verbindung; der Tod hebt diese Verbindung nicht auf, da er nur scheidet und nicht vernichtet.

LEHRER. Ich fügte hinzu, das Aufheben dessen, was diese Harmonie bedingt, müßte auch notwendig diese Verbindung aufheben – eine Verbindung mit Verstorbenen kann also statthaben, insofern sie nicht aufgehört haben, mit uns zu harmonieren.

SCHÜLER. Ich kann es fassen.

LEHRER. Es kommt nur darauf an, diese Verbindung gewahr zu werden. Bloß geistige Kräfte können unsern äußern Sinnen nicht offenbar werden; sie wirken nicht durch Aug und Ohr, sondern durch das Organ, durch das allein eine Verbindung mit ihnen möglich ist: durch den innern Sinn; auf ihn wirken sie unmittelbar. Dieser innere Sinn, das tiefste und feinste Seelenorgan, ist bei fast allen Menschen unentwickelt und nur dem Keim nach da. – Das Weltgeräusch, der Menschheit Handel und Wandel, der nur oberflächlich und nur die Oberfläche berührt, lassen es zu keiner Ausbildung, zu keinem Bewußtsein kommen; so wird es nicht erkannt, und was sich zu allen Zeiten in ihm offenbarte, hat viele Zweifler und Schmäher gefunden, und bis jetzt ist sein Empfangen und Wirken nur in seltnen Menschen die individuellste Seltenheit. – Ich will nicht ungeistigen Gesichten und Geistererscheinungen das Wort reden, aber ich fühle deutlich, daß der innere Sinn so hoch angeregt werden kann, daß die innere Erscheinung vor das körperliche Auge treten kann, wie auch umgekehrt die äußere Erscheinung vor das geistige Auge tritt;

6

so brauch ich nicht durch Betrug oder Sinnentäuschung alles Wunderbare zu erklären, doch weiß ich, man nennt in der Weltsprache diese innere Entwicklung der Sinne Einbildung.

Wessen Geistesgabe Licht auffängt, der sieht dem andern unsichtbare, mit ihm verbundene Dinge. Aus diesem innern Sinn sind die Religionen hervorgegangen und so manche Apokalypsen alter und neuer Zeit. Aus dieser Sinnenfähigkeit, Verbindungen wahrzunehmen, die andere, deren Geistesauge verschlossen ist, nicht fassen, entsteht die prophetische Gabe, Gegenwart und Vergangenheit mit der Zukunft zu verbinden, den notwendigen Zusammenhang der Ursachen und Wirkungen zu sehen; Prophezeiung ist Sinn für die Zukunft. Man kann die Wahrsagerkunst nicht erlernen, der Sinn für sie ist geheimnisvoll, er entwickelt sich geheimnisvoller Art, er offenbart sich oft nur wie ein schneller Blitz, der dann von dunkler Nacht wieder begraben wird. Man kann Geister nicht durch Beschwörung rufen, aber sie können dem Geist sich offenbaren, das Empfängliche kann sie empfangen, dem inneren Sinn können sie erscheinen. –

Der Lehrer schwieg, und sein Zuhörer verließ ihn. Mancherlei Gedanken bewegten sein Inneres, und seine ganze Seele strebte, sich das Gehörte zum Eigentum zu machen.

An die Günderode

Du weißt, daß der Bostel hier ist – der läuft mir immer nach und sagt: »Bettine, warum sind Sie so unliebenswürdig?« – Ich frag, wie soll ich's machen, um liebenswürdig zu sein? – »Sein Sie wie Ihre Schwester Loulou, sprechen Sie ruhig mit einem und bezeigen Sie doch nur ein klein wenig Teilnahme an was man Ihnen sagt; aber wenn man Sie auch aus Mitleid wie ein Mädchen, das schon was bedeutet, behandeln wollt, es ist nicht möglich; Sie haben nicht weniger Unruh als eine junge Katz, die einer Maus nachläuft. Derweil man Ihnen die Ehre antut, mit Ihnen zu sprechen, klettern Sie auf Tisch und Schränken herum, sie steigen zu den alten Familienporträten und scheinen weit mehr Anteil an deren Gesichtern zu nehmen als an uns Lebenden.« – Ja, Herr von Bostel, das ist bloß, weil die dort so ganz übersehen und vergessen sind, weil kein Mensch mit denen spricht, da geht's mir grade, wie es Ihnen mit mir geht. Aus Mitleid, weil ich übersehen bin, sprechen Sie mit mir jungem Gelbschnabel, und das steckt mich an, daß ich dasselbe Mitleid mit den alten gemalten Perücken haben muß. – »Aber sagen Sie, sind Sie gescheut? – Wie wollen Sie Mitleid haben mit gemalten Bildern?« – Ei, Sie haben's ja auch mit mir! – »Nun ja, aber die Bilder empfinden's doch nicht.« – Ei, ich empfind's auch nicht. – »Aber bei Gott, ich bemitleide Sie, – Sie sind auf dem Weg, närrisch zu werden.«

Ich hätt Dir die Dummheiten nicht erzählt, wenn's nicht einen großen Lärm gegeben hätt; der Clemens wollte das vom guten Bostel nicht haben; sie redeten so heftig hin und her von Schelmufsky und dem Großmogul, und im kleinen Häuschen, wo sie zusammen hingegangen waren, ward es so laut, daß es sich von weitem wie Streit anhörte; ich ging hinunter und wartete, bis der Bostel herauskam; der war ganz erhitzt, ich nahm alles auf mich und bat um Verzeihung, daß ich so unartig gewesen sei, und was weiß ich, was ich alles sagte, bis er endlich versprach, mit dem Clemens nicht mehr bös zu sein, und wenn ich meine Unart eingestehe, so wolle er mir verzeihen. – Ich gestand alles zu, dachte aber doch heimlich, was der vor ein possierlicher Kerl wär; der Clemens kam dazu, da ward von beiden Seiten die Schuld auf mich geschoben; ich ließ es ohne Widerspruch geschehen und besänftigte sie beide; sie gaben einander die Hand und mir gute Lehren.

Die Menschen sind gut, ich bin es ihnen von Herzen, aber wie das kommt, daß ich mit niemand sprechen kann? – Das hat nun Gott gewollt, daß ich nur mit Dir zu Haus bin. – Die Manen les ich immer wieder, sie wecken mich recht zum Nachdenken. Du meinst, daß Dir die Sprache nicht drin gefällt? – Ich glaub, daß große Gedanken, die man zum erstenmal denkt, die sind so überraschend, da scheinen einem die Worte zu nichtig, mit denen man sie aufnimmt, die suchen sich ihren Ausdruck, da ist man als zu zaghaft, einen zu gebrauchen, der noch nicht gebräuchlich ist, aber was liegt doch dran? ich wollt immer so reden, wie es nicht statthaft ist, wenn es mir näher dadurch kommt in der Seel; ich glaub gewiß, Musik muß in der Seele walten, Stimmung ohne Melodie ist nicht fließend zu denken; es muß etwas der Seele so recht Angebornes geben, worin der Gedankenstrom fließt. – Dein Brief ist ganz melodisch zu mir, viel mehr wie Dein Gespräch. >Wenn Du noch nicht bald wieder zu uns kommst, so schreibe mir wieder, denn ich habe Dich lieb.< Diese Worte haben einen melodischen Gang, und dann: >Ich habe die Zeit über recht oft an Dich gedacht, liebe Bettine! Vor einigen Nächten träumte mir, Du seist gestorben; ich weinte sehr darüber und hatte den ganzen Tag einen traurigen Nachklang davon in meiner Seele.< Ich auch, liebstes Günder-ödchen, würde sehr weinen, wenn ich Dich sollt hier lassen und in eine andre Welt gehen; ich kann mir nicht denken, daß ich irgendwo ohne Dich zu mir selber kommen möcht. Der musikalische Klang jener Worte äußert sich wie der Pulsschlag Deiner Empfindung; das ist lebendige Liebe, die fühlst Du für mich. Ich bin recht glücklich; ich glaub auch, daß nichts ohne Musik im Geist bestehen kann und daß nur der Geist sich frei empfindet, dem die Stimmung treu bleibt. – Ich kann's auch noch nicht so deutlich sagen, ich meine, man kann kein Buch lesen, keins ver-stehen oder seinen Geist aufnehmen, wenn die angeborne Melodie es nicht trägt, ich glaub, das alles müßt gleich begreiflich oder fühlbar sein, wenn es in seiner Melodie dahinfließt. Ja, weil ich das so denke, so fällt mir ein, ob nicht alles, solang es nicht melodisch ist, wohl auch noch nicht wahr sein mag. Dein Schelling und Dein Fichte und Dein Kant sind mir ganz unmögliche Kerle. Was hab ich mir für Mühe geben, und ich bin eigentlich nur davongelaufen hierher, weil ich eine Pause machen wollte. Repulsion, Attraktion, höchste Potenz. – –

Weißt Du, wie mir's wird? – Dreherig – Schwindel krieg ich in den Kopf, und dann, weißt Du noch? – ich schäm mich – ja, ich schäm mich, so mit Hacken und Brecheisen in die Sprach hineinzufahren, um etwas da herauszubohren, und daß ein Mensch, der gesund geboren ist, sich ordent-liche Beulen an den Kopf denken muß und allerlei physische Krankheiten dem Geist anbilden. – Glaubst Du, ein Philosoph sei nicht fürchterlich hoffärtig? – Oder wenn er auch einen Gedanken hat, davon wär er klug? – O nein, so ein Gedanke fällt ihm wie ein Hobelspan von der Drechselbank; davon ist so ein weiser Meister nicht klug. Die Weisheit muß natürlich sein, was braucht sie doch solcher widerlicher Werkzeuge, um in Gang zu kommen? sie ist ja lebendig – sie wird sich das nicht gefallen lassen. – Der Mann des Geistes muß die Natur lieben über alles, mit wahrer Lieb, dann blüht er – dann pflanzt die Natur Geist in ihn. Aber ein Philosoph scheint mir so einer nicht, der ihr am Busen liegt und ihr vertraut und mit allen Kräften ihr geweiht ist. – Mir deucht vielmehr, er geht auf Raub; was er ihr abluchsen kann, das vermanscht er in seine geheime Fabrik, und da

9

hat er seine Not, daß sie nicht stockt, hier ein Rad, dort ein Gewicht, eine Maschine greift in die andere, und da zeigt er den Schülern, wie sein Perpetuum mobile geht, und schwitzt sehr dabei, und die Schüler staunen das an und werden sehr dumm davon. – Verzeih mir's, daß ich so faselig Zeug red; Du weißt, ich hab's mit meinem Abscheu nie weiter gebracht, als daß ich erhitzt und schwindelig geworden bin davon, und wenn die großen Gedanken Deines Gesprächs vor mir auftreten, die doch philosophisch sind, so weiß ich wohl, daß nichts Geist ist als nur Philosophie, aber wend's herum und sag: es ist nichts Philosophie als nur ewig lebendiger Geist, der sich nicht fangen, nicht beschauen noch überschauen läßt, nur empfinden, der in jedem neu und ideal wirkt, und kurz: der ist wie der Äther über uns. Du kannst ihn auch nicht fassen mit dem Aug, Du kannst dich nur von ihm überleuchtet, umfangen fühlen, Du kannst von ihm leben, nicht ihn für Dich erzeugen. Ist denn der Schöpfernatur ihr Geist nicht gewaltiger als der Philosoph mit seinem Dreieck, wo er die Schöpfungskraft drin hin und her stößt, was will er doch? – meint er, diese Gedankenaufführung sei eine unwiderstehliche Art, dem Naturgeist nahzukommen? Ich glaub einmal nicht, daß die Natur einen solchen, der sich zum Philosophen eingezwickt hat, gut leiden kann. >Wie ist Natur so hold und gut, die mich am Busen hält< – so was lautet wie Spott auf einen Philosophen. Du aber bist ein Dichter, und alles, was du sagst, ist die Wahrheit und heilig. >Man kann Geister nicht durch Beschwörung rufen, aber sie können sich dem Geist offenbaren; das Empfängliche kann sie empfangen, dem innern Sinn können sie erscheinen.< Nun ja! wenn es auch die ganze heutige Welt nicht faßt, was Du da aussprichst, wie ich gewiß glaub, daß es umsonst der Welt gesagt ist, so bin ich aber der Schüler, dessen ganze Seele strebt, sich das Gehörte zum Eigentum zu machen – und aus dieser Lehre wird mein künftig Glück erblühn, nicht weil ich's gelernt hab, aber weil ich's empfind; es ist ein Keim in mir geworden und wurzelt tief, ja, ich muß sagen, es spricht meine Natur aus, oder vielmehr, es ist das heilige Wort >Es werde<, was du über mich aussprichst. – Ich hab's jetzt jede Nacht gelesen im Bett und empfind mich nicht mehr allein und für nichts in der Welt; ich denk, da die Geister sich dem Geist offenbaren können, so möchten sie zu meinem doch sprechen; und was die Welt >überspannte Einbildung< nennt, dem will ich still opfern und gewiß meinen Sinn vor jedem bewahren, was mich unfähig dazu machen könnte; denn ich empfinde in mir ein Gewissen, was mich heimlich warnt, dies und jenes zu meiden. – Und wie ich mit Dir red heute, da fühl ich, daß es eine bewußtlose Bewußtheit gebe, das ist Gefühl, und daß der Geist bewußtlos erregt wird – so wird's wohl sein mit den Geistern. Aber still davon, durch Deinen Geist haucht mich die Natur an, daß ich erwach, wie wenn die Keime zu Blättern werden. – Ach, eben ist ein großer Vogel wider mein Fenster geflogen und hat mich so erschreckt, es ist schon nach Mitternacht, gute Nacht.

Bettine

An die Bettine

Es kömmt mir bald zu närrisch vor, liebe Bettine, daß Du Dich so feierlich für meinen Schüler erklärst, ebenso könnte ich mich für den Deinen halten wollen; doch macht es mir viele Freude, und es ist auch etwas Wahres daran, wenn ein Lehrer durch den Schüler angeregt wird, so kann ich mit Fug mich den Deinen nennen. Gar viele Ansichten strömen mir aus Deinen Behauptungen zu und aus Deinen Ahnungen, denen ich vertraue, und wenn Du so herzlich bist, mein Schüler sein zu wollen, so werd ich mich einst wundern, was ich da für einen Vogel ausgebrütet habe.

Deine Erzählung vom Bostel ist ganz artig; nichts lieber tust Du, als die Sünden der Welt auf Dich zu nehmen, Du trägst keine Last an ihnen, sie beflügeln Dich vielmehr zu Heiterkeit und Mutwillen, man könnte denken, Gott habe selber sein Vergnügen an Dir. Aber dahin wirst Du es nicht bringen, daß die Menschen Dich als etwas Besseres achten, als sie selber sind. Doch wie auch Genie sich Luft und Licht mache, es ist immer ätherischerweise, und wär es selbst den Ballast des Philistertums auf den Flügeln tragend. In solchen Dingen bist Du gebornes Genie, darin kann ich nur Dein Schüler sein und trachte auch mit großem Fleiß, Dir nachzukommen; es ist ein spaßiges In-die-Runde-Laufen, daß, während Dich jedermann so oft über Deine sogenannte Inkonsequenzen verklagt, ich heimlich mir Vorwürfe mache, daß mein Genie hierzu nicht ausreicht. – ›Sorglos über die Fläche weg, wo vom kühnsten Wager die Bahn Dir nicht vorgegraben Du siehst‹ – immerhin, nur das einzige tue mir und fange nicht alles untereinander an; in Deinem Zimmer sah es aus wie am Ufer, wo eine Flotte gestrandet war. Schlosser wollte zwei große Folianten, die er für Dich von der Stadtbibliothek geliehen hat und die Du schon ein Vierteljahr hast, ohne drin zu lesen. Der Homer lag aufgeschlagen an der Erde, Dein Kanarienvogel hatte ihn nicht geschont,

Deine schön erfundene Reisekarte des Odysseus lag daneben, und der Muschelkasten mit dem umgeworfenen Sepianäpfchen und allen Farbenmuscheln drum her, das hat einen braunen Fleck auf Deinen schönen Strohteppich gemacht; ich habe mich bemüht, alles wieder in Ordnung zu bringen. Dein Flageolett, was Du mitnehmen wolltest und vergeblich suchtest, rat, wo ich's gefunden habe? – im Orangenkübel auf dem Altan war es bis ans Mundstück in die Erde vergraben; Du hofftest wahrscheinlich, einen Flageolettbaum da bei Deiner Rückkunft aufkeimen zu sehen; die Lisbeth hat den Baum übermäßig begossen, das Instrument ist angequollen, ich hab es an einen kühlen Ort gelegt, damit es gemächlich wieder eintrocknen kann und nicht berstet, was ich aber mit den Noten anfange, die daneben lagen, das weiß ich nicht, ich hab sie einstweilen in die Sonne gelegt; vor menschlichen Augen darfst Du sie nicht mehr sehen lassen, ein sauberes Ansehen erhalten sie nicht wieder. – Dann flattert das blaue Band an Deiner Gitarre, nun schon seitdem Du weg bist, zum großen Gaudium der Schulkinder gegenüber, so lang es ist, zum Fenster hinaus, hat Regen und Sonnenschein ausgehalten und ist sehr abgeblaßt; dabei ist die Gitarre auch nicht geschont worden; ich hab die Lisbeth ein wenig vorgenommen, daß sie nicht so gescheut war, das Fenster zuzumachen hinter den dunklen Plänen; sie entschuldigte sich, weil's hinter den grünseidnen Vorhängen versteckt war, da doch, sooft die Türe aufgeht, die Fenster vom Zugwind sich bewegen. Dein Riesenschilf am Spiegel ist noch grün, ich hab ihm frisch Wasser geben lassen, Dein Kasten mit Hafer, und was sonst noch drein gesäet ist, ist alles durcheinander emporgewachsen; es deucht mir viel Unkraut drunter zu sein, da ich es aber nicht genau unterscheiden kann, so hab ich nicht gewagt etwas auszureißen; von Büchern hab ich gefunden auf der Erde den >Ossian<, die >Sakontala<, die >Frankfurter Chronik<, den zweiten Band Hemsterhuis, den ich zu mir genommen habe, weil ich den ersten Band von Dir habe; im Hemsterhuis lag beifolgender philosophischer Aufsatz, den ich mir zu schenken bitte, wenn Du keinen besonderen Wert darauf legst, ich hab mehr dergleichen von Dir, und da Dein Widerwille gegen Philosophie Dich hindert, ihrer zu achten, so möchte ich diese Bruchstücke Deiner Studien wider Willen beisammen bewahren, vielleicht werden sie Dir mit der Zeit interessanter. >Siegwart, ein Roman der Vergangenheit< fand ich auf dem Klavier, das Tintenfaß drauliegend, ein Glück, daß es nur wenig Tinte mehr enthielt, doch wirst Du Deine Mondschein-Komposition, über die es seine Flut ergoß, schwerlich mehr entziffern. Es rappelte was in einer kleinen Schachtel auf dem Fensterbrett, ich war neugierig, sie aufzumachen, da flogen zwei Schmetterlinge heraus, die Du als Puppen hineingesetzt hattest; ich hab sie mit der Lisbeth auf den Altan gejagt, wo sie in den blühenden Bohnen ihren ersten Hunger stillten. Unter Deinem Bett fegte die Lisbeth >Karl den Zwölften< und die Bibel hervor und auch – einen Lederhandschuh, der an keiner Dame Hand gehört, mit einem französischen Gedicht darin; dieser Handschuh scheint unter Deinem Kopfkissen gelegen zu haben, ich wüßte nicht, daß Du Dich damit abgibst, französische Gedichte im alten Stil zu machen; der Parfüm des Handschuh ist sehr angenehm und erinnert mich und macht mir immer heller im Kopf, und jeden Augenblick sollte mir einfallen, wo des Handschuh Gegenstück sein mag; indes sei ruhig über seinen Besitz, ich hab ihn hinter des Kranachs >Lukretia< geklemmt, da wirst Du ihn finden, wenn du zurückkommst; zwei Briefe hab ich auch unter den vielen beschriebenen Papieren gefunden, noch versiegelt, der eine aus Darmstadt, also vom jungen Lichtenberg, der andre aus Wien. Was hast Du denn da für Bekanntschaft? – und wie ist's möglich, wo Du so selten Briefe empfängst, daß Du nicht neugieriger bist oder vielmehr so zerstreut – Die Briefe hab ich auf Deinen Tisch gelegt. Alles ist jetzt hübsch ordentlich, so daß Du fleißig und mit Behagen in Deinen Studien fortfahren kannst.

Ich habe mit wahrem Vergnügen Dir Dein Zimmer dargestellt, weil es wie ein optischer Spiegel Deine aparte Art zu sein ausdrückt, weil es Deinen ganzen Charakter zusammenfaßt; Du trägst allerlei wunderlich Zeug zusammen, um eine Opferflamme dran zu zünden, sie verzehrt sich; ob die Götter davon erbaut sind, das ist mir unbekannt.

Karoline

Wenn du Muße findest, so schreib bald wieder.

Beilage zum Brief der Günderode

EIN APOKALYPTISCHES FRAGMENT

1. Auf hohem Fels im Mittelmeer stand ich, vor mir der Ost, hinter mir der West, und der Wind ruhte auf der See.

2. Die Sonne sank, kaum war sie verhüllt im Niedergang, enthüllte im Aufgang sich das Morgenrot; Morgen, Mittag, Abend und Nacht jagten in schwindelnder Eile um des Himmels Bogen.

3. Ich sah staunend sie sich drehen, mein Blut, meine Gedanken bewegten sich nicht rascher; die Zeit, indes sie außer mir nach neuen Gesetzen sich bewegte, ging in mir den gewohnten Gang.

4. Ich wollte ins Morgenrot mich stürzen oder mich tauchen in die Schatten der Nacht, eilend mit ihr dahinströmend, um nicht so langsam zu leben, aber im Schauen versunken ward ich müde und entschlief.

5. Da sah ich ein Meer vor mir, von keinem Ufer umgeben, nicht im Ost, noch Süd, noch West, noch im Nord; kein Windstoß bewegte die Wellen, aber in ihren Tiefen bewegte sich, wie von innerer Gärung gereizt, die unermeßliche See.

6. Und mancherlei Gestalten stiegen auf aus dem tiefen Meeresschoß, und Nebel stiegen auf und senkten sich in Wolken, und in zuckenden Blitzen berührten sie die gebärenden Wogen.

7. Und immer mannigfacher entstiegen der Tiefe Gestalten, mich ergriff Schwindel und Bangheit, meine Gedanken wurden hiehin und dorthin getrieben wie eine Fackel vom Sturmwind, bis meine Erinnerung erlosch.

8. Als ich wieder erwachte und von mir zu wissen anfing, da besann ich mich nicht, ob ich Jahrhunderte oder Minuten geschlafen, denn in den dumpfen, verworrenen Träumen war mir nichts begegnet, was mich an die Zeit erinnert hatte.

9. Es war dunkel in mir, als habe ich geruht in dieses Meeres Schoß und sei wie andere Gestalten ihm entstiegen. – Ich schien mir ein Tropfen Taues, ich bewegte mich lustig in der Luft hin und wider und freute mich, und mein Leben war, daß die Sonne sich in mir spiegle und die Sterne mich beschauten.

10. Ich ließ von den Lüften mich dahintragen in raschen Zügen; ich gesellte mich zum Abendrot, zu des Regenbogens siebenfarbigen Tropfen, ich reihte mit meinen Gespielen mich um den Mond, wenn er sich bergen wollte, und begleitete seine Bahn.

11. Die Vergangenheit war mir dahin, nur der Gegenwart gehörte ich an, eine Sehnsucht war in mir, die ihr Begehren nicht kannte, ich suchte

immer, und was ich fand, war nicht das Gesuchte, und sehnend trieb ich mich umher im Unendlichen.

12. Einst ward ich gewahr, daß alle die Wesen, die dem Meer entstiegen waren, wieder zu ihm zurückkehrten und in wechselnden Formen sich wieder erzeugten. Mich befremdete diese Erscheinung, denn ich hatte von keinem Ende gewußt. Da dachte ich, meine Sehnsucht sei, auch zurückzukehren zu der Quelle des Lebens.

13. Und da ich dies dachte und lebendiger fühlte als all mein Bewußtsein, ward plötzlich mein Gemüt wie mit betäubenden Nebeln umfangen. Aber sie schwanden bald, ich schien mir nicht mehr ich, meine Grenzen konnte ich nicht mehr finden, mein Bewußtsein hatte ich überschritten, es war größer, anders, und doch fühlte ich mich in ihm.

14. Erlöset war ich von den engen Schranken meines Wesens und kein einzelner Tropfen mehr, ich war allem wiedergegeben, und alles gehörte mir mit an, ich dachte und fühlte, wogte im Meer, glänzte in der Sonne, kreiste mit den Sternen; ich fühlte mich in allem und genoß alles in mir.

15. Drum, wer Ohren hat zu hören, der höre! Es ist nicht zwei, nicht drei, nicht Tausende, es ist Eins und Alles; es ist nicht Leib und Geist geschieden, daß das eine der Zeit, das andere der Ewigkeit angehöre, es ist Eins, gehört sich selbst und ist Zeit und Ewigkeit zugleich und sichtbar und unsichtbar, bleibend im Wandel, ein unendliches Leben.

Bettine

An die Günderode

Wie wir hier leben, das will ich Dir erzählen. Morgens kommen wir alle im Schlafzimmer von Savignys zusammen. Da wird gegalert und als ein bißchen Krieg mit Kopfkissen und Rouleaux geführt, und im Nebenzimmer wird gefrühstückt dabei. Wir nehmen uns zwar sehr in acht, den großen Savigny zu treffen, aber er ist gescheut, wenn's Gefecht heiß wird, da zieht er sich zurück. Später zerstreut sich alles. Wir sind auch jetzt schon zweimal geritten, ich bin beidemal heruntergefallen, einmal wie wir bergauf ritten und einmal vor Lachen. Nachmittags gehen wir manchmal in den Wald, und Savigny liest vor, da hab ich meine Not mit dem Zuhören; auf dem Waldrasen hab ich gar zuviel Zerstreuung, alle Augenblick ist ein Kräutchen oder ein Spinnchen oder ein Räupchen oder ein Sandsteinchen, oder ich bohr ein Löchelchen in die Erd und find allerlei da; der Savigny sagt, ich sei hoffärtig und wollt nicht zuhören; er kann's nicht leiden, drum setz ich mich hinter seinen Kopf, da merkt er's als nicht. Wir gehen auch als auf die Jagd, und ich nehm die kleine Flint, ich schieß aber immer, was Du wohl weißt, wonach ich immer auf die Jagd geh, Hirngespinste aus der Luft; gestern wollte mir der Bostel lehren, nach den Vögelchen zielen, ich schoß, und das Vögelchen fiel herunter; ich dacht gar nicht, daß ich's treffen würde, ich war sehr erschrocken, aber der Bostel machte so großen Lärm von meinem scharfen Blick, und die andern lobten mich alle, daß ich so gut ziele, daß ich meine Reue über diesen ersten Mord nicht merken ließ. Ich nahm das Vögelchen in die Hand, wo es vollends erkaltete; in der Nachtstille hab ich's begraben unter dem Fenster von Deiner Schlafkammer und nicht ohne schwere Nachgedanken; wahrlich, ich hab es nicht mit Willen getan, aber doch mit Leichtsinn. Was liegt am Vogel, alle Jäger schießen ihn ja! – Aber ich nicht, ich hätt es niemals getan, aus dem Laub, in seiner heiteren Lebenszeit den Vogel herunterzuschießen, den Gott mit der Freiheit des Flugs begabt hat. Gott schenkt ihm die Flügel, und ich schieß ihn herunter, o nein, das stimmt nicht!

Eben kommt Dein Brief an, Deinen Kamm und die Kette hast Du wohl erhalten? ich hab sie an Mienchen geschickt in einer kleinen Schachtel; Clemens hat einen kleinen Brief beigeschlossen an Deine Schwester und ein paar Zeilen an Dich; mein Zimmer gefällt mir wohl in seiner Unordnung, und ich gefall mir also auch wohl, da du meinst, es stelle meinen Charakter vollkommen dar. Am liebsten ist mir, daß Du zur rechten Zeit kamst, um die Schmetterlinge zu befreien. Du kommst immer zur rechten Zeit, um meine Dummheiten gutzumachen. Den philosophischen Aufsatz, wie Du ihn zu nennen beliebst, schenk ich Dir; ich nenne ihn einen steifstelligen, verschnippelten, buchsbaumernen Zwerg, ein fataler, grüner Würgengel von superklugem Gewälsch, ohne Sprach, ohne Musik, es sei denn das hölzerne Gelächter; dem gleicht's ganz im Ton und Inhalt; mach mich nicht närrisch – ich will nichts mehr davon wissen. Dein apokalyptisch Fragment macht mich auch schwindeln; bin ich zu unreif, oder was ist es, daß ich so fiebrig werd und daß Deine Phantasien mich schmerzlich kränken. >Meine Gedanken wurden hiehin und dorthin getrieben wie eine Fackel vom Sturmwind, bis meine

Erinnerung erlosch.< Warum schreibst Du mir so was? – das sind mir bittere Gedanken! es macht mich unzufrieden und voll Bangigkeit, daß Du Deinen Geist in eine Unbewußtheit hinein versetzest. Ich weiß nicht, wie ich immer empfinde, als sei alles Leben inner mir und nichts außer mir, Du aber suchest in höheren Regionen nach Antwort auf Deine Sehnsucht, willst >mit Deinen Gespielinnen den Mond umwallen<, wo ich keine Möglichkeit mir denken kann mitzutanzen, willst >erlöst sein von den engen Schranken Deines Wesens<, und mein ganz Glück ist doch, daß Gott Dich in Deiner Eigentümlichkeit geschaffen hat; – und dann sagst Du noch so was Trauriges: >Ich schien mir nicht mehr Ich und doch mehr als sonst Ich.< Meinst du, damit wär mir gedient? – >Meine Grenzen konnte ich nicht mehr finden, mein Bewußtsein hatte sie überschritten, es war anders.< Mit dem allen ist mein Urteil gesprochen, mich quält Eifersucht, mir scheint Dein Denken außer den Kreisen zu schweifen, wo ich Dir begegne. Du bist herablassend, daß Du vor mir solche Dinge aussprichst, die ich nicht nachempfinden kann und auch nicht mag, weil sie unsern engen Lebenskreis überschreiten, in dem allein mir nur lieb zu denken ist. Straf mich nun mit Worten, wie Du willst, daß ich so dumm bin, aber der Eifersucht Brand tobt in mir, wenn du mir nicht am Boden bleibst, wo auch ich bin. In diesem Fragment lese ich, daß Du nur im Vorübergehen mit mir bist, aber ich wollte immer mit Dir sein, jetzt und immer, und ungemischt mit andern; erst hast Du geweint im Traum um mich, und nachher im Wachen vergißt Du alles Dasein mit mir; ich kann mir nichts denken als nur ein Leben, wie es grad dicht vor mir liegt, mit Dir auf der Gartentreppe oder am Ofen, ich kann keine Fragmente schreiben, ich kann nur an Dich schreiben, aber innerlich weite Wege, große Aussicht, aber nicht dem Mond nachlaufen und im Tau vergehen und im Regenbogen verschwimmen. Zeit und Ewigkeit, das ist mir alles so weitläufig, da fürcht ich Dich aus den Augen zu verlieren, was ist mir >Ein unendliches Leben bleibend im Wandel<, jeder Augenblick, den ich leb, ist ganz Dein, und ich kann's auch gar nicht ändern, daß meine Sinne nur bloß auf Dich gerichtet sind, Du wirfst mich aus der Wiege, die du auf dem großen Ozean schwimmend vor Dir hergetrieben hast, hinaus in die Wellen, weil Du in die Sonne fahren willst, unter die Sterne, und im Meer zerrinnen. – Mir ist schwindelig, taumelig. – So ist einem, der vom Feuer verzehrt wird, und kann doch kein Wasser dulden, das es lösche. Du verstehst mich nicht, und wenn du noch so klug bist und alles verstehst, das

17

Kind, in Deine Brust geboren, das verstehst Du nicht. – Ich weiß wohl, wie mir's gehen wird mein ganzes Leben, ich weiß es wohl. Leb wohl.

Bettine

Heute haben wir den 19. Mai, am 7. Mai hat's zum erstenmal gedonnert in diesem Jahr, das wird grad gewesen sein, wo Du das verdammte apokalyptische Fieber hattest.

Noch vierzehn Tage bleiben wir; alles blüht, ein Abhang voll Kirschbäume, so dunkelrote Stämmchen, so jung wie unsereins; ich geh alle Morgen früh hinaus und such die Raupennester dort ab, soviel ich hinanreichen kann, bieg ich die Zweige herab und brech die boshaften Raupennester heraus; sie sollen sich freuen dies Jahr, die Bäume, und nicht mit kahlen Häuptern dastehen vor dem Herbst. – Ich tu's auch, weil ich mich gegen Dich zusammennehmen will; hast du Deine Regenbogenkränzchen und Deine Mondkoterien, wo Du über's Bewußtsein hinausspazierst und das Heimkehren vergißt, mit Deiner Haiden, mit Deiner Nees, mit Deiner Lotte Serviere Reigen im Sternennebel tanzest, so hab ich meine einsame Unterredungen mit den jungen Erbskeimen und mit den Mirabellen und Reineclaude- und Kirschbäumen in der Blüte; und gestern war ich mit dem Gingerich drauß am Goldweiher, da haben wir eine Hütte gemacht von Moos, da haben die zwei jungen Wiedertäufer geholfen, der mit dem braunroten Bart, der so stolz drauf ist, der schöne Hans und der blonde Georg; sie ließen beide ihre Pflüge stehen und kamen heran, mir zu helfen, und schnitten mir Tannenäste herunter, und alles, was ich Loses an mir hatte, damit hab ich die Äste festgebunden, mit meiner hellblauen Schärpe und mit dem rosa Halstuch, wovon Du die andere Hälfte hast, hab ich sie zusammengeknüpft, und am Nachmittag kam der Savigny heraus und legte sich in die Hütte, sehr vergnügt, und ich las vor, Gedichte vom Bruder Anton, eine Wasserreise nach den verschiedenen Sauerbrünnchen und ein Gedicht auf Euphrosine Maximiliane und eine philosophische Abhandlung von einem gläsernen Esel, der auf einer blumenreichen Wiese sich sattgefressen hatte und dem die seltensten Blumen durch den Bauch schimmern und ihn so verschönen, daß er die Bewunderung aller Laubfrösche ist, die alle auf ihn hinaufhüpfen und sich vergebens abmühen, in diesem schönen Blumenlabyrinth

18

herumzuhüpfen, so müssen sie sich's vergehen lassen, weil der gläserne Bauch es umschließt, und dann die Moral ist von dieser wunderbaren Fabel: >Streben nach unmöglichen Genüssen hilft zu nichts und verdirbt die Zeit<, denn einmal hatte Gott schon früher diese schöne Blumenweide zur Verschönerung des Esels bestimmt und nicht zur Schwelgerei der Frösche, und zweitens war der vornehme Esel auch zu ganz was anderem bestimmt als zum Belustigungsort gemeiner Frösche; denn als ihm zwei verständige Philosophen und Gelehrte aus der an schönen Naturseltenheiten reichen Stadt Frankfurt begegneten, so führten beide diesen wunderschönen Esel an einem grünseidnen Band durch die Stadt. Am Gallentor, wo sie einpassierten, präsentierte die Stadtwache das Gewehr vor ihm, und auf dem Roßmarkt (also gerade vor Deinem Stift) versammelten sich alle Bürger und begleiteten ihn mit Siegesgeschrei auf den Römer, allwo der Herr Bürgermeister mit allen Ratsherren versammelt war, und die Herren von der ersten Bank wie auch von der zweiten und dritten stimmten alle ein in das Lob der Wunder Gottes, als sie in dem Bauch des Esels die schönen Tulipanen, Levkojen, Narzissen, Hyazinthen, Schwertlilien, Kaiserkronen und vor allem die schönen Rosen herumflorieren sahen. Als sie dessen sattsam sich erfreut hatten, so ließ der Herr Bürgermeister fortfahren in den angefangenen Ratschlägen und den gläsernen Blumenesel einstweilen auf einem erhabenen Platz aufstellen; wie nun der Rat vollendet war, welcher wegen wichtigen Angelegenheiten etwas lange gedauert hatte, und man den Esel in die Raritätskammer führen wollte, so hatte dieser unterdessen seine Notdurft verrichtet, und es war keine einzige Blume in seinem Bauch geblieben, sondern war alles zu Mist geworden, und der Bauch des Esels sah nicht anders aus als eine schmutzige, ranzige Ölflasche. Die Stadtmusikanten, welche auf Befehl des Rates herbeigekommen waren, um diese schöne Naturseltenheit Gottes mit Trommeln und Pfeifen durch die löbliche freie Reichsstadt zu geleiten, wurden zum großen Leidwesen der Gassenbuben verabschiedet, die aus Rache den armen Esel mit Steinen warfen, daß sein gläserner Bauch in tausend Stücken ging und er elendiglich sich auf dem Scherbelhaufen vom Dippenmarkt am Pfarreisen zum Verscheiden hinlegte, wo er unter dem Gespött und boshaften Zwicken seiner langen Ohren mit lautem Gestöhn den Geist aufgab. Die Moral und große weise Lehre von dieser Fabel ist: Brüste dich nicht vor deinem Ende; wenn das falsche Glück dir den Bauch voll der schönsten Blumen stopft, so zwingt dich

oft die Notdurft, alles, worauf du einst so stolz sein konntest, als stinken-
den Mist wieder von dir zu geben, und jene, so dir früher schmeichelten
um deiner seltnen Gaben willen, sind dann gerade die, welche dich am
unbarmherzigsten verfolgen. Hättest du, Esel, dich nicht von ein paar
überspannten, hochtrabenden Gelehrten verführen lassen, deine Blu-
menschönheit in der Stadt Frankfurt als eine bewundernswürdige Seltenheit zu zeigen, sondern wärst du ruhig in deinen Stall gewandert, so
konntest du ruhig deine Verdauung abwarten und jeden Tag in der Blumenzeit aufs neue deinen Bauch mit lieblichen, würzigen Speisen füllen,
und dein Ruhm würde auch nicht ausgeblieben sein, denn man würde
zu dir hinausgekommen sein ins Feld, um dich zu bewundern. Die dritte
Moral ist die, daß doch ein hochweiser Rat es sich zur warnenden Lehre
nehme, alles, womit ein Esel in seinem Bauche prahlt, ja nicht hoch anzu-
schlagen, da es nach kurzer Zeit doch immer zu Mist werden muß. –

Den Savigny und alle hat die Geschichte des Anton höchlich amüsiert,
es wurde noch viel gelacht und zuletzt unter Gesang beim Untergehen
der Sonne nach Hause gewandert.

Ich wollte zwar früher zurückkommen, und mein Gewissen mahnt
mich auch, nicht alles, was ich dort angefangen, so lang aus den Augen
zu lassen; aber es schleicht ein Tag nach dem andern so anmutig vorüber,
und der Savigny ist so anmutig und kindisch, daß wir ihn nicht verlassen können; alle Augenblicke hat eins ihm ein Geheimnis anzuvertrauen,
der führt ihn in den Wald, der andre in die Laube, und die Gundel muß
sich's gefallen lassen, und Gescheutsein ist gar nicht Mode, der Clemens
hat ihm schon ein paar Wände mit abenteuerlichen Figuren vollgemalt,
und Verse und Gedichte werden mit schwarzer Farbe an alle Wände groß
geschrieben. Der Clemens hat Wieland, Herder, Goethe und die Prinzes-
sin Amalie grau in grau gemalt und den Dir bekannten Vers dazu. – Heut
muß ich aufhören, ich schick Dir eine Schachtel mit dem großen Maibl-
umenstrauß, schmücke Dein Hausaltar und verrichte eine Andacht für
mich; es ist meine liebste Blum. Geh in Dich und frag Dich, wer Dir am
nächsten steht von allen Menschen; und frag Dich recht deutlich, wer
sich am liebsten an Dein Herz schmiegt ohne große Anforderungen an
ein hyperboreisches Glück, und da wirst Du sagen müssen, daß ich's bin,
die allein das Recht hat, Dir nahzustehen, und wenn Du das nicht ein-
siehst, so ist der Schade mein, aber Dein auch.

Bettine

DER AUFSATZ, DER IM HEMSTERHUIS LAG

Es sind aber drei Dinge, aus diesen entspringt der Mensch, nicht nur ein
Teil oder eine Erscheinung von ihm, sondern er selber mit allen Erschei-
nungen in ihm, und sein Same und Keim liegt in diesen drei Dingen,
diese aber sind die Elemente, aus welchen die ganze erschaffne Natur
sich in dem Menschen wieder bildet.

Das erste ist der Glaube; aus diesem entspringt der gewisse Teil des
Menschen, nämlich der Leib, oder das Kleid des Geistes, der Gedanke;
dieser ist die Geburt und sichtliche Erscheinung des Geistes und eine
Befestigung seines Daseins. Der Glaube aber ist Befestigung, und ohne
diesen schwebt alles und gewinnt keine Gestalt und verfliegt in tausend
Auswegen, die die erschaffende Natur noch nicht unter sich gebracht
hat, so wie der Natur Eigenschaft aber ist, den ewigen Stoff, die Zeit zu
bearbeiten, so ist jener ihre Eigenschaft, die Gestalt von sich abzustoßen
und nicht anzunehmen, bis sie von der Natur in seligem Kampf besiegt
ist. Der Glaube aber ist die Erscheinung Gottes in der Zeit, der Glaube
ist Gewißheit und Ewigkeit. Die Erscheinung Gottes ist immer ewig, in
jedem Augenblick, und so ist der Mensch ewig, denn sein Sein ist Gottes
Erscheinung. Gott aber ist Alles, das das Gute ist, als Gegensatz gegen
Nichts, das das Böse ist. Daher ist auch alles in dem Menschen, der die
Erscheinung Gottes ist; daher begreift er einzig in sich Gott und den
Glauben an ihn, weil sein Sein der Glaube ist, sein Wesen aber Gott.

Was also der Mensch erblickt mit seinen Augen außer sich, das ist Gottes Blick in ihm; was er aber hört mit seinen Ohren außer sich, das ist
Gottes Stimme in ihm; was er aber fühlt mit seinem ganzen Leib und
Geist außer sich, das ist Gottes Berührung, der Funke der Begeisterung
in ihm; was aber in ihm ist, das erschafft und bildet aus ihm; was aber
erschaffen und außer ihm ist, das spricht ihn an und bildet sich wieder
in ihn hinein; in ihm aber liegt auch die Zeit, und es ist das Werk des
Erschaffens nichts anders als die Zeit umwandeln in die Ewigkeit; wer
aber die Zeit nicht umwandelt in die Ewigkeit oder die Ewigkeit herab-
ziehet in die Zeit, der wirkt Böses, denn alles, was ein Ende nimmt, das
ist böse. Die Ewigkeit in die Zeit herabziehen aber heißt, wenn die Zeit

21

der Ewigkeit mächtig wird, wenn die Nichtigkeit mächtiger wird als die Gewalt des Schaffens, wenn der Stoff des Meisters sich bemeistert, der ihn behandelt.

Böse ist also der Selbstmord, denn der Willen der Vernichtung ist zeitlich, und der Gedanke geht in sich selbst zugrund, weil er ein Kleid der Zeitlichkeit ist, nicht aber eine sichtbare Erscheinung des ewigen Geistes, und hier lehnt sich der Stoff – die Zeit – gegen seinen Meister (das Schicksal der Ewigkeit) auf.

Wenn man aber sagt, der Mensch ist im Guten geboren, so ist dieses wahr, weil er im Glauben geboren ist; wenn man aber sagt, er hat das Böse nicht, sondern er zieht es nur an, so ist dieses nicht wahr, denn er hat die Kraft, das Böse von sich zu stoßen, nicht aber, es an sich zu ziehen, denn das Böse ist die Zeit, und sie dient zur Nahrung für das Göttliche und Ewige, die Zeit aber frißt die Ewigkeit und den Geist, der ewig sein soll, wenn er sich nicht ihrer bemächtigt und sich zur Nahrung nimmt; denn das ist das Böse, das das Zeitliche, Irdische, das ewige Himmlische verschlingt, das Gute aber ist, wenn das ewige, Himmlische das Irdische in sich umwandelt und alles zu Gott in ihm macht.

Gott aber hat das Zeitliche nicht in sich, denn sein Sein ist die Umwandlung des Zeitlichen ins Himmlische, weil er aber ist, so ist die Ewigkeit.

Die Vernunft aber ist eine Säule, festgepflanzt in dem Menschen, sie ist aber ewig und also eine Stütze des Himmels, und wie sie eingegraben ist in uns und mit uns eins ist, so geht ihr Haupt in die Wolken, und in ihrer Wurzel liegt die Zeit, aber wie sich aus dem Stoff der Geist entwickelt, so entwickelt sich die Ewigkeit aus dieser Zeit und steigt in der Vernunft zur Ewigkeit, und der Mensch wird durch die Vernunft aus einem Irdischen ein Himmlisches.

An die Bettine

Frankfurt

Melonen, Ananas, Feigen, Trauben und Pfirsich und die Fülle südlicher Blüten, die eben in Eurem Hause sorglich verpackt werden, haben mir Lust gemacht, Dir das Violen- und Narzissensträußchen (Wandel und Treue) beizulegen, ich hätte mich gern selbst mit hineingelegt. Der

Heliotrop mit den Nelken und Jasmin zusammen ist ein aparter Strauß vom Gontard für Dich, er trug mir auf, es Dir zu melden. Es ist mir jetzt recht traurig, da Du fort bist. – Das Schicksal frönt Deiner Zerstreutheit, bei Euch auch ist ein ewiges Wandern, Kommen, Gehen. Ich bitte Dich, schreib, wie lange Ihr bleibt oder zu bleiben gedenkt. Erst wollt ich nicht, daß Du hier bliebst, und wärst Du nun schon wieder da! – Es ist keine heitere Zeit in mir, viel Muse und keine Begeisterung für sie; man hängt von manchem ab, dem man gar keinen Einfluß zugestehen würde; die Gewohnheit, Dich zu erwarten im Nachmittag, hängt mir wie ein zerrißner Glockenstrang in den Kopf! – Und doch muß ich immer in die Ferne lauschen, ob ich Deinen Tritt nicht höre.

Der Sommer in der Stadt – es bedroht mich ganz dämonisch, den hellen Himmel zu versäumen. – Meine Spaziergänge um das Eschenheimer Tor ertöten mich gänzlich. Auch die Engländer wollen Euch diese Woche noch besuchen, alles geht fort.

Schreib mir viel, auch über meine Sachen, ich schicke dann mehr. Daß ich als Narziß mich gegen Dich verschanze, besser wie im Gespräch, wo Du immer recht behältst, mußt Du Dir gefallen lassen, so mein ich's, und so hab ich recht, und Du hast unrecht; und ich meine, Du könntest immer zufrieden sein damit, so empfunden zu sein durch Deine eigne frische Natur, daß Du meiner sicher bist. Wer im ganzen etwas sein kann, der wird sich auch fühlbar zu machen wissen, und so wird der Wandel nirgend anders als bei der Treue heimkehren, denn sie ist die Heimat. Du bist ja auch heute nicht, was Du gestern gewesen, und doch bist du eine ewige Folge Deiner selbst. Mir scheint es noch außerdem höchst verkehrt, durch selbstisches Bestehen auf dem, was nur wie Sonnenschein vorübergehendes Geschenk der Götter ist, dem Geist die Freiheit zu verkümmern. Treue wächst in dem Geist auf, der liebt; gedeiht sie zu einem starken Baum, so wird kein Eisen so scharf sein, ihn auszurotten, aber ehe die Treue von selbst stark geworden, kann man ihr nichts zumuten; sie würde nur bei einer Anforderung ihr aufkeimendes Leben einbüßen; wenn sie aber einmal vollkommen ausgebildet ist, dann ist sie kein Verdienst mehr, dann ist sie Bedürfnis geworden, Lebensatem; – sie hat keine Rechte mehr zu befriedigen, weil sie ganz organisches Leben geworden ist. – Das sei unsre Sorge, daß jede Lebensregung eigentümliches, organisches Leben werde, das sei unsre Fundamentaltreue, durch die wir in allem Erhabenen mit den Göttern uns vermählen. Bis dahin laß

23

uns einander treffen in ihrem Tempel; die Gewohnheit, uns da zu finden, einander die Hand zu bieten in gleicher Absicht, die wird den Baum der Treue in uns pflegen, daß er als selbständiges Leben von uns beiden ausgehe und stark werde.

Ich habe mich mit dem Gedanken oft herumgetragen, ob nicht alles, was sich vollkommen und also lebendig in der Seele ausbilde, ein selbständiges Leben gewinnen müsse, das dann als willenskräftige Macht (wie jene Treue, mit der du mich magnetisierst) Menschengeister durchdringt und sie zu höherem Dasein inspiriert. – Was sich im Geist ereignet, ist Vorbereitung einer sich ausbildenden Zukunft, und diese Zukunft sind wir selber. – Du sagst, alles gehe ins Innere herein, und du empfändest die Welt nicht von außen. Aber ist denn die äußere Welt nicht Dein Inneres? – oder soll sie es nicht werden? – von innen heraus lernt man sehen, hören, fühlen, um das Äußere ins Innere zu verwandeln, das ist nicht anders, als wie wenn die Bienen den Blumenstaub in die Kelche vertragen, die für die Zukunft sich befruchten sollen. In der Seele liegt die Zukunft in vielfältigen Knospen, da muß aus reiner Geistesblüte der lebendige Staub hineingetragen werden. Das scheint mir Zukunft zu sein. – Jahre vergehen gleich einem tiefen Schlaf, wo wir nicht vorwärts und nicht zurück uns bewegen, und wirkliche Zeitschritte sind nur die, in denen der Geist die Seele befruchtet; in der Zeiten Raum geht das wirkliche Leben aus solchen einzelnen befruchtenden Momenten wie die Blütenperlen dicht aneinander auf. – Was ist auch Zeit, in der nichts vorgeht? – die nicht vom Geist befruchtet ist? – Pause, bewußtloses Nichts! – Raum, den wir durchschreiten, der noch unerfüllt ist. – Aber jene Momente müssen noch so dicht gesäet werden, daß der ganze Raum ein ewiges Blütenmeer von befruchtenden Lebensmomenten sei. – Alle Anreizung in selbständiges Leben entwickeln, das geistbewaffnet nach eigentümlicher Weise die Zukunftsblüten erweckt, das allein ist lebendige Zeit; aber uns selbst für abgeschlossen halten und einer Zukunft entgegenschreiten, die nicht wir selbst sind, das scheint mir Unsinn und ebensowenig wahr, als wenn unsere Einsicht nicht Folge unseres Begriffs wäre. Ich habe mich zusammengenommen, um deutlich zu sein, allein das ist das schwerste, man empfindet etwas unwidersprechlich und kann's dennoch nicht aussprechen. – Deine Eifersucht um mich, die ich wahrhaftig erst für Laune hielt, später aber ihr Gerechtigkeit widerfahren ließ, obschon ich sie nicht billigen kann, leitete mich zu diesen Betrachtungen. Ich bin dir nicht entgegen, Bettine, daß Du mit Ernst und auch mit besonderem und vielleicht auch mit mehr Recht teil an mir habest wie alle die andern; denn da wir so unwillkürlich manchen lebendigen Begriff nur gegenseitiger Berührung zu danken haben und ich mehr Dir als Du mir, so sollte dies organische Ineinandergreifen uns auch frei machen von jeder kleinlichen Eigensucht, und wir sollten wie die Jünglinge, während sie nach dem Ziel laufen, nicht uns Zeit gönnen, an was anders zu denken als im schwebenden Lauf auszuharren. Und was habe ich auch am Ende von allem andern? – Du kannst Dir das selbst wohl beantworten und Deiner Seele darüber den höchsten Frieden gönnen. – Schreibe, wenn Du antwortest, auch einen Brief für den Clemens, er mahnt in seinem Schreiben an mich darum; es wird ihm sehr überraschend sein, wenn er Deinen Aufenthalt im Schlangenbad erfährt. Adieu! schreib bald.

Karoline

Beilage zum Brief der Günderode

WANDEL UND TREUE

Violetta
Ja, du bist treulos! laß mich von dir eilen;
Gleich Fäden kannst du die Empfindung teilen.
Wen liebst du denn? und wem gehörst du an?

Narziss
Es hat Natur mich also lieben lehren:
Dem Schönen werd ich immer angehören,
Und nimmer weich ich von der Schönheit Bahn.

Violetta
So ist dein Lieben, wie dein Leben, wandern!
Von einem Schönen eilest du zum andern,
Berauschest dich in seinem Taumelkelch,
Bis Neues schöner dir entgegenwinket –

Narziss
In höhrem Reiz Betrachtung dann versinket
Wie Bienenlippen in der Blume Kelch.

Violetta
Und traurig wird die Blume dann vergehen,
Muß sie sich so von dir verlassen sehen!

Narziss
O nein! es hat die Sonne sie geküßt.
Die Sonne sank, und Abendnebel tauen.
Kann sie die Strahlende nicht mehr erschauen,
Wird ihre Nacht durch Sternenschein versüßt.
Sah sie den Tag nicht oft im Ost verglühen?
Sah sie den Tag nicht tränend still entfliehen?
Und Tag und Nacht sind schöner doch als ich.
Doch flieht ein Tag, ein andrer kehret wieder;
Stirbt eine Nacht, sinkt eine neue nieder,
Denn Tröstung gab Natur in jedem Schönen sich.

Violetta
Was ist denn Liebe, hat sie kein Bestehen?

Narziss
Die Liebe will nur wandeln, nicht vergehen;
Betrachten will sie alles Treffliche.
Hat sie dies Licht in einem Bild erkennet,
Eilt sie zu andern, wo es schöner brennet,
Erjagen will sie das Vortreffliche.

Violetta
So will ich deine Lieb als Gast empfangen;
Da sie entfliehet wie ein satt Verlangen,
Vergönnt mein Herz ihr keine Heimat mehr.

Narziss
O sieh den Frühling! gleicht er nicht der Liebe?

Er lächelt wonnig, freundlich, und das trübe
Gewölk des Winters, niemand schaut es mehr!
Er ist nicht Gast, er herrscht in allen Dingen,
Er küßt sie alle, und ein neues Ringen
Und Regen wird in allen Wesen wach.
Und dennoch reißt er sich aus Tellus' Armen,
Auch andre Zonen soll sein Hauch erwarmen,
Auch andern bringt er neuen, schönen Tag.

Violetta
Hast du die heilge Treue nie gekennet?

Narziss
Mir ist nicht Treue, was ihr also nennet,
Mir ist nicht treulos, was euch treulos ist! –
Wer den Moment des höchsten Lebens teilet,
Vergessend nicht, in Liebe selig weilet,
Beurteilt noch und, noch berechnend, mißt,
Den nenn ich treulos, – ihm ist nicht zu trauen,
Sein kalt Bewußtsein wird dich klar durchschauen
Und deines Selbstvergessens Richter sein.
Doch ich bin treu! Erfüllt vom Gegenstande,
Dem ich mich gebe in der Liebe Bande,
Wird alles, wird mein ganzes Wesen sein.

Violetta
Gibts keine Liebe denn, die dich bezwinge?

Narziss
Ich liebe Menschen nicht und nicht die Dinge,
Ihr Schönes nur, – und bin mir so getreu.
Ja, Untreu an mir selbst wär andre Treue,
Bereitete mir Unmut, Zwist und Reue,
Mir bleibt nur so die Neigung immer frei.
Die Harmonie der inneren Gestalten
Zerstören nie die ordnenden Gewalten,
Die für Verderbnis nur die Not erfand. –

Drum laß mich, wie mich der Moment geboren.
In ewgen Kreisen drehen sich die Horen;
Die Sterne wandeln ohne festen Stand,
Der Bach enteilt der Quelle, kehrt nicht wieder,
Des Lebens Strom, er woget auf und nieder
Und reißet mich in seinen Wirbeln fort.
Sieh alles Leben! es hat kein Bestehen,
Es ist ein ewges Wandern, Kommen, Gehen.
Lebendger Wandel! buntes, reges Streben!
O Strom! in dich ergießt sich all mein Leben!
Dir stürz ich zu! vergesse Land und Port!

An die Günderode

Den ersten Tag, als wir ankamen, war's so heiß, daß es mehr wie unerträglich war; wir warfen unsere Nanking-Reisejacken aus und legten uns in den Unterkleidern, in Hemdsärmel, auf dem Gang vor unserer Zimmertür ins Fenster; von da kann man, versteckt hinter Bäumen, auf eine Terrasse sehen, wo sich die Gesellschaft zum Tee bei der Kurprinzessin von Hessen versammelt, die gerade unter uns wohnt. Das machte mir Spaß, man konnte manches verstehen, und ein Wort aus der Ferne, wenn's auch an sich unbedeutend ist, ist immer anregend wie eine Komödie. Doch hat das Vergnügen dran nicht lang gedauert; ein krebsroter Kammerherr, der mir im Anfang Vergnügen machte zu sehen, wie er hin und wider lief und den Frauen allerlei in die Ohren zischelte, und dann ein Herzog von Gotha mit langen Beinen, rotem Haar und sehr melancholischen Gesichtszügen und ein großes weißes Windspiel zwischen den Knien, der trägt einen lederfarbnen Rock; dann viele Damen mit überflüssigem Putz, die Hauben aufhatten, als wär's die Flotte vom Nelson mit aufgeschwellten Segeln und dann französische Schiffe, wenn so zwei miteinander parlierten, das war grad, als ob einzelne Schiffe handgemein würden, bald brüstete sich das Schiff, dann thronte es wieder, dann streckte es seinen Schnabel in die Höh, und Herren und Damen von besonderer Affektion gegeneinander; bald zerstreuten sie sich auf der Promenade, und plötzlich stand der rote Kammerherr hinter uns auf dem Gang. Die Tonie entsetzte sich und ging ins Zimmer, ich aber war gar nicht erschro-

cken und fragte, was er wünsche; er war verlegen und sagte, er wünschte
der Dame Bekanntschaft zu machen; ich fragte: »Warum werden Sie
denn so rot?« Er ward noch roter und wollte mich bei der Hand nehmen, ich sagte: »Nein!« und ging ins Zimmer; er drängte sich mir nach,
ich rief: »Tonie, helf mir den Mann bezwingen«, sie war aber so voll
Angst, daß sie sich nicht vom Platz regte, denk Dir nur, und ich lehnte
mich mit aller Gewalt wider die Tür, und der rote Mann dazwischen, der
durch wollte; ich rief: »Tonie, zieh an der Schelle«, denn unsre Bedienten waren alle noch am Packwagen beschäftigt, aber die Tonie fand den
Schellenzug nicht; – der unartige Mann, immer wollte er doch noch herein, wo er doch sah, daß man ihn nicht wollte; ich konnt gar nicht begreifen, was er wollte, ich dachte einen Augenblick, er wolle uns umbringen;
ich erwischte einen Sonnenschirm der an der Tür stand, und stach mit
dem nach seiner Lunge oder Leber, ich weiß nicht – er zog sich zurück,
und die Türe fiel ins Schloß; da stand ich wie einer, der über Berg und
Tal gejagt war von einem Gespenst, ich konnte eine Viertelstunde keinen Atem kriegen; ich dachte wirklich, er sei ein Mörder, ich hatte schon
allerlei Anschläge im Kopf, wie ich ihn erwürgen wollte. Die Tonie lachte
und sagte: »Geh doch, ein Kammerherr und ein Mörder«, sie meinte,
er sei nur ein boshafter und gemeiner Schelm, wie's deren am Hof die
meisten seien. – Wir haben aber den Bedienten die Nacht vor der Schlaf-
zimmertür schlafen lassen und die Lisette zu uns ins Zimmer genommen,
ich konnte aber die ganze Nacht nicht schlafen, mich störte es, daß der
Diener vor der Tür lag. Es ist doch zum erstenmal in meinem Leben,
daß ich Angst hatte; aber denk doch nur, am andern Tag meldet uns der
Bediente den roten Herrn, er komme von der Frau Kurprinzessin mit
einem Auftrag und ließ sehr bitten, ihn anzunehmen; ich rufe: »Nein!
wir wollen von keiner Kurprinzessin was wissen«; die Tonie aber sagt:
»Das geht nicht an, wir müssen ihn annehmen.« Ich bewaffnete mich
mit dem Sonnenschirm, als er eintrat und uns zur Frau Kurprinzessin
zum Tee auf die Terrasse einlud; zugleich machte er viele Entschuldigun-
gen, er habe gar nicht geahnt, wer wir seien, weil wir in Hemdsärmel im
Fenster gelegen haben; ich war still, aber ich war sehr ergrimmt über den
roten Mann. Als wir bei der Kurprinzessin vorgestellt waren, die mich
bei der Hand nahm und ins Gesicht küßte, da saßen wir alle in einem
Kreis, und der Rote stellte sich hinter mich, daß ich seinen Atem fühlte;
das kränkte mich sehr, ich sagte: »Gehen Sie fort hinter mir, Sie garstiger

Mann«, da lief er weg; aber die Tonie sah mich sehr ernsthaft an, und wie wir wieder oben waren, da schmälte sie, daß ich so laut gesprochen habe; das ist mir aber einerlei, ich kann ihn nicht in meiner Nähe leiden; was liegt mir dran, ob's die Kurprinzessin merkt; wenn sie fragt, so sag ich, er hat uns wollen ermorden in unserem Zimmer, und dann kann er sich nachher verteidigen, wenn's nicht wahr ist, und kann sagen, warum er uns so mörderischerweise angefallen hat. – Die Tonie will auch nicht, daß ich abends allein spazieren geh, sie sagt, der Kammerherr könnte mir begegnen; so muß ich immer einen hinter mir drein laufen haben. – Es ist nichts schöner als so ein Spaziergang im Nebel, mit dem sich, wenn die Nacht kommt, alle Schluchten füllen und der in tausenderlei Gestalt im Tal herumtanzt und an den Felsen hinauf. – Aber einen hinter mir dreinlaufen zu haben, das ist mir verdrießlich. – Ich kann nicht dichten wie Du, Günderode, aber ich kann sprechen mit der Natur, wenn ich allein mit ihr bin; aber es darf niemand hinter mir sein, denn grad das Alleinsein macht, daß ich mit ihr bin. Auf der grünen Burg im Graben, im Nachttau, da war es auch schön mit dir; es sind mir meine liebsten Stunden von meinem ganzen Leben, und sowie ich zurückkomm, so wollen wir noch acht Tage zusammen dort wohnen; da stellen wir unsere Betten dicht nebeneinander und plaudern die ganze Nacht zusammen, und dann geht als der Wind und klappert in dem zappeligen Dach, und dann kommen die Mäuschen und saufen uns das Öl aus der Lampe, und wir beiden Philosophen halten, von diesen Zwischenszenen lieblich unterbrochen, große tiefsinnige Spekulationen, wovon die alte Welt in ihren eingerosteten Angeln kracht, wenn sie sich nicht gar umdreht davon. – Weißt Du was, Du bist dort auf die Burg verbannt, und ich bin Deiner liebster Freund und Schüler Dion; wir lieben uns zärtlich und lassen das Leben füreinander, wenn's gilt, und wenn's doch nur wollt gelten, denn ich möcht nichts lieber als mein Leben für Dich einsetzen. Es ist ein Glück – ein unermeßliches, zu großen heroischen Taten aufgefordert sein. Für meinen Platon, den großen Lehrer der Welt, den himmlischen Jünglingsgeist mit breiter Stirn und Brust, mit meinem Leben einstehen! Ja, so will ich Dich nennen künftig, Platon! – und einen Schmeichelnamen will ich Dir geben, Schwan will ich Dir rufen, wie Dich der Sokrates genannt hat, und Du ruf mir Dion. –

Es wächst hier viel Schierling in dem feuchten Moorgrund, ich fürchte es aber nicht, obschon's Gift ist; es ist mir ein geheiligt Kraut, ich breche es ab im Vorübergehn und berühre es mit meinen Lippen, weil der Sokrates den Schierlingsbecher getrunken. Lieber Platon, es ist meine Reliquie, die mich von bösen Schwächen heilen soll, daß ich vor dem Tod nicht verzagen muß, wenn es gilt. – Gute Nacht, mein Schwan, gehe dort schlafen auf dem Altar des Eros. –

Am Sonntag – Schlangenbad

Hier ist auch eine Kapelle und eine kleine Orgel, die hängt an der Wand, die Kapelle ist rund, ein mächtiger Altar nimmt fast den ganzen Platz ein, ein großer goldener Pelikan krönt ihn, der einem Dutzend Jungen sein Blut zu trinken gibt. Das Ende der Predigt hörte ich aus, als ich hereinkam; ich weiß nicht, war's der goldne Pelikan, die mit vielen Spinnweben überflorten Zieraten und Kränze von Golddraht, die frischen Sträußer daneben von Rosen und gelben Lilien und die düsteren Scheiben, wo oben grad über dem Pelikan die dunkelroten und gelben Scheiben die Sonnenstrahlen färben. Der Geistliche war ein Franziskaner aus dem Kloster bei Rauenthal. »Wenn ich jetzt von Unglück sprechen höre, so fallen mir immer die Worte Jesu ein, der zu einem Jüngling sagte, der unter seine Jünger wollte aufgenommen werden: Die Füchse haben Gruben, die Vögel des Himmels haben ihre Nester, aber des Menschen Sohn hat keinen Stein, da er sein Haupt hinlege. – Ich frage Euch, ob durch diese Worte allein nicht schon alles Unglück gebannt ist? – Er hatte keinen Stein, um auszuruhen, viel weniger einen Gefährten, der ihm sein irdisch Leben heimatlich gemacht hätte, und doch wollen wir klagen, wenn uns ein geliebter Freund verloren geht, wollen uns nicht wieder aufrichten, finden es nicht der Mühe wert, ins Leben uns zu wagen, werden matt wie ein Schlaftrunkner. Sollten wir nicht gern die Gefährten Jesu sein wollen, wenn die Not uns trifft? sollten wir nicht Helden sein wollen neben diesem großen Überwinder, der ein so weiches Herz hatte, daß er aus liebendem Herzen die Kinder zu sich berief, daß er den Johannes an seiner Brust liegen ließ? Er war menschlich, wie wir menschlich sind; was uns zu höheren Wesen bildet, nämlich das Bedürfnis der Liebe, und zu selbstverleugnenden Opfern befähigt, das war die Grundlage seiner göttlichen Natur; er liebte und wollte geliebt sein, bedurfte der Liebe; weil nun die Liebe auf Erden nicht zu Hause war, so fand er keinen Stein, da er sein Haupt ruhen konnte, da verwandelte sich dieses reine Bedürfnis der Liebe in das göttliche Feuer der Selbstverleugnung, er brachte sich dar, ein Opfer für die geliebte Menschheit, sein Geist strahlte wieder himmelwärts, von wo er in seine Seele eingeboren war, wie die Opferflamme hinaufsteigt ein Gebet für den Geliebten, und dies Gebet ist erhört worden, denn wir fühlen uns allzumal durch diese Liebe geläutert, und wenn wir uns ihrer Betrachtung weihen, so werden wir göttlich durch ihr Feuer, und dieses ist wie der Odem Gottes, der alles ins Leben ruft, jeden Keim des Frühlings, so auch ruft nun die Liebe Jesu, die auf Erden nicht begnügt und beglückt konnte werden, zu sich alle, die mühselig und beladen sind, sie sind verschloßne, tränenschwere Knospen; die mächtige Sonne der göttlichen Liebe wird sie zum ewigen Leben der Liebe wecken, denn dies ist alles Lebens, alles Strebens Ziel auf Erden. Amen.« Diese schönen Worte waren die einzigen, welche ich von der Predigt hörte, aber sie waren mir genügend, um mich den ganzen Tag zu begleiten; sie klangen wie ein himmlisch Geläut in mein Ohr, wie ein schöner Sonntagmorgen; als alles zum Tempel hinaus war, ging ich von der Emporkirche herab in die runde Kapelle, ein andrer Priester hatte eben die Messe gelesen, es kam ein alt Mütterchen, die löschte die Kerzen und räumte auf; ich frug, ob sie Sakristan sei, sie sagte, ihr Sohn sei Küster, aber der sei heut über Land; ich frug, wo sie die vielen Blumen hernehme, da ich doch nirgend einen Blumengarten gesehen; sie sagte: »Die Blumen sind aus unserem Garten, mein Sohn pflegt sie alle«; ich hatte eine rechte Lust, mit in den Garten zu gehen, das war sie zufrieden; das ist ein Garten, so groß wie der Hof von unserm Haus, an der weißen Wand des Hauses wachsen Trauben, und ein paar hohe Rosenbüsche sind dazwischen verflochten, Rosen und Trauben, ich kann mir keine schönere Vermählung denken, Ariadne und Bacchus. Ein hölzern Bänkchen war da an der Mauer, ich setzte mich ganz ans End, und die Frau neben mich, es war kaum groß genug, daß wir Platz hatten, ich mußte recht dicht an die Frau heranrücken; ich legte meine Hand in ihre auf ihren Schoß, sie hatte eine so harte Hand; sie sagte: »Das sind Schwielen vom Graben im Land, denn hier ist ein felsiger Boden.« Du glaubst nicht, wie schön der Garten in der Sonne lag, denn jetzt ist grade die reichste Blumenzeit, alles ist doch so schön; wenn die Natur mit Ordnung bedient wird, gleich ist's ein Tempel, wo ihre Geschöpfe als Gebete aufsteigen, gleich ist's ein Altar, der voll kindlicher Opfergeschenke beladen ist. – So ist das Gärtchen mit seinen reinlichen Kieswegen und buchsbaumnen Felderteilchen; der Buchsbaum ist so ein rechter Lebensfreund, von Jahr zu Jahr umfaßt und

schützt er, was der Frühling bringt; es keimt und welkt in seiner Umzäu-
nung, und er bleibt immer der grüne treue, auch unterm Schnee; das sagt
ich der alten Frau, die sagte: »Ja das ist wohl wahr, der Buchsbaum muß
alles Schicksal mitmachen.« – Aber stell Dir doch das hübsche Gärtchen
vor, links vom traubenbewachsnen Haus die Mauer mit Jasmin, gegenüber im Schatten eine recht dichte Laube von Geißblatt, der Eingang
zum Haus von beiden Seiten mit hohen Lilien besetzt. So viel Levkojen, so viel Ranunkeln, so viel Ehrenpreis und Rittersporn und Lavendel,
ein Beet mit Nelken, ein Maulbeerbaum in der einen Ecke und in der
andern, geschützt gegen die kalten Winde, zwei Feigenbäume mit ihren
lieben, rein gefalteten Blättern; ich war ganz erfreut, Kameraden von meinem Baum zu finden, unter denen springt ein Quellchen hervor in einen
Steintrog, da kann die Frau gleich ihre Blumen begießen, und in den
offnen Fenstern hing ein Käfig mit Kanarienvögel, die schmetterten so
laut. Ach, es war recht Sonntagswetter und Sonntagslaune in der Luft und
Sonntagsgefühl in meinem Herzen. Ich bitte Dich, sorg, daß mein Baum
von der Lisbeth nicht versäumt werde, er muß bald reife Früchte haben,
wenn er so weit ist wie die im Küstergärtchen, die brech Dir ab. – Die
Frau schüttelte mir Maulbeeren ab, die sammelte ich auf einem Blatt, und
einen Strauß von Nelken und Ehrenpreis und Rittersporn hatte ich mir
auch gepflückt; und wie ich so dasteh ganz still in der Sonn, da kommt
der geistliche Herr aus der Tür; er hatte da sein Frühstück genossen, was
die Küsterfrau immer nach der Kirche bereithält. – Der Geistliche ist ein
schöner, ganz stiller Kopf, und sanfte Augen, und noch jung. Mich strahl-
ten die schönen Worte, die ich von ihm gehört hatte, noch einmal aus
seinem Gesicht an, ich konnte auch aus Ehrfurcht ihm nichts sagen; er
sah mich aber freundlich an und sagte: »Ei wie! schon reife Maulbeeren«; ich reichte ihm die Maulbeeren, er nahm auch welche davon, und
den Strauß nahm er mir auch ab und steckte ihn in seinen Ärmel, denn
ich war so überrascht, als ich ihn kommen sah, daß ich nicht wußte, was
ich tat, und ihm beide Hände entgegenstreckte; ich wußte gar nicht, daß
ich ihm den Strauß geboten hatte, und erst als er ihn mir mit einem Dank
abnahm, merkte ich's. Nun ging er weg, und ich blieb betäubt stehen, der
Spitzhund aber begleitete ihn sehr höflich vor die Gartentür, ich hörte
ihn noch vor der Tür freundlich mit dem Hund sprechen: »Geh nach
Haus, Lelaps«, sagte er. – Ich war recht vergnügt, und mehr als all die
Tage über auf der Terrasse, mit meinem Sonntagmorgen.

Wie ich nach Haus kam, waren alle bei Leonhardi versammelt und tranken Schokolade; sie fragten, wo ich geblieben war nach der Kirche; ich erzählte, daß ich im Küstergärtchen gewesen und hätte den lieben Prediger gesehen. Da war aber schon die Kritik drüberher gewesen und hatte die Unmöglichkeiten von unchristlicher Gesinnung drin gefunden; der Mann ist berühmt, und Leonhardis waren aus Neugierde auch drin gewesen und die Engländer und die Lotte und der Voigt und noch ein paar Stiftsfräulein, die Leonhardis kennen; der Fritz lag auf dem Bett ganz blauschwarz von seinem Stahlbad, aus dem er eben gekommen war; wenn das noch lange dauert, so wird er ein Mohr. Du hättest diesen Schnattermarkt mitanhören sollen, und der Niklas Voigt, der im Mainzer Dialekt sie alle auslachte, und die Lotte, mit der besten Weisheit versehen, und der Christian Schlosser; was jeder sagte oder vielmehr über die andern hinausschrie, das verstand ich nicht, also noch weniger, was jeder meinte, aber die Niklas Voigt, dem Lotte in Ermanglung eines besseren Auditoriums ihre Weisheit übermachte, taumelte wie ein Betrunkener um den geschlossenen Zirkel der Disputierenden, bejahte alles, was sie sagten, und dann rief er wieder: »In meinem Leben hab ich kein ärger Kauderwelsch gehört, als die Narren da durcheinander schreien, hören Sie doch, Bettine, was die vor Zeug schwätzen«, und dann schrie er wieder drein, sie hätten ganz recht, so ein Prediger wäre ein eitler Narr, ich sagte: »Ei, Voigt!« – »Nun, was wollen Sie denn machen, wenn Sie mitten unter den Wölfen sind, so müssen Sie mitheulen, daß Dich, daß Dich, was vor kapitale Narren sind's! Ei freilich ist ein Prediger ein Narr, der seine himmlische Weisheit so vor die Narren gibt« – und so zerrte er mich zum Zimmer hinaus auf die Terrasse, war ganz begeistert von der Predigt, »ein Mann ist's, wie's unter Hunderttausenden keinen wieder gibt! ein Mann, der seine individuelle Natur von Gott durchdringen läßt! ein lebendiger Mann, der leider die Weisheit den hölzernen Maulaffen vorpredigt. Kein Mensch hat Andacht, Geistesandacht hat kein Mensch! – Maulandacht, und eine Zucht und eine Sitte, wie man Hunde dressiert: so dressiert die ganze Menschheit ihr eigen Gewissen, sie verstehen's nicht besser, sie wissen nichts davon, daß der ganze Mensch gar kein Richter mehr über sich selber sein soll, sondern ein lebendiger Anger, wo kein Urteil mehr stattfindet, sondern lauter Seelennahrung, lauter Himmelsspeis der Weisheit; wahre Weisheit, die kann nur genossen werden, nicht beurteilt, denn die ist größer, als daß der geringe Verstand sie durchschaut – aber so geht's! – was hilft mich die christliche Religion, die Menschen sind Narren und werden's bleiben, und da hat's dem Herrn Christus auch nicht besser geglückt, daß er da heruntergekommen ist. Ein Narr, der sich Christ nennt, ist halt eben auch einer! – wenn er hundertmal vom Himmelsthron heruntergekommen ist, er hat tauben Ohren gepredigt, die es nach ihrem Behagen ausgelegt haben. – Wäsch mir den Pelz und mach mir ihn nicht naß, das ist die ganze Geschicht mit der Frömmigkeit. Tu die Augen auf und werd gescheut, denn unser Herrgott kann keine Esel brauchen, aber Ihr werd Esel bleiben, und so tragt nur Euer schwere Säck von Vorurteil auf Euerm Buckel bis in alle Ewigkeit, Ihr seid doch zu nichts tauglich als die Mühl zu treiben, in der Euch der Kopf immer duseliger wird.« – Aber das war nicht alles, was der Voigt sagte, und dabei machte er Sätze links und rechts. Jetzt erzähl ich Dir wieder weiter, wie's noch mit dem roten Kammerherrn weitergegangen ist; alle Tage sind wir auf der Terrasse, da gibt bald eine Dame, bald die andere ein Gouté und dann wieder die Prinzeß, aber der Krebs ist immer wieder hinter mich gekommen; da hab ich mir eine Schawell aus unserm Zimmer geholt und dicht neben die Kurprinzessin gestellt und mich draufgesetzt; und nun ist das alle Tag mein Platz, und da darf er nicht mehr an mich streifen, und wenn wir spazierengehen über die Bergrücken nach dem Tee, da nimmt mich die Kurprinzeß immer bei der Hand; sie hat ein klein Blondchen weiß und rot, dem fliegen die Sonnenhaare so flammig um den Kopf, dem lieben Hessenkind; ich könnt recht gut mit ihm spielen, sie halten mich ja doch für ein Kind, weil ich keine Gesellschaftsmanieren hab; Ballwerfen, um die Wett laufen – aber so einem Prinzeßchen ist nicht beizukommen; da ist eine Frau von Gundlach, die führt das Regiment, und Kammerfrauen, die begleiten es. Dann ist mir's auch nicht möglich, mit einem Kind Komödie zu spielen; ich muß mit ihm sein können unter Gottes Schutz, nicht unter Menschenaufsicht. – Prinzeßchen, in Gold sind Silber angetan – zu ihrer Geburt kommen gute Feen, die sie beschenken – das erfährt man in Feenmärchen. Was mögen sie dem feinen Kind alles geschenkt haben? – Gaben, die es noch nicht zu brauchen weiß, wer wird's ihm lehren? – Scheu! – aber keine scheinheilige – ich hab sie vor allem Kinderschicksal unentfaltet noch in so süßer Knospe verschlossen; man hat auch Scheu, eine junge Knospe zu berühren, die der Frühling schwellt. Ein Wiegenkindchen lallt so berührsam wie kein Gespräch mit Menschen. Nur allein mit Dir ist Sprechen lebendig, wo wir ohne Vor- und Nachurteil den Gedanken uns auf die Schwingen werfen und jauchzen und gen Himmel fahren. Um so ein Kinderschicksal möcht ich einen Kreis ziehn, das Erdenschicksal wollt ich aufheben von ihm, daß es ganz gleichgültig wär, ob ihm dies oder jenes zuteil werde, und nur sein himmlisch Weisheitsschicksal darf gelten. Lautere Güte, das ist der Erfrischungsquell für die Kindernatur, aus dem sie Gesundheit trinkt – und abends, wenn's schlummert, da haucht es Segen, wie die schlummernden Sträucher auch Segen duften, an denen man hingeht in der Dämmerung. – Ein Kindchen einwiegen bei Mondenschein, dazu würden mir gewiß schöne Melodien einfallen; was geht einem die Welt an, die verkehrt ist. Alles, was ich seh, wie man mit Kindern umgeht, ist Ungerechtigkeit. Nicht Großmut, nicht Wahrhaftigkeit, nicht freier Wille sind die Nahrung ihrer Seele, es liegt ein Sklavendruck auf ihnen. Ach, wenn ein Kind nicht innerlich eine Welt hätte, wo wollt es sich hinretten vor dem Sündenunverstand, der bald den keimenden Wiesenteppich überschwemmt. – Da sagen die Leute, ein Kind darf nicht alles wissen. – Wie dumm! – Was es fassen kann das darf's auch wissen, für was hätte es die Macht zu begreifen? – Der Geist langt wie eine Pflanze mit jungen Ranken hinaus in die Lüfte und will was fassen, und da kommt der Unverstand, an den kann er sich freilich nicht ansaugen, da muß der Kindergeist absterben; sonst, wie bald würde die Weisheit der Unschuld den Aberwitz der Unverschämtheit beschämen. Ungeduld und Zorn und Mißstimmung werden ihnen wie Autoritäten entgegengestellt; man schämt sich vor ihnen keiner bösen Regung, vor andern hütet man sich wohl, da versteckt man die böse Natur, aber vor Kindern nicht, man denkt, sie begreifen's noch nicht; man sollte doch lieber auf ihre Reinheit bauen, die das Böse nicht gewahr wird, oder auf ihre Großmut, sie verzeihen viel und rechnen es einem nicht an. Deswegen sind sie aber nicht witzlos und untüchtig für den höchsten Begriff. Aber die Menschen sind über sich selber so dumm, sie glauben in ihrem schmählichen Unrecht noch an ihre eigne Weisheit wie an einen Ölgötzen, dem sie Opfer bringen aller Art, nur die eigne Bosheit erwischen sie nicht bei den Ohren, um sie einmal zu schlachten. Der knospenvolle Lebenstrieb wird nichts geachtet, der soll nicht aufgehen, aus dem die Natur hervor ans Licht sich drängen will; da wird ein Netz gestrickt, wo jede Masche ein Vorurteil ist – keinen Gedanken aus freier Luft greifen und dem vertrauen – alles aus Philistertum beweisen und erfordern, das ist die Lebensstraße, die ihnen gepflastert wird, und wo statt der lebendigen Natur lauter verkehrte Grundsätze und Gewohnheiten es umstricken. Der Voigt sagte, ihm sei das Lachen und Weinen nah gewesen beim Examen in der Musterschule, wo der Molitor mit so großem Eifer die Judenkinder examiniert habe über die Großtaten der Römer und Griechen, wenn er dächte, welchen schmutzigen Lebenspfad sie wandern müßten; >Zieh Schimmel, zieh, im Kot bis an die Knie<, ja da mag einer noch so ein weißer Schimmel sein, er muß im Morast steckenbleiben; und das ganze Lehrgebäude ist bloß wie ein Fabelwerk, alles lehrt man durch Exempel, aber große Taten, die zeigt man nur wie die Schimäre aus dem Bilderbuch, da dreht jedermann um und läßt sie stehen ohne weitere Gebrauchsanweisung. Diese Bemerkungen sind alle aus Gesprächen mit dem Voigt, der mir gern seine Weisheit bringt aus dem Grund, weil ihn kein Mensch sonst anhört; er sagte, ich bin jedermann langweilig, aber ich kann Ihnen versichern, die Leute sagen, Sie wären auch langweilig; er sagte: aus einem Kind sollte lauter Weisheit hervorblühen, daß alles Denken freudige Religion in ihm würde, ohne ihm das Kreuzschlagen zu lehren oder Heiden und Christen zu unterscheiden, und seine Seele mußte aufblühen am Lebensstamm, ohne zu fragen nach Gutem und Bösem. – Weißt Du was – heut hat sich das zarte Kind in der Tür den Finger sehr arg geklemmt; und die Kurprinzeß war sehr erschrocken und ganz hinfällig geworden, denn es hat ihm sehr arg weh getan, mich hat's auch geängstigt, es hatte Fieber, jetzt liegt's im Bett und schläft; als es beruhigt war, ging die Kurprinzeß zur Erholung spazieren; sie nahm mich mit, ich lief von ihrer Seite, um ihr Blumen zu holen, die ich in der Ferne sah, die nimmt sie mir immer freundlich ab und zeigt mir wohl selbst, welche ich pflücken soll; ich brach aber so viele und kletterte jede steile Seite hinan; die Damen wunderten sich über meine großen weiten Sprünge und sagten, ich beschwere die Hoheit mit den vielen Blumen, ich band einen Strauß mit meinem Hutband und gab ihn ihr zu tragen; ich sagte, er sei für's kranke Kind zum Spielen, nicht ins Wasser zu stellen; sie trug den großen Strauß und wollte nicht, daß man ihn ihr abnahm. Die Gesellschaft wunderte sich über meine naive Art, damit meinen sie Unart, ich merkte es; sie halten mich für einen halben Wilden, weil ich wenig oder nie mit ihnen spreche, weil ich mich durchdränge, wohin ich will, weil ich mich ohne Erlaubnis an der Prinzeß Seite setze, als ob ich den Platz gepachtet habe, sagt Frau von B. R., weil ich so leise geschlichen

komm, daß mich keiner merkt, weil ich davonlaufe und nur das Windspiel vom Herzog von Gotha sich mit mir zu schaffen macht, das mir
nachsetzt und bellt, wenn ich ins Gebüsch spring; der L. H. sagte mir,
daß man sich über meine Unart aufgehalten, den Hund so laut bellen zu
machen; er erzählte mir aber nicht, was ich von der Tonie hernach hörte,
daß die Kurprinzeß sagte: »Sie ist ein liebes Kind«, und daß der Herzog
von Gotha sagte: »Ein allerliebstes Kind«. – Nun, ich gefall mir selbst gut. –
Lieb Günderödchen, über allen Wechsel und Zerstreuung von heute
hinweg klingen noch immer die Worte der Predigt in mich hinein, als
wär heut ein feierlicher Tag gewesen. – Es ist ja wahr, Du und ich sind
bis jetzt noch die zwei einzigen, die miteinander denken; wir haben noch
keinen Dritten gefunden, der mit uns denken wollt oder dem wir vertraut hätten, was wir denken, Du nicht und ich nicht; niemand weiß, was
wir miteinander vorhaben, und wir lassen jetzt schon ein ganzes Jahr die
Leute sich wundern, warum ich doch alle Tag ins Stift lauf. – Aber den
Geistlichen – wär's in Frankfurt gewesen, den hätt ich angeredet, daß
er mit mir zu Dir gegangen wär. – Der hat gewiß keinen Freund – sein
Geist wird sein Freund sein müssen, der wird ihm antworten. Ich denk,
ob einer mit seinem eignen Geist reden kann? – Der Dämon des Sokrates, wo ist der geblieben? – Ich glaub, jeder Mensch könnte einen Dämon
haben, der mit ihm sprechen würde, aber worauf der Dämon antworten
kann, das muß unverletztes Forschen nach Wahrheit sein; da mein ich
mit, es darf sich kein andrer Wille dreinmischen als bloß die Begierde zur
Antwort. – Frage ist Liebe und Antwort Gegenliebe. Wo die Frage bloß
Liebe zum Dämon ist, da antwortet er, der Lieb kann Geist nicht wider-
stehen, wie ich nicht und Du nicht. Solang ich vom Sokrates weiß, geh
ich dem Gedanken nach, wie er einen Dämon zu haben; er hatte wohl
ein inneres Heiligtum, ein Asyl, wo der Dämon zu ihm kommen mochte;
ich hab in mir gesucht nach dieser Tür zum Alleinsein, wo ich diesem
Weisheitsgeist ins Gesicht sehen könnt, flehend um Lieb. Aber Du hast
recht, ein mutwilliger Wind jagt meine Gedanken wie Spreu auseinander, ich werd fortgerissen von einem zum andern von meiner Zerstreutheit; dann ist's so nüchtern in mir und so beschämend öde, wenn ich
mich sammeln will; wie soll da der Geist sich einfinden, wo es so leer ist;
der Sokrates hatte wohl große Taten getan vorher und nie seinen Genius
verleugnet, dann kam er zu ihm. – Ich sag als zu mir, laß nur ab, der Geist
würde von selber kommen, könnt deine Natur ihn herbergen. Ich denk

als, der Geist muß entspringen aus vereinigten Naturkräften, und ich hab so keine Feuernatur, die sich so konzentrieren kann, daß der Geist aus ihr entspringe; aber ich wollt es doch, ich sehne mich nach ihm. Ich hab ihn nicht, ich denk mir ihn aber und trag ihm alles vor in meinen Nachtgedanken, und manchmal schreib ich an Dich, als wärst Du sein Bote und er würde durch Dich alles erfahren von mir. Manchmal, wenn wir zusammen schwätzen im Dunkel bei dem verglommenen Feuer in Deinem Öfchen, wo der Märzschnee vom Baum vor Deinem Fenster herunterfiel, da dacht ich, was schüttelt doch den Baum? – und da war ich gleich so begeistert, als lausche was und reize mich an, und Du sagtest, es fülle sich unser Gespräch mit Gas, ein Gedanke nach dem andern stieg in die Wolken, und verglichst sie mit romantischen Lichtern, die hoch über uns sich in sanften Leuchtkugeln ausbreiten. Das Rasseln im beschneiten Baum, an der Wand das neugierige Mondlicht, das aufflammende Feuerchen, Du und ich, die mit Deinen Fingern spielte beim Sprechen, das war als so, daß ich dacht, der Geist wär nah bei uns und trenne uns von allem Unsinn; und das Leben war auch so weit ab, auf der Straße, wenn ich nach Haus ging, wenn mir da Menschen begegneten, so war's wie eine Scheidewand zwischen mir und ihnen und zwischen allem, was in der Welt vorgehe – ja, die Welt, die auch von Begeistrung leben sollte wie der Baum vom Tau, die strömt so viel Stickluft aus (Langeweile), daß der Geist nicht eratmen kann.

Heut sind die Früchte angekommen und die Blumen all noch frisch, Dein Brief duftet mit dem Heliotrop und gelben Jasmin in meiner Brust, wo ich ihn hingesteckt hab. Was Du mir sagst, scheint mir auch vom Dämon durch Dich gemeldet, Du kleidest seine Weisheit in Balsam hauchende Redeblüten – ich soll und muß Dir recht geben, nicht wahr? – Meinst Du, es wird den Dämon verdrießen, wenn ich ihm nicht nachgebe mit der Eifersucht? – und daß meine Leidenschaft in so stolzen Flammen aufsprüht und will ihn gefangennehmen, wo er sich verborgen hat in Dir? – Eifersucht fährt heraus aus dem Geist der Liebe, als wär's der Dämon selber; sie ist eine stark bewegende Kraft, ich weiß, was ich ihr zu danken hab; – ja, vielleicht ist sie eine Gestalt, in die sich der Dämon kleidet; wenn ich eifersüchtig bin, ist mir's immer göttlich zumut, alles muß ich verachten, alles seh ich unter mir, weil es so hell in mir leuchtet, und nichts scheint mir unerreichbar, ich fliege, wo andre mühselig kriechen; und während mir's im Herzen ängstlich pocht, da rauscht's im Geist so übermütig, ich biete Trotz, so arg Trotz, daß ich ohnmächtig werden muß, aber mein Mut sinkt nicht, der ist noch stärker, wenn ich mich erhole; nach was verlang ich denn? – was will ich mir erzwingen? – Ja, es ist gewiß der Dämon, den ich wittere; als ich Dir in die Hand biß und an zu weinen fing, so war es doch der Dämon, der mich neckte, nicht Deine Geheimnisse, die Du mit andern hast, die mich nichts angehen; ich weiß, daß die nicht zwischen uns treten, und Du, wo willst Du hin? – Ich und Du, uns berührt nichts in unserer Eigentümlichkeit miteinander. Aber es schlägt Feuer aus mir, daß ich ihn fassen will und will mich an ihn klammern, denn er war gewiß oft zwischen uns beiden; meine Ahnung war nicht falsch, und ich wollt ihn gern an mich reißen, als ich von Dir ging; drum biß ich Dich und schrie. – Ja, es ist Eifersucht – wie soll ich aber nicht eifersüchtig sein, es ist ja die einzige Möglichkeit meines Gefühls; schmeicheln kann ich ihm nicht, ihm vertrauen, wie kann ich das; ich weiß ja nicht, ob er mir lauscht. Aber daß meine Eifersucht rege wird, wo ich ihn ahne, daß ich da mächtig mit den Flügeln schlage um ihn, der mich selber dazu reizt, das ist die Stimme der Wahrheit heißer Liebe. Ja! ja! ja! – da brauch ich mich nicht zu erschöpfen in Vorbereitungen, da bin ich nicht mehr zerstreut und zaghaft gar nicht. Ach, Günderode! und nun antwortet er mir so sanft in Deinem Brief, Du bist ganz mitleidig geworden durch ihn, er hat dich so gestimmt und verkündet mir in Deinen Worten, wie der Baum der Treue zwischen uns erwachsen und erstarken werde und daß ich nicht verzage. – Ja, ich glaub's, daß er mir alles sagt, was Du mir schreibst; er versüßt mir die Pausen mit Träumen von ihm und verheißt mir, daß er allen Raum ausfüllen werde mit Geistesblüten, wie das Meer mit Wellen ausgefüllt ist. Ewigkeit ist allumfassendes Empfinden, nicht wahr, das sagte die Narzisse zur Viole, und die senkt den Blick in den eignen Busen und beschränkt sich in die Unumgrenztheit der Liebe, die sie da ahnt und fassen lernt. – Nicht alles ist der Liebe fähig, aber wenn ich dem nachgehe, was ihrer fähig ist, dann werd ich's durchdringen. Wo soll mein Geist den Fuß aufsetzen, überall ist er fremd, wenn es nicht selbsteroberterstes Eigentum der Liebe ist. – Versteh ich mich? – ich weiß selbst nicht. – Die Augen sind mir vor Schlaf zugefallen so plötzlich über dem Besinnen, ich muß morgen früh um sieben Uhr den Brief dem Boten mitgeben; überdies brennt mein Licht so düster, es wird bald ausgehen; gute Nacht, Brief! Der Mond scheint so hell in meine Stube, daß die ganz klingend aussieht – die Berge gegenüber sind prächtig, sie dampfen Nebel in den Mond. Alleweil will das Licht den Abschied nehmen, ich will aber sehen, ob ich nicht im Mondschein schreiben kann. – Ich bin so vergnügt wie die Blätter, wenn sie ganz beregnet sind vom Gewitter in der Nacht, und der Himmel wird wieder hell, und sie schlafen dann ruhig ein, weil's Gewitter vorbei ist. Da hör ich schon die ganze Zeit einen fremdartigen Vogel schreien; sollte das ein Käuzchen sein, das die Frau Hoch einen Totenvogel nennt? Er schreit ganz dicht vor meinem Fenster; ach, Günderödchen, ich schäm mich ein wenig, weil ich mich ein wenig fürchte. Meine Stube ist so düster, das Licht wird gleich ausgehn, die Berge da üben sind so grausend, man sieht sonderbare Gestalten, die kleine Quell unter meinem Fenster ruschelt so leis und bedächtig wie ein alt Hausgespenst. Was bin ich so dumm? – Da fällt mir der Dämon ein, und sollt mich fürchten vor dem Käuzchen; siehst Du, so albern bin ich, und doch macht die inwendig Seel solchen Anspruch, der Geist soll sie heimsuchen, und fürcht mich vor dem Käuzchen! – gleich mach ich's Fenster auf und seh nach ihm, da fliegt's weg; die Sterne funkeln zu Tausenden am Himmel; da unter meinem Fenster steht meine alte Invalidenschildwach und paßt vermutlich auf ein Ständchen von meiner Gitarre, was er gewohnt ist, alle Nacht zu hören; ich werd ihm ein Lied von der heiligen Jungfrau Maria singen, denn es ist heut Maria Himmelfahrt und nicht Sonntag, wie ich irrigerweise sagte; ich hab diese Seite im Mondschein geschrieben, Du wirst nicht lesen können; nun, es schad nichts, es steht auch nichts drauf, was Du notwendig wissen müßtest; es ist mir doch so wohl seit dem kleinen Schauerchen von Furcht, ich hab auch keinen Schlaf mehr. Der Mond schwimmt so eilig hinter den weißen Wölkchen hervor, daß es mir ordentlich im Herzen Gewalt antut. Ich muß singen, sonst muß ich weinen.

Gute Nacht. Bettine

Günderödchen. Die Engländer sind recht närrische Passagiere, sie brachten mir einen Brief vom L'ange mit, der mich warnt, mich nicht in sie zu verlieben. – Der mit dem gepuderten Haupte, Mr. Haise, ließ sich gestern in einem Nanking-Morgenrock auf der Terrasse sehen und gelben Pantoffeln; die Tonie sah zum Fenster hinaus, sie wollte nicht hinunter, sie schämte sich vor den Leuten, wenn er mit ihr spreche, weil er so absonderlich aussieht. – Ich sah aber, wie er herauflugte nach unsern Fenstern, und wie er die Tonie erblickte, da rief er sie an, bei dem herr-

lichen Wetter herunterzukommen; ich mußte mit; er spannte einen grünen Parapluie über ihr auf, um sie vor der Sonne zu schützen; so mußte
sie mit ihm die Terrasse auf und ab wandeln, ich lief herauf und machte
eine Zeichnung davon, die ich der Tonie ins Arbeitskästchen legte, was
sie immer mitnimmt auf die Terrasse zum Tee, und freute mich schon
auf die Bewundrung, wenn es erblickt würde. Aber sie legte das Papier
schnell zusammen und wickelte Seide drauf; sie wollte nachher schmä-
len, ich hatte ihr aber einen so schönen Kranz gemacht von Farnkraut, der
ihr so gut stand und ihre Wunderschönheit noch erhöhte, daß wir ganz
kontent auf den Ball kamen, der beinah aus so viel Karikaturen bestand,
als Menschen da waren. Der Clemens hat mir aus Weimar geschrieben
und mich gewarnt vor dem Verlieben – überflüssig! – wär er doch auf
dem Ball gewesen – höchstens daß man einem Rippenstoß ausgesetzt ist,
sonst ist keine Gefahr. – L. H. war auch da mit seinen Schwestern, wird
alle Tage blauschwärzer von seinen Stahlbädern; sein extraweißer Jabot
und Halsbinde machten dies in die Augen fallend; er war sehr fein und
elegant gekleidet, denn da er eine diplomatische Ambition hat, so versäumt er keine Gelegenheit, sich standesmäßig auszuzeichnen. Solange
wir am Eingang saßen, wo viele Menschen sich drängten, merkte keiner
was; als L. H. aber vortrat, um irgendwem sein Kompliment zu machen,
entdeckte man, und Franz, der an meiner Seite saß, zuerst, daß er statt
eines Fracks einen Joppel anhatte ohne Schößen, rund wie ein Fleischer-
wams; dies sah gar zu närrisch aus, mit schwarzseidnen Beinkleidern,
weißseidnen Strümpfen und Schnallenschuh, kurz, vollkommene Hofe-
tikette und Federclaque unterm Arm. – Er hatte, während die Familie sich
zum Ball fertig machte, den Überrock angezogen, dann lief er in sein Zimmer, wo ihm der Wind das Licht auslöschte, um den Frack anzuziehen,
und ergriff statt dessen einen englischen Halbrock, den die Herrn nach
neuster Mode bei kühler Witterung über den Frack anziehen. – Er hatte
sich bis jetzt noch nicht von hinten dem großen Publikum präsentiert
und noch mit dem Rücken gegen uns gewendet; es wurde in Eile Konzi-
lium gehalten und beschlossen, zwei Damen, Lotte und die B., sollten ihn
gesprächsweise sanft rückwärts schreiten machen, ohne ihm das verfäng-
lich Dilemma, in welchem er sich befinde, zu entdecken, bis er gerettet
sei; dabei sollten Tonie, Franz und Voigt eine kleine Hintertruppe bilden, um seinen Rückzug zu decken; ich wurde ausgemerzt von dieser
Expedition, weil ich vor Lachen über die unerschöpflichen Witze von

Franz untauglich dazu war. Der Zug rückte aus und drängte sich schon zwischen manchen verwunderten Blick, der auf dem schößlosen Rücken haftete; sie schlichen immer behutsamer heran, je näher sie kamen; so schleicht man sacht hinter einem Vogel her, dem man Salz auf den Schwanz streuen will, um ihn fangen zu können, aber er fliegt weg, ehe man nah genug kommt; so kam es auch hier; als sie schon ganz nah waren und eben ihn zu haschen meinten, wendete er sich plötzlich am. Ach! ich sprang hinter den Vorhang am Fenster und wickelte mich hinein und biß in den Vorhang vor Lachvergnügen und ging nachher auch fort, denn mir war's zu übermütig für den Gesellschaftssaal; der Voigt begleitete mich und erzählte mir, daß die Arrieregarde ihn durchpassieren lassen, sich dann dicht angeschlossen und wie einen vornehmen Staatsgefangenen transportiert bis zum Eingang, dort habe er sich niedergelassen, wo man ihm seine ästhetische Fatalität mitteilte sind er sich, umgeben von seinen Getreuen, zurückzog; jetzt würden sie wohl die ganze Nacht kein Auge zutun, denn da er bei dem hessischen Hof angestellt sein möchte, so ist ihm gewiß bange, sein Schicksal untergraben zu haben durch den zipfellosen Aufzug. Voigt ging noch eine Weile mit mir auf der Terrasse, wo es so still war; man hörte die Violinen vom Ball; die Wolken überzogen prophezeiend (ein Gewitter nämlich) das Sternenheer und senkten sich auf unsere Berge; die Bäume standen so erwartungsvoll still den Gewittersegen erwartend; die ganze Gegend sah aus, als ob sie sich zu ihrem Schöpfer wende; Voigt vergaß darüber seine unzähligen Witze, mit denen er mich überschwemmt hatte; die entfernten Lichter und Feuer, die in den umliegenden Hütten brennten, funkelten durch das Grün der Bäume wie Opferfeuer zum Alliebenden; so weit man sehen konnte, sah die Welt aus, als ob sie unsern Herrgott um eine sanfte Nacht bitten wolle für alle, für Dich und für mich, für unser ganz Leben, bis an die letzte Nacht. – So ist die Natur süße Fürbitterin, immerdar; alle Seufzer wiegt sie ein; so wollen wir ihr denn danken dafür und ihr vertrauen bis an die letzte Nacht.

Der Clemens mit seinen Warnungen? – Ich hab ihm heut geschrieben. Die Linden blühen wohl noch und hauchen einen süß an, aber keine Menschen, und die Natur ist schöner und gütiger und größer als alle Weisheit der Welt. Was einer mit mir spricht, darauf möcht ich ihm antworten mit einem Tannenzapfen, den ich ihm in die Hand drücke, oder eine Schnecke, die am Weg kriecht, oder einen angebißnen Holzapfel, es wär immer noch gescheuter als die Antwort, die mir einfällt. Mich geht kein Erdenschicksal was an, weil ich doch nicht Freiheit es zu lenken hab. – Wär ich auf dem Thron, so wollt ich die Welt mit lachendem Mut umwälzen, sagte ich gestern abend zum Voigt. »Meinetwegen«, sagte er, »schad ist's nicht drum; auf der neuen Seite kann sie nicht verkehrter liegen als auf der alten. Alle die mühseligen Personagen, die etwas unter Narren bedeuten, sind ein absurdes Zeugnis von ihrer lächerlichen Autorität; solche haben so großen Respekt vor ihrer hohen Tendenz, daß sie sich nicht getrauen, sich ins Gewissen zu reden; sie meinen, was durch sie geschähe, wäre der Schicksalsschlüssel, der durch sie die Zukunft aufschließt, die schon fertig daläge und nicht erst durch ihren Unsinn verkehrt gemacht wird, sie würden sich nicht getrauen, vollkommne Menschen aus sich zu bilden und allenfalls die Bedürfnisse der höheren Menschenrechte vor sich selber zu vertreten; o nein! je dringender die Forderungen der Zeit ihnen auf den Hals rücken, je mehr glauben sie sich mit Philistertum verschanzen zu müssen und suchen sich Notstützen an alten, wurmstichigen Vorurteilslasten und erschaffen Räte aller Art, geheime und öffentliche, die weder heimlich noch öffentlich anders als verkehrt sind – denn das rechte Wahre ist so unerhört einfach, daß schon deswegen es nie an die Reihe kommt. Wenn alle Pharisäer an der Regierungsmaschine auf einmal die Starrsucht bekämen, es würde der Welt nichts abgehen an ihrer Gesundheit, nicht einmal verschnupfen würde sie.« – So politisiert mir der Voigt gewöhnlich unterm Sternenhimmel noch eine Stunde vor, wo ich bei schönem Wetter auf der menschenleeren Terrasse mit ihm wandle; er sagt: »Hören Sie mir immer zu, Sie sind noch jung und haben mehr Energie im Judizium vor den andern allen, oder vielmehr: wo ist's geblieben, könnte man die andern fragen, denen die Ohren nach Fabeln jücken und die sich von der Wahrheit abwenden oder sie nach eignem Gelüst auslegen, daß sie ihnen zur Fabel wird.« – Den Voigt will kein Mensch anhören, jedermann schreit über ihn, ich aber fühl mich sehr geehrt, daß er mir gern das ernste Große seines Geistes darlegt, ich hör ihm begierig zu. Er ist so kurz und entschieden zwischen Recht und Unrecht, daß man keine Zeit im Schwanken verliert und daß man einen Heldencharakter bedarf, ihm zu folgen. »Für einen Freund muß man in den Tod gehen können. – Wer nicht alles hingibt, den eignen Genuß, die selbsterworbne Größe, um den Freund zu stützen, gehört nicht zu der Gattung Geschöpfe, die Freundschaft empfinden. – Was ist Gefühl? – Farbe, die nicht lebendig ist als nur im Lichtstrahl, der ist die Liebe – also braucht man vor keinem Sentiment Respekt zu haben, es ist lauter eingebildet Zeug. – Es gibt tausend Handlungen, die man niemand verargen kann, wer aber Hochsinn hat, der wird selbst aus Demut solche Handlungen töten, zum Beispiel: einer, der seinem Freund alles Böse, was in seiner Natur ihm widerspricht, offenbarte, tötet der nicht auf der Stelle alle Pharisäer?« – Das war noch gestern abend, was ich von seinem Gespräch behielt, nicht der zehnte Teil, denn er ist rasch, wie ein Schmied beim glühenden Eisen; ich frug ihn, warum er vor andern nicht auch so spreche; er sagte: »Wenn ich mit einem Wein will trinken, so muß ich einen Becher haben, in den ich ihn eingieße; Ihre Seele ist ein Becher.«

Montag

Zwei-, dreimal zwischen Eichen und Buchen und jungem lichtem Gebüsch, bergauf, bergab – da kommt man an einen Fels, glatte glänzende Basaltfläche, die die Sonnenstrahlen wie ein dunkler Zauberspiegel auffängt, dazwischen grüne Moossitze; heute morgen war ich hierher gegangen, es ist mein gewöhnlicher Spaziergang, wenn ich allein bin, nicht zu weit und doch versteckt – da sah ich noch den Nebel wie jungen Flaum zwischen den Felsspalten hin und her schwimmen, und über mir ward's immer goldner, die Morgenschatten zogen ab, die Sonne krönte mich, sie prallte scharf vom schwarzen Stein zurück, sie brennte sehr stark, sie drückte doch nicht meine Stirn, ich wollte eine Krone schon tragen, wenn sie nicht schärfer drückt als die heiße Augustsonne; so saß ich und sang gegen die Felsen hin und hörte aufs Echo, und die Regierungsgedanken stiegen mir in den Kopf. So nach Grundsätzen die Welt regieren, die in innerster Werkstätte meiner Empfindung erzeugt wären und alles Philistertum um und um stoßen, das sind solche Wünsche, die an einem so heißen Sommermorgen mir in den Kopf steigen und wozu Voigts Sternengespräche einen starken Reiz geben; er sagte, alles Gefühl, aller Begriff werde zu einem Vermögen, es ziehe sich wohl zurück, aber zur unerwarteten Stunde trete es wieder hervor – und da setze ich mich an einsame Orte und simuliere so ins Blaue hinein und komme zu nichts, zu keinem hellen Augenblick, nur daß mir oft das Herz unbändig klopft, wenn ich dran denke, daß ich das Geschrei der Philister, die des Geistes Stimme mit Grundsätzen bedrängen, durch das bloße Regiment meiner Empfindung ersticken wolle; ja, es wär eine himmlische Satisfaktion für die Rutenstreiche, womit sie blind alle Begeistrung verfolgen. Günderode, ich wollt, Du wärst ein regierender Herr und ich Dein Kobold, das wär meine Sach, da weiß ich gewiß, daß ich gescheut würde vor lauter Lebensflamme. Aber so! – ist es ein Wunder, daß man dumm ist? – Und so war ich bald im Sonnenbrand ganz träumerisch versunken und jagte im Traum auf einem Renner wie der Wind nach allen Weltgegenden und richtete mit hoher, übertragner Begeisterung von Dir die Welt ein und kommandierte wohl auch hier und da mit einem Fußtritt, mit einem Fluch dazwischen, damit es geschwind gehe – aber Dein Dramolett zu lesen, was ich mitgenommen hatte, mich recht hineinzustudieren, das hab ich versäumt durch die vielen heftigen Bewegungen meiner Seele; ich mußte mich beschwichtigen mit Schlafen, was mich immer befällt, wenn mir die Schläfen so brennen vor heißem Eifer in die Zukunft. O Seelenbecher, wie kunstreich und göttlich begabt ist dein Rand geformt, daß er die brausenden Lebensfluten faßt, wie unrettbar wär ich sonst über dich hinausgebraust. – Mein Freund, das Windspiel, hatte mich aufgespürt, es weckte mich mit seinem Bellen und wollte mit mir spielen, es bellte, daß alle Felsen dröhnten und echoten, es war, als wenn eine ganze Jagd los wär, ich mußte jauchzen vor Vergnügen und Lust mit dem Tier; es hatte mir meinen Strohhut apportiert, den ich den steilen Fels hinabgeworfen hatte, mit so zierlichen langhalsigen Sprüngen – so ist's, wenn man einem gut ist, da mißt man nicht die Gefahr des Abgrunds, man vertraut in die eignen Kräfte, und es gelingt. – Ach, Günderode, es wär viel, wenn der Mensch nur erst so weit wär, seinem eignen Genie zu trauen wie so ein Windspiel; es legte mir seine Pfoten um den Hals, wie es mir meinen Hut gebracht hatte, ohne ihn zu verderben; ich nannte es zum Scherz Erodion und dachte, so müsse der an der Göttin Immortalita hinaufgesehen haben, denn es ist so edel und schien und kühn, und Menschen sehen nicht leicht so einfach, groß und ungestört aus in ihrer Weise, wie Tiere es oft sind. Der Herzog war dem Bellen seines Hundes nachgegangen und kam hinter den Bäumen hervor; er fragte, warum ich den Hund so nenne, dem er Cales ruft, und sagte, es sei der Name eines Wagenführers vor Troja, den der Diomedes erschlagen; ich zeigte ihm Dein Gedicht, um zu erklären, wo mir der Name Erodion herkomme; er setzte sich auf den Fels und las es teilweis laut und machte mit dem Bleistift Bemerkungen, die send ich Dir; Du siehst, er hat es mit Sammlung gelesen und dann sogar mit Liebe. Ich weiß nicht, wie oft Dich der Zufall begünstigen wird, die feineren Saiten der Seele zu rühren, so wird's Dich freuen. – Er frug mich, ob ich denn das Gedicht verstehe? – ich sagte nein! aber ich lese es gern, weil Du meine Freundin seiest und mich erziehst. Er sagte, eine Knospe ist dieses kleine, sorgsam vor jeder fremden Einwirkung geschützte Erzeugnis, die die große Seele der Freundin umschließt; und in diesen sanft gefalteten Keimen einer noch unentwickelten Sprache schlummern Riesenkräfte. Die Inspiration der Wiedergeburt hebe ahnungsvoll die Schwingen in Dir; und weil die Welt zu schmutzig sei für so kindlich reine Versuche, Deine Ahnungen auszusprechen, so werde sie diesen anspruchslosen Schleier, der Deine weitausgreifende Phantasie und Deinen hohen philosophischen Geist umschlinge, nicht entfalten. – Ich ließ mir dieses Lob verwundert gefallen; er begleitete mich, ich mußte ihm auf dem Weg von Dir erzählen, von unserm Umgang, von Deinem Wesen, von Deiner Gestalt; da hab ich mich zum erstenmal besonnen, wie schön Du bist, wir sahen eine vollsaftige weiße Silberbirke in der Ferne mit hängenden Zweigen, die mitten am Fels aus einer Spalte aufgewachsen ist und vom Wind sanft bewegt gegen das Tal sich neigt; unwillkürlich deutete ich hin, wie ich von Deinem Geist sprach und auch von Deiner Gestalt; der Herzog fragte, die Freundin werde wohl jener Birke gleich sein, auf die ich hinweise? – Ich sagte ja. So wollte er mit mir zusammen hin und Dich von nahem beschauen, aber es war so glatt und steil da hinan, ich meinte nicht, daß wir hinkommen würden – er vertraute auf den Cales, der werde uns schon einen Weg ausfinden. »Was hat sie denn für Haar?« – »Schwärzlich glänzend braunes Haar, das in freien, weichen Locken, wie sie wollen, sich um ihre Schultern legt.« – »Was für Augen?« – »Pallasaugen, blau von Farbe, ganz voll Feuer, aber schwimmend auch und ruhig.« – »Und die Stirn?« – »Sanft und weiß wie Elfenbein, stark gewölbt und frei, doch klein, aber breit wie Platons Stirn; Wimpern, die sich lächelnd kräuseln, Brauen wie zwei schwarze Drachen, die mit scharfem Blick sich messend, nicht sich fassend und nicht lassend, ihre Mähnen trotzig sträuben, doch aus Furcht sie wieder glätten. So bewachet jede Braue, aufgeregt in Trotz und Zagheit, ihres Auges sanfte Blicke.« – »Und die Nase, und die Wange?« – »Stolz ein wenig und verächtlich, wirft man ihrer Nase vor, doch das ist, weil alle Regung gleich in ihren Nüstern bebet, weil den Atem sie kaum bändigt, wenn Gedanken aufwärts steigen von der Lippe, die sich wölbet frisch und kräftig, überdacht und sanft gebändigt von der feinen Oberlippe.« – Auch das Kinn mußt ich beschreiben; wahrlich, ich hab nicht vergessen, daß Erodion dort gesessen und ein Dellchen drin gelassen, das der Finger eingedrückt, während weisheitsvolle Dichtung füllet ihres Geistes Räume; und die Birke stand so prächtig, so durchgoldet, so durchlispelt von der Sonne, von den Lüftchen, war so willig sich zu beugen, hold dem Strom der Morgenwinde, wogte ihre grünen Wellen freudig in den blauen Himmel, daß ich nicht entscheiden konnte, was noch zwischen beiden liege, jenem zukömmt und dem andern nicht. – Cales fand mit manchen Sprüngen erst den Weg zur Birke, dann der Herzog, ich blieb zurück; ich hätte leicht nachkommen können, aber ich wollte nicht in seiner Gegenwart. Er schnitt dort Buchstaben in die Rinde ganz unten am Fuß und sagte, er wolle, sie solle die Freundschaftsbirke heißen; und er wolle auch unser Freund sein. Ich war bereitwillig dazu; ach laß ihn, er kommt den Winter nach Frankfurt, erstlich vergißt ein Prinz leicht so was über vielen andern Zerstreuungen, denn er glaubt gar nicht, daß es möglich wär, daß, wenn man sich ganz an etwas hingäbe, daß dadurch grade allein der Scharfblick die Wägungskraft der Allseitigkeit entspringe, nach der sie alle jagen und sich drin verflattern, und dann ist er auch krank und hat wenig gesunde Tage; einem solchen muß man alle heilende Quellen zuströmen. – Adieu. Morgen nachmittag ist eine große Partie zu Esel, und morgen vormittag geht die gute Kurprinzessin weg. – Und in aller Früh, um drei Uhr, wollen die Engländer mit uns einen Berg ersteigen und die Sonne aufgehen sehen; die andern wollten den Voigt nicht mit haben, ich hab's ihm aber doch gesteckt, sonst langeweile ich mich, so wie die andern behaupten, daß er sie langeweilt. Morgen früh kommt die Botenfrau, ich schicke diesen Brief mit, obschon er noch nicht so gefährlich lang ist wie mein erster, aber Du bist maulhängolisch, und da will ich Dich ein bißchen kitzeln mit der anmutigen Geschichte vom Herzog, daß Du mit Gewalt lachen mußt, wenn Du auch noch so sehr den Mund zusammenziehst. Gelt, es macht Dir doch Pläsier? Ich hab mir seine Liebeserklärung abgeschrieben an Deine Immortalita, die von seiner Hand gehört Dein – er hat's geschrieben für Dich, Du kannst Wert darauf legen; ich hör, daß er sehr berühmt ist, großartig, witzig und sehr gefürchtet deswegen von manchen Menschen; er wär aber auch sehr großmütig und gutmütig, aber viele wollen doch nicht gern mit ihm zu tun haben aus Furcht, seine beste Freundlichkeit wär doch ein heimlicher Witz. Was das für eine Narrheit ist; über mich möcht einer sich lustig machen, soviel er wollt, es wär mir recht angenehm, wenn's ihm Pläsier macht.

Bettine

Beilage zum Brief an die Günderode

IMMORTALITA

PERSONEN:
IMMORTALITA, eine Göttin
ERODION
CHARON
HEKATE

ERSTE SZENE

Eine offene schwarze Höhle am Eingang der Unterwelt, im Hintergrunde der Höhle sieht man den Styx und Charons Nachen, der hin- und herfährt, im Vordergrund der Höhle ein schwarzer Altar, worauf ein Feuer brennt. Die Bäume und Pflanzen am Eingang der Höhle sind alle feuerfarb und schwarz, so wie die ganze Dekoration, Hekate und Charon sind schwarz und feuerfarb, die Schatten hellgrau, Immortalita weiß, Erodion wie ein römischer Jüngling gekleidet. Eine große feurige Schlange, die sich in den Schwanz beißt, bildet einen großen Kreis, dessen Raum Immortalita nie überschreitet.

IMMORTALITA: *(aus der Betäubung erwachend)* Charon! Charon!

CHARON: *(seinen Kahn innehaltend)* Was rufst du mich?

IMMORTALITA: Wann kommt die Zeit?

CHARON: Sieh die Schlange zu deinen Füßen, noch ist sie fest geschlossen, der Zauber dauert, solange dieser Kreis dich umschließt; du weißt es, warum fragst du mich?

IMMORTALITA: Ungütiger Greis, wenn es mich nun tröstet, die Verheißung einer bessern Zukunft noch einmal zu vernehmen, warum versagst du mir ein freundlich Wort?

49

CHARON: Wir sind im Land des Schweigens.

IMMORTALITA: Wahrsage mir noch einmal.

CHARON: Ich hasse die Rede.

IMMORTALITA: Rede! Rede!

CHARON: Frage Hekate.

Er fährt hinweg.

IMMORTALITA: *(streut Weihrauch auf den Altar)* Hekate! der Mitternacht Göttin! der Zukunft Enthüllerin, die schläft in des Nichtseins dunklem Schoß! Geheimnisvolle Hekate! Hekate, erscheine!

HEKATE: Mächtige Beschwörerin! Was rufst du mich aus den Höhlen ewiger Mitternacht? Dies Ufer ist mir verhaßt, sein Dunkel zu helle, ja, mir deucht, ein niedrer Schein aus des Lebens Lande habe hierher sich verirrt.

IMMORTALITA: O vergib, Hekate! und erhöre meine Bitte.

HEKATE: Bitte nicht, du bist hier Königin, du herrschest hier und weißt es nicht.

IMMORTALITA: Ich weiß es nicht! warum kenn ich mich nicht?

HEKATE: Weil du nicht dich selber sehen kannst.

IMMORTALITA: Wer wird mir einen Spiegel zeigen, daß ich mich schaue?

HEKATE: Die Liebe.

IMMORTALITA: Warum die Liebe?

HEKATE: Weil ihre Unendlichkeit nur ein Maß für deine ist.

IMMORTALITA: Wie weit erstreckt sich mein Reich?

HEKATE: Über jenseits einst, über alles.

IMMORTALITA: Wie? – die undurchdringliche Scheidewand, die mein Reich scheidet von der Oberwelt, wird sie einst zerfallen?

HEKATE: Sie wird zerfallen! Du wirst wohnen im Licht! – alle werden dich finden.

IMMORTALITA: O wann wird das sein?

HEKATE: Wenn gläubige Liebe dich der Nacht entführt.

IMMORTALITA: Wann? – in Stunden – in Jahren?

HEKATE: Zähle nicht die Stunden, bei dir ist keine Zeit. Siehe zur Erde! – die Schlange, die ängstlich sich windet – fester beißt sie sich ein, vergeblich möcht in ihrem engen Kreis sie dich gefangenhalten, vergeblich ist ihr Widerstand; des Unglaubens Herrschaft, der Barbarei und der Nacht sinkt dahin.

Sie verschwindet.

IMMORTALITA: O Zukunft, wirst du ihr gleichen? – jener seligen, fernen Vergangenheit, wo ich mit Göttern in ewiger Klarheit wohnte. Ich lächelte sie alle an, und ihre Stirnen verklärte mein Lächeln, wie kein Nektar sie verklären konnte, und Hebe dankte ihre Jugend mir und immer blühender Aphrodite ihre Reize. Aber durch der Zeiten Finsternis getrennt von mir, noch ehe mein Hauch ihnen Dauer verliehen, stürzten von ihren Thronen die seligen Götter und gingen zurück in die Lebenselemente, Jupiter in des Urhimmels Kräfte, Eros in die Herzen der Menschen, Minerva in die Sinne der Weisen, die Musen in der Dichter Gesänge; und ich Unseligste von allen wand nicht des unverwelklichen Lorbeers um die Stirne dem Helden, dem Dichter. Verbannt in dies Reich der Nacht, der Schatten Land, dies düstere Jenseits, muß ich der Zukunft nun entgegenleben.

CHARON: (*fährt mit Schatten vorüber*) Neigt euch, Schatten, der Königin des Erebos, daß ihr noch lebt nach eurem Leben, ist ihr Werk.

CHOR DER SCHATTEN:
Stille führet uns der Nachen
Nach dem unbekannten Land,
Wo die Sonne nicht wird tagen
An dem ewig finstern Strand. –
Zagend sehen wir ihn eilen,
Denn der Blick möcht noch verweilen
An des Lebens buntem Rand.

Sie fahren weg.

DIE VORIGE SZENE

Charons Nachen landend. Erodion springt ans Ufer. Immortalita im Hintergrund.

ERODION: Zurück, Charon, von diesem Ufer, das kein Schatten darf betreten! Was siehst du mich an? – Ich bin kein Schatten wie ihr; eine frohe Hoffnung, ein träumerischer Glaube haben meines Lebens Funken zur Flamme angefacht.

CHARON: *(für sich)* Gewiß ist dieser der Jüngling, der die goldne Zukunft in sich trägt. Er fährt ab mit seinem Nachen.

IMMORTALITA: Ja, du bists, von dem Hekate mir weissagte, bei deinem Anblick werde des Tages Strahl durch diese alte Hallen, durch diese erebische Nacht hereinbrechen.

ERODION: Wenn ich der Mann bin deiner Weissagungen, Mädchen oder Göttin! wie ich dich nennen soll, so glaube, du bist die innerste Ahnung des Herzens mir.

IMMORTALITA: Sage, wer bist du, wie heißest du und wo fandst du den Weg zum pfadlosen Gestade hierher? – wo Schatten nicht noch Menschen wandeln dürfen, nur unterirdische Götter.

ERODION: Ungern möcht ich zu dir von anderm reden als nur von meiner Liebe. Aber red ich dir von meiner Liebe, so ists ja mein Leben. Höre mich denn: Eros' Sohn bin ich und seiner Mutter Aphrodite, der Liebe und Schönheit Doppelverein hatte in mein Dasein schon die Idee jenes Genusses gelegt, den ich nirgend fand und überall doch ahnete und suchte. Lange war ich ein Fremdling auf Erden, von ihren Schattengütern mocht ich nichts genießen, bis träumend mir durch deine Eingebung eine dunkle Vorstellung von dir in die Seele kam. Überall geleitete mich dieser Idee Abglanz von dir, überall verfolgte ich ihre geliebte Spur, auch wenn sie mir untertauchte im Land der Träume, und so führte sie mich zu den Toren der Unterwelt, aber nie konnt ich zu dir durchdringen; ein unselig Geschick rief mich immer wieder zu der Oberwelt.

IMMORTALITA: Wie, Knabe! – so hast du mich geliebt, daß lieber den Helios und das Morgenrot du nicht mehr sehen wolltest als mich nicht finden?

ERODION: So hab ich dich geliebt, und ohne dich konnte die Erde nicht mehr mich ergötzen, nicht mehr der blumige Frühling, der sonnige Tag, die tauige Nacht, die zu besitzen der finstere Pluto gern sein Zepter hätt vertauscht. Aber wie eine größere Liebe in meiner Eltern Umarmungen sich vereint hatte als alle andre Liebe – denn sie waren die Liebe selbst – so die Sehnsucht auch, die zu dir mich trieb, war die mächtigste, und über alle Hindernisse siegreich war mein Glaube, dich zu finden; denn meine Eltern wußten, daß, der aus Lieb und Schönheit entsprungen, nichts Höheres auf Erden finde als sich selbst, und hatten diesen Glauben zu dir mir gegeben, daß meine Kraft nicht sollt ermüden, nach Höherem zu streben außer mir.

IMMORTALITA: Aber wie kamst du endlich zu mir? Unwillig nimmt Charon Lebende in das morsche Fahrzeug, für Schatten nur erbaut.

ERODION: Einst war mein Sehnen, dich zu schauen, so groß, daß alles, was die Menschen erdacht, dich ungewiß zu machen, mir klein erschien und nichtig. Mut begeisterte mein ganzes Wesen: ich will nichts, nichts als sie besitzen, so dacht ich, und kühn warf ich dieser Erde Güter alle weg von mir und führte mein Fahrzeug hin zu dem gefahrvollen Fels, wo alles Irdische scheitern sollte. Noch einmal dacht ich: wenn du alles verlörst, um nichts zu finden? – aber hohe Zuversicht verdrängte den Zweifel, fröhlich sagt ich der Oberwelt das letzte Lebewohl, die Nacht verschlang mich – eine gräßliche Pause! – ich fand mich bei dir. – Die Fackel meines Lebens flammt noch jenseits der stygischen Wasser.

IMMORTALITA: Die Heroen der Vorwelt haben diesen Pfad schon betreten, der Mut hat herüberzustreifen gewagt, aber der Liebe nur war vorbehalten, ein dauernd Reich hier zu gründen. Die Bewohner des Orkus sagen, mein Dasein hauche ihnen unsterbliches Leben ein; so sei denn auch du unsterblich; denn du hast Unnennbares in mir bewirkt, ich lebte ein Mumienleben, aber du hast mir eine Seele eingehaucht. Ja, teurer Jüngling! in deiner Liebe erblicke ich mich verklärt, ich weiß nun, wer ich bin, weiß, daß ein sonniger Tag diese alten Hallen beglänzen wird.

Hekate tritt hinter dem Altar hervor.

HEKATE: Erodion! trete in den Kreis der Schlange. Er tut es: die Schlange verschwindet. Zu lange, Immortalita, warst du, durch die Macht des Unglaubens und der Barbarei von wenigen gekannt, von vielen bezweifelt, in diesen engen Kreis gebannt. Ein Orakel, so alt als die Welt, sagt, der gläubigen Liebe werde gelingen, dich selbst in dem erebischen Dunkel zu finden, dich hervorzuziehen und deinen Thron in ewiger Klarheit zu gründen, zugänglich für alle. Diese Zeit ist nun gekommen, dir, Erodion, bleibt nur noch etwas zu tun übrig.

Der Schauplatz verwandelt sich in einen Teil der elysäischen Gärten, die Szene ist matt erleuchtet, man sieht Schatten hin und wider irren. Zur Seite ein Fels, im Hintergrund der Styx und Charons Nachen.

53

Die Vorigen

HEKATE: Sieh, Erodion, diesen einsturzdrohenden Fels; er ist die un-
übersteigliche Scheidewand, der des sterblichen Lebens Reich von
dem deiner Gebieterin scheidet, er verwehrt der Sonne, ihre Strahlen herzusenden, und getrennten Lieben sich wiederzubegegnen.
Erodion! versuche es, diesen Felsen einzustürzen, daß deine Geliebte auf seinen Trümmern aus der engen Unterwelt steigen möge,
daß ferner nichts Unübersteigliches das Land der Toten von dem
der Lebenden mag trennen.

Erodion schlägt an den Felsen, er stürzt ein, es wird plötzlich helle.

IMMORTALITA: Triumph! der Fels ist gesunken, von nun an sei den Gedanken der Liebe, den Träumen der Sehnsucht, der Begeisterung
der Dichter vergönnt, aus dem Lebenslande in das Schattenreich
herabzusteigen und wieder zurückzugehen auch.
HEKATE: Heil! dreifaches, unsterbliches Leben wird dies blasse Schattenreich beseelen, nun dein Reich gegründet ist.
IMMORTALITA: Komm, Erodion, steige mit mir auf in ewige Klarheit;
und alle Liebe, alles Hohe soll meines Reiches teilhaftig werden.
Du, Charon, entfalte deine Stirn, sei freundlicher Geleiter denen,
die mein Reich betreten wollen.
ERODION: Wohl mir, daß ich die heilige Ahnung meines Herzens wie
der Vesta Feuer treu bewahrte; wohl mir, daß ich der Sterblichkeit
zu sterben, der Unsterblichkeit zu leben, das Sichtbare dem Un-
sichtbaren zu opfern Mut hatte.

**VON DER HAND DES HERZOGS EMIL AUGUST VON GOTHA AUF DAS
MANUSKRIPT DER IMMORTALITA GESCHRIEBEN:**

Es ist eine Kleinigkeit, die deiner Aufmerksamkeit nicht wert ist, daß ich
es ein Geschenk des Himmels achte, dich zu verstehen, du edles Leben.
Siehst du zur Erde nieder, gibst gleich der Sonne du ihr einen schönen
Tag, doch auf zum Himmel wirst du vergeblich schauen, suchst deines-
gleichen du unter den Sternen.

Wie frische Blütenstengel, so schmückt deiner Gedanken sorglos
Leben den bezwungenen Mann; sein Busen bebt von tiefen Atemzügen,

wenn dein Geist gleich aufgelösten Locken, die jetzt dem Band entfallen, ihn umspielt.

Er sieht dich an, ein Liebender! wie stille Rosen und schwankende Lilien schweben deiner segnenden Gedanken Blicke ihm zu. Vertraute, nahe dem Herzen sind sie. Wahrhaftiger, heller und schöner beleuchten sein Ziel sie ihm und seinen Beruf, und auf schweigendem Pfade der Nacht sind hochschauende Sterne Zeugen seiner Gelübde dir.

Doch ist eine Kleinigkeit nur, die deiner Aufmerksamkeit nicht wert ist, daß ich als ein Geschenk des Himmels es achte, dich zu verstehen, du edles Leben.

Emil August

An die Bettine

Dein Brief, liebe Bettine, ist wie der Eingang zu einem lieblichen Roman, ich habe ihn genippt wie den Becher des Lyäus, der ein Sorgenbrecher ist; es tat mir auch sehr wohl, mich bewegten gerade Sorgen um Dinge, die eine notwendige Folge des Lebens und daher nicht unerwartet sind, die ich Dir nicht mitteile, weil sie in Deinen Lebensgang nicht einstimmen[1]. Du bist mein Eckchen Sonne, das mich erwärmt, wenn überall sonst der Frost mich befällt. Ich werde die Stadt auf ein paar Wochen verlassen; ein Brief wird mich am Donnerstag noch treffen, dann aber den nächsten find ich, wenn ich zurückkomme, und dann sind wir bald wieder ganz beisammen. Lasse Deine Briefe recht heiter sein, ohne schwermütigen Nachklang; Deiner Natur ist eine freie ungehemmte Lebenslust gemäß; die trüben, mißmutigen Regungen, mit denen Du zuweilen prahlst, sind nur Zeichen geheimnisvoller Gärungen, denen der Raum zu eng ist, sich zu läutern; das muß ich glauben, wenn ich Deine jetzige natürliche Stimmung vergleiche mit jener gereizten, die Dich zuletzt hier befiel, wo mir ganz bange um Dich war. Es war Dir nichts weiter nötig, als die beengende Stadtluft nicht mehr zu atmen. Du bist wie eine Pflanze, ein bißchen Regen erfrischt Dich, die Luft begeistert Dich, und die Sonne verklärt Dich. – Die Tonie schreibt hierher, daß du gesund aussähest und keine Spur von der interessanten Blässe übrig sei; – rate, wer dar-über seinen Ärger nicht verhehlen kann? – »Elle ne sera plus ce qu'elle

---

1   Ihr war eine Schwester gestorben.

a été« gab er mir auf alle Trostgründe zur Antwort. Indessen hoffe ich, daß unsereins auch noch bei Dir gilt, und mir ist's lieber, daß Du auf Kosten jener interessanten Blässe zunimmst, als daß ich immer hören muß, Deine Lebendigkeit werde Dich noch töten, was komisch klingt und auf mich gestichelt ist. Ich habe mir selber die Vorwürfe nicht erspart. – Was Du Schlaftrunkenheit nenntest, das war nach Sömmering Nervenfieber; er sagt, Du habest keinen Sinn für Krankheitszustände, Du habest die Kinderkrankheiten wie lustige Spiele durchgemacht, diesmal sei es von überspanntem Studieren gekommen. Die philosophischen Ausdrücke Absolutismus, Dualismus, höchste Potenz etc., mit denen Du in Deinen Fieberphantasien spieltest, zeugten wider mich. Ich habe mir fest vorgenommen, diesen Winter nur solche Sachen mit Dir zu treiben, die Dir recht von Herzen zusagen. – Ich bin zwar nicht so ganz allein an diesem Mißgriff schuld; andre, denen ich vertraue, die, wie mir schien, nicht mit Unrecht Dir viel philosophischen Sinn zusprechen, meinten, er müsse entwickelt werden; ich folgte unschuldig diesen Weisungen und nahm Deinen Widerspruch für die gewohnte Unbequemheit, Dich etwas Ernstem zu fügen. Der Hohenfeld sagte mir, Ebel erzähle, Du habest aus überreiztem Widerwillen gegen die Philosophie starkes Erbrechen gehabt, daraus sich ein galliges Nervenfieber gebildet habe; er warnte mich und sagte, Du seiest ein unbedeutendes Mädchen und kein philosophischer Kopf, der Deine könne zwar übermütig und überspannt, weiser aber nicht werden etc. – Ich erriet, daß er ein diplomatischer Abgesandter sei von klugen Leuten, die viel von einem wissen und von denen man nichts weiß; seine Zitationen von überspannten Reden und absurden Behauptungen, die hier unter den Philistern in Umlauf sind, ergötzten mich; Dein eigner Brief, der wie der junge Strauch das kränkelnde Laub abwirft und in frischen Trieben ergrünt, macht mich mit dem guten Hohenfeld einverstanden über Deine Unbedeutenheit, auch gefällt sie mir besser, als was ich an Gelahrtheit Dir zuschanzen könnte; Du bist gefühlig für die Alltäglichkeit der Natur, Morgendämmerung, Mittagschein und Abendwolken sind Deine lieben Gesellen, mit denen Du Dich verträgst, wenn kein Mensch mit Dir auskommt. – Wenn Du willst, so können wir umtauschen und ich Dein Jünger werden in der Unbedeutenheit, so wie Du Dich für meinen Schüler hieltest, als ich einen starken Geist aus Dir bilden wollte. Jetzt, wo es rückwärts geht, mußt Du mein Lehrer sein; ein Zaghafter kann sicherer bergauf gehen, aber einen steilen Weg hinab, dazu gehört Entschlossenheit, die hast Du, Du schwindelst nicht und hast Dich noch nie besonnen, über Hecken und Gräben zu setzen. Es dämmern mir schon ganz glückliche Spekulationen über den Geist der Unbedeutenheit auf; ich hatte unsägliche Lust, dem Domdechant, der mich so hochstellt, als Überläufer ein paar Dummheiten zu sagen, die ihm Zweifel in sein Urteil gäben; ich habe ihm auch eine gesagt, worüber er die Hände zusammenschlug und meine Behauptung, daß ich viel von Dir empfange und Dein Umgang mich belehre, auf mein Unvermögen, mich selbst zu schätzen, schob, das mir da einen absurden Streich spiele; alle Welt wundere sich, daß ich meine Zeit mit dem Sausewind verbringe und ihm vor andern solche köstliche Minuten schenke. – Nun, es wird mir nicht fehlen, daß mir nächstens die ergötzliche Unbedeutenheit aus diesen meinen Verkehrtheiten zuerkannt werde, um die mich keiner beneiden wird, weil man eben das Bedeutende nicht zu schätzen weiß. Ich ahne sehr hell, daß, wenn in dem bescheidenen Knospenzustand Unbedeutenheit verborgen, nicht der volle innere Lebensbetrieb wirkte, das Bedeutende nie ans Licht blühen würde, am wenigsten, wenn diebischer Eigennutz sich der Zeit verdrängt, bloß um auf der Höhe zu stehen, wo die andern zu seinen schimmernden Phantomen aufsehen müssen. Wie die Titanen mit großem Gepolter ihre Treppe zu der Götter Burgen auftürmten und die stillen Gipfel des Olympos als unbedeutend hinabstürzten. Eins empfinde ich in Dir, daß die Natur das Ideal des Menschengeistes gleichwie das Pflanzenglück unter warmer, nährender Decke vorbereiten muß, sonst werden die Menschen davon nicht wachsen und reifen und im Sonnenglanze grünen.

Deine Begebenheiten, Deine Bemerkungen, alles macht mir Freude; sorge, daß mir nichts verlorengehe; wenn's nur Deiner Gesundheit nicht schadet, so schreibe doch jeden Abend; darum bittet der Dämon, der mir's zuflüstert und gern alles von Dir bewahren will.

Wo soll ich mit Deinem Kanarienvogel hin? Ich nehme ihn mit in fremde Lande, es wird nicht viel Mühe machen, ich kann ihn niemand anvertrauen, so wenig wie Dich. – Apropos! Wenn ich nun auch eifersüchtig sein wollte auf die Prinzeß, mit der Du immer Hand in Hand gehst? Hast Du Dich je von mir an der Hand führen lassen, wenn wir draußen waren? – summtest umher wie eine wilde Hummel durch alle Gebüsche und ließest mich allein nachsteigen? Was vermag doch diese Fürstlichkeit über Dich, daß Du Dich so zahm an der Hand führen läßt im Freien? – Dein Vogel ist mir ebenso zahm geworden, daß er mir in den Mund pickt, das ist nicht anders als Liebe zu mir; ich weiß nicht, ob er mir jetzt nicht mehr zutunlich ist wie Dir, gerad wie Du mit der Kurprinzeß. – Ich war in Sorgen um ihn, denn wie ich einmal zur Gartentür hinausging, flog er mir nach in den Garten; aber wie er eine Weile unter den Bäumen herumgeflattert war, setzte er sich mir auf den Kopf und ließ sich ruhig wieder hineintragen; ich war recht froh, denn ich hätte nicht gewußt, wie ich bestehen solle, wenn Du ihn nicht wiederfandst. Der Feigen waren elf an Deinem Baum; ich habe am Montag Ernte gehalten, drei davon habe ich vom Baum verspeist, drei habe ich in Gesellschaft verzehrt mit dem Jemand, der mich in der Tür begegnete; er begleitete mich nach Haus und schien sich zu freuen, daß der Baum, der von ihm stammt, so süße Früchte bringt. Nun liegen noch fünf Früchte, die noch etwas härtlich waren, unter der Glasglocke beim Apoll, die ich in die Sonne gestellt habe; sie haben auch schon nachgereift; ich werde sie vor meiner Abreise in Kompanie verzehren, aber mit niemand, der sie allenfalls wie eine unbedeutende Frucht mit Stumpf und Stiel hinunterschluckte, sondern mit jemand, der Deiner Pflege für den Baum die Süßigkeit der Frucht zuschreibt und sie dankbar genießt. –

Karoline

Eine Merkwürdigkeit muß ich Dir noch melden von Deiner Altan; die Spinnen haben eine große Brabanter Spitze gewoben von einem Ende zum andern, von der kleinen Edeltanne über den Orangenbaum, über die Bohnenlaube, in die man nicht hinein kann, wenn man dies Kunstwerk nicht durchbrechen will, dann über den Granatbaum zum Feigenbaum; ich habe alles geschont beim Brechen der Früchte. Dein Bruder Dominikus kam herunter und spritzte im Kreis sie alle an mit der kleinen Gießkanne, die Mittagssonne schien sehr hell. Da spiegelten die kristallnen Tropfen allerliebst in den Netzen; Dein Bruder meinte, wenn die Netze noch weitergingen, so könne das eine Voliere für Schmetterlinge sein, die er vergeblich sich bemüht, als Raupen zu zähmen, denn wenn sie aus der Puppe ausflögen, so hätten sie aller Pflege und Nahrungssorgen, die er für sie als Raupen getragen, vergessen. – Mich amüsierte sehr seine ernsthafte Behauptung, bei der Raupe und Puppe auf die Seele des Schmetterlings wirken zu wollen. Ich meine, die ungeheuren Spinnen würden wohl alle Dankbaren und Undankbaren verzehren, die in dieser

Voliere eingefangen wären. – Noch soll ich Dir sagen von ihm, daß der Hopfen übers Dach hinaufgewachsen ist in die offnen Fenster herein. – Du hörst gern von Deinem kleinen Paradiesgarten, in dem alles so schön ist und kein Baum, von dem man die Äpfel nicht essen darf.

An die Günderode

Mit der einen Hand hab ich meinen Brief dem Bot gereicht, mit der andern Deinen genommen; wir kamen eben von unserm Sonnenaufgang zurück, so sah ich den Bot überm Tal am Berg hersteigen; ich wollt mit ihm zusammen ankommen, ich lief, die andern wußten nicht warum, sie riefen mir nach; ich galoppierte als an der Bergwand hin und schlug mit dem Stecken an die Äst, das regnete im heißen Lauf kühlen Tau auf mich, dann schoß ich bergab ins Tal und konnt nicht einhalten; der gut Bot stellte sich gegenüber und fing mich auf; oben stand die ganz Gesellschaft, ein Kopf über dem andern, der Mstr. Haise in der Mitt, und guckt durchs Perspektiv; ich legt mich ins Gras und schnaufte aus. – Potztausend, wieviel Hämmerchen pochten in meinem Kopf, lauter Goldschmied, und der große Hammer in meiner Brust, das war ein Grobschmied; die andern kamen herbei; wie ich im hohen Gras verschwand, glaubten sie, ich sei ohnmächtig oder sonst was; der Voigt schrie, Gott bewahr, solche Einbildungen hat sie nicht; ich guckte aus dem Gras hervor und lachte sie aus, aber da schrie alles: ich hätt können den Hals abstürzen, ich hätt können Arm und Bein brechen, mich hätt können der Schlag rühren, unvorsichtig, tollkühn, sinnlos, schrien sie, – Was Kuckuck, ich wollt's nicht mehr hören; ich setzt mich wieder in Galopp; der Badepeter hatte gerad die Bäder angelassen, ich rief ihm zu: »Sagt nicht, wo ich geblieben bin«, und sprang ins Wasser mit Schuh und Strümpf und allen Kleidern; da unterm Wasser warf ich die Kleider ab und dacht nicht gleich, daß ich Deinen Brief im Busen stecken hatt, bis er auf dem Wasser schwamm; ich hab ihn gleich auseinandergelegt und an dem Strick festgemacht in der Mitte vom Badegewölb, womit man die Klapp aufzieht, wenn's zu heiß ist; er flatterte im Luftzug über mir und drehte sich hin und her, ich bin ihm immer nachgeschwommen, links und rechts, und hab ihn buchstabiert, hier ein Teil und dort wieder, wie der Wind das Blatt drehte; das hat mich ergötzt, und auch hab ich mich gefreut, wenn ich aus dem Bad käm, ihn zu lesen, und dann stimmt ich an: »O du der Götter Höchster, der über Olympia mächtiglich wartet, laß beim Laufe der Flur günstige Winde in den Schläfe beschattenden Kränzen mir wehen.« – Da wußten sie auf einmal, wo ich geblieben war, denn alles war in den Bädern, und meine Stimme schallte laut am Gewölb; und da hört ich sie rufen: »La voilà!« – und: »Wieder eine Tollheit, so erhitzt ins Wasser zu springen.« – Wollt ich nicht von allen Seiten schreien hören, so mußt ich wieder singen: »Laß, o Jupiter, mit leichten Füßen mich hingleiten dem schnellfüßigen Tage zuvor, der mich sieggekrönt am Abend begrüße mit der Unsterblichkeit süß hallendem Ruf.« – Da kam die Lisett als Gesandtschaft von den andern; was war die verwundert, als sie die Kleider unter Wasser sah und die Schuh auf der untersten Treppe, zwei volle Becher. – Ich sah ihr die Bestürzung an; sie glaubte, ich sei toll geworden; sie reichte mir verstummt ein Zettelchen, darauf stand: ›Wohlan, Füllenbändiger, opfere einen feisten Stier der Rossebezähmerin Pallas Athene, und ihren goldgewirkten Zügel wirf schnell um den jungfräulichen Hals.‹ – Ich frag, wer ihr den Zettel gab: sie sagt, der Badpeter; ich frag den Badpeter, der sagt, sein Sohn Lipps; ich frag den Lipps, der sagt, am Röhrbrünnchen ein Herr in Schlappschuhen, eine Zigarre im Mund. – Was hatte er an, wie sah er aus? – Weißer Mantel, graue Sammetmütze. – Ich hielt fürs beste, zu schweigen und niemand was vom Zettel zu sagen; den Zettel legt ich zu meiner merkwürdigen Naturaliensammlung, worunter ist ein goldglänzendes Horn von einem Weinschröter, das hohl ist und so zierlich, daß es sehr gut als Trinkhorn könnt passen für ein Elfchen, das ein Jäger wär; ich hab's deswegen aufgehoben, wenn mir einmal eins begegnet, ferner mehrere durchsichtige Steine, die sehr gut Edelsteine sein könnten, wenn die Sonn nur noch ein bißchen besser durchschien, und eine Puppe, aus der ich selbst den Schmetterling hab auskriechen sehen, die tut sich auf und entläßt den Schmetterling und schließt sich wieder, sie hat inwendig wie kleine Stahlfedern, an die rührt der Schmetterling, wenn er reif ist, und dann öffnet sie sich; außen ist die Puppe ganz hart, daß man sie nicht verletzen kann. – Ich hab mir's expreß aufgehoben für Dich, ich will Dir's zeigen und über die Unsterblichkeit mit Dir nachdenken dabei. – Wenn ich so was seh in der Natur, wovor gesorgt ist, daß alles geschützt ist so sorgsam, daß es nicht gestört wird, bis es reif ist, das schauert mich an, und gewiß ist nichts so traurig als sie stören, denn so zärtlich, wie sie ist, muß es ihr durch die Seele gehen. O Ich mag mich nicht an ihr versündigen, nicht mich empordrängen und was sein wollen vor der Zeit, mag nicht ein starker Kopf werden, sie will's nicht, die Natur; sie sagt, ich soll laufen und springen, und Überlegung soll ich gar nicht haben; und in Deinem Brief steht's nun auch geschrieben, was mich so sehr freut: Unbedeutend! – Da bin ich von Herzen dabei, wenn Du nur auch so dumm sein willst und mich den bedeutenden Leuten vorziehen. Du mußt allen Leuten zugeben, daß nichts ist mit mir, da wird sich's bald geben; eigentlich wer schuld ist, das ist der Clemens, der hat aus großer Lieb zu mir sich immer an allem gefreut, was ich getan hab, und hat meine unbedachtsame Reden als wunderschön gefunden. Nun, was liegt dran? – Aber auf die Burg kommst Du doch noch? – Nicht wahr? da sind wir zwei mit dem Dämon zusammen und fragen nach sonst niemand. – Ich freu mich so drauf, daß mir manchmal das Herz klopft, und wenn ich mich besinn, was es ist, so sind es die acht Tage, wo wir zwei zusammen in einer Stube schlafen, und der Herbstwind geht dann schon und schüttelt das Laub ab von den Platanen, und nachts wecken wir uns, wenn wir einen Gedanken haben, und schlafen dann gleich wieder. Ich kann Dir auch viel von hier erzählen, ich hab eine Menge Gedanken, die ich nicht aufschreiben kann; manchmal spring ich auf, als müßt ich zu Dir und Dir gleich was ganz neu Gedachtes sagen. – Aber ich hab Dir ja noch nicht erzählt, was heut noch vorgefallen. Um zwölf Uhr sind wir hinunter, bloß ich und die Tonie, zur Kurprinzessin, um Abschied von ihr zu nehmen; die Tonie hatte ihr auf den Tisch im Vorsaal all die schönen Früchte aufgestellt und die Blumen dazwischen, sie nahm sehr freundlich von allen und sagte so viel herzlich Gutes zur Tonie, daß ich zum erstenmal empfand, als wenn es wahr wär, was ich bei andern nie glaub, wenn sie höflich sind. Du frägst: wenn Du nun auch eifersüchtig sein wolltest auf die Kurprinzeß. Ei, warum bist Du's nicht? – Das ist eben, was mir leid ist, wenn ich Dir heut sagte, sie wollt mich mitnehmen sind ganz bei sich behalten, da würdest Du am End ganz kalt schreiben: Liebe Bettine, es tut mir zwar leid, daß unser Umgang hierdurch unterbrochen wird, aber ich rate Dir sehr, laß Dich dadurch nicht abhalten. – Und ich würde das aber nicht tun, selbst wenn ich mir denk, daß Du mir so kalt antworten könntest und könntest es leicht verschmerzen, obschon mir die Kurprinzeß am liebsten ist von allen, die ich gesehen hab, denn außer der Großmama und Dir hab ich nie Frauen gesehen, die mir edel vorkamen, denn ich häng innerlich mit Dir zusammen, das weiß ich, und der Dämon hält

mich auch fest bei Dir; und wo sollt ich noch einmal fühlen so vertrau-
lich? – kann man so bei Prinzessinnen simulieren, so im Mondschein im
Zimmer an der Erde liegen und ihm nachrücken und Geschichten erfin-
den wie wir den Winter; und wenn ich Dein Haar flechten wollt, da hast
Du mich's lassen aufflechten und wieder flechten und erfandest Ossians
Gesänge, während ich es kämmte.

> *Deine Locken gleich den Raben düster,*
> *Deine Stimme wie des Schilfs Geflüster,*
> *Wenn der Mittagswind sich leise wiegt.*

Weißt Du noch, wie ich's Dir still nachsang, was Du so schauerlich mir
vorsagtest, und weißt Du wohl, daß da mein Herz ganz voll Tränen war,
mehr wie einmal, und heimlich stritt ich mit mir, daß ich stark sein wollt
und meine Schmerzen bezwingen? – Ich wollt Dir's nicht zeigen, wie tief
das in mich ging:

> *Denn mein Schwert umgibt wie Blitzes Flügel*
> *Dich, du Liebliche, du schönes Licht. –*

Wie oft hab ich das gesungen für mich und war ein Held. –

> *Collas Tochter sank zum Schlafe nieder,*
> *O! wann grüßest du den Morgen wieder?*
> *Schöngelockte, wirst du lange ruhn? –*
> *Ach, die Sonne tritt nicht an dein Bette,*
> *Spricht: erwach aus deiner Ruhestätte,*
> *Collas schöne Tochter, steig herauf! –*
> *Junges Grün entkeimet schon dem Hügel,*
> *Frühlingslüfte fliegen drüberher.*
> *Sonne, birg in Wolken deinen Schimmer!*
> *Denn sie schläft, der Frauen Erste! – nimmer*
> *Kehret sie in ihrer Schönheit mehr.*

Das hab ich so oft gesungen und auch am Fels vorgestern, und ich kann
so schöne Melodien drauf, die mir alle durchs Herz gehen, und wenn
wir auf der Burg sind den Herbst, dann wollt ich Dir's vorsingen, wenn's

dunkel ist, eh das Licht kommt; wie kannst Du denn nur denken, daß ich die Kurprinzeß lieber haben könnt? – aber Du denkst es auch nicht, Du stellst Dich nur so, denn sonst wär's gar zu traurig für mich, daß Du nicht betrübt darüber wärst. – Ich kann mir unter Collas Tochter immer nur Dich denken; denn sie schläft, der Frauen Erste! – und so hab ich in mancher Stunde mit Tränen Dich besungen, denn ich kann das nicht singen, ohne daß es mein Herz so stark bewegt abends, wenn ich allein bin, daß ich oft meinen Kopf in die Kopfkissen stecke und will alle Wehmut ersticken, weil sie mich gar zu schmerzlich befällt. – Aber was soll ich doch hier so fern von Dir, Dir von meinen bitteren Stunden sagen, das kann Dich nur traurig machen, und Du bist jetzt so betrübt. – Aber laß Dich's nicht betrüben von mir, das ist nur so vorübergehend, wie eben die Schloßen, die hier fielen; ich will Dir lieber noch weiter erzählen von der Kurprinzeß; Du weißt, daß ich traue in Deine Lieb und gar nicht denk, daß ich Dir gleichgültig bin und auch nicht, daß Du an mir zweifelst. Die Kurprinzeß verlangte heut morgen, ich sollte ihr noch ein Lied singen zur Gitarre, das sie als zuweilen vom Fenster gehört habe; das erschreckte mich sehr, denn der Herzog stand dabei und zog den Mund so kurios zusammen und sagte, er hab auch meine Stimme gehört, sie sei sehr schön; ich hätt gern ausgewichen, aber ich fühlte, daß es unschicklich war, ich holte also meine Gitarre, und unterwegs bezwang ich meine Angst vor dem Herzog, vor der Prinzeß hätt ich mich auch nicht gefürcht, denn ich hatte schon oft die Abende in dem Laubgang vor ihrem Fenster allerlei Melodien improvisiert, weil mich einmal eine geheime Neigung zu ihr anregte, daß ich als recht zärtliche Melodien erfand. Vor dem Herzog hätt ich mich auch nicht gefürcht, aber weil ich den Morgen im Bad gesungen hatte, so dacht ich, er hätt's gehört und möcht wohl gar davon anfangen, und an den Zettel dacht ich auch. – Aber da kam mir mit einmal ein Gedanke, der half mir drüber hinaus, ich nahm dein Darthula-Gedicht aus meiner Brieftasche mit und sang draus, was ich da oben Dir hingeschrieben aus dem Kopf in eine Melodie hinein, im Anfang war's ein wenig steif, aber bald ging's recht, wie ich manchmal selbst überrascht bin und tief erschüttert, wie die Melodei so viel gewaltiger ausdrückt und erst das Herz empfinden lehrt, und ich wiederholte es, da war's so schön, ach wenn ich's doch noch einmal so singen könnt vor Dir; – der Herzog verlangte, ich sollte noch fortsingen, da war ich nicht mehr bang, ich sang gleich:

>>Laß zehntausend Schwerter sich empören,
Usnoth sollt von meiner Flucht nicht hören,
Ardan! sag ihm, rühmlich war mein Fall.
Winde! warum brausen eure Flügel?
Wogen! warum rauscht ihr so dahin?
Wellen! Stürme! denkt ihr mich zu halten?
Nein, ihr könnts nicht, stürmische Gewalten!
Meine Seele läßt mich nicht entfliehn.
Wenn des Herbstes Schatten wiederkehren,
Mädchen, und du bist in Sicherheit,
Dann versammle um dich Ethas Schönen,
Laß für Nathos deine Harfe tönen,
Meinem Ruhme sei dein Lied geweint.<<*

Und dies zweite Mal sang ich noch besser, mit tieferer Stimme, und war selbstfühliger; es sind die zwei Stellen, die ich aus Deinem Lied auswendig weiß, weil Du sie in meiner Gegenwart gemacht hast, im Dunkel, und sagtest zu mir: behalt es auswendig, bis Licht kommt, ich will unterdes weiterdichten, und ich wiederholte immer vier Verse, bis noch vier dazu fertig waren, die Du auch meinem Gedächtnis vertrautest und immer weiter schifftest im Ozean; Günderode, wie schön war doch das! – wie werd ich je Schönres erleben als mit Dir! – Dem Herzog hab ich Dein Gedicht gegeben und gesagt, es sei von Dir, und auch den Don Juan hab ich ihm geschenkt; er lag dabei, ich dacht, Du gibst mir's wieder; ich wollt ihm es so gern geben, weil ich sah, daß er große Freude dran hatte; Du gibst mir's wieder. – Die Kurprinzeß verlangte, ich soll ihr die Melodie abschreiben lassen von dem Lied, ich sagte ja; aber wo ist die hin? ich weiß nicht mehr – sie hat mich auch noch herzlich geküßt auf beide Wangen; und der Tonie sagte sie sehr freundlich, wenn sie es erlaube, so wolle sie den Strauß aus der Ananas mitnehmen und zum Andenken in ihrem Treibhaus pflanzen lassen. – Gelt, das war so freundlich, und ich will Dir's nur gestehen, daß mir heimlich recht leid getan hat, wie sie fort war, und alles kam mir so leer vor, daß ich doch drüber weinen mußte, obschon ich nicht wollt; ich hielt mich auch gar nicht dabei auf, eben weil ich an Dich dachte und Dir keine Untreue wollte begehen. – Wir begleiteten sie bis zum Wagen, und sie sagte mir noch, wo ich sie begegnete, da sollte ich immer zu ihr kommen; ich küßte ihre Hand und ging zurück, denn der Herzog sprach noch mit ihr. – Sein Wagen war auch vorgefahren; er legte mir die Hand auf den Kopf und sagte: auf Wiedersehen – und lachte mich an, und ich dachte: Ach Gott, am End hat er den Zettel dem Lipps gegeben. Er stieg in den Wagen im lederfarbnen Rock, und wie das Windspiel nachsprang und sich zu seinen Füßen legte, da sah ich wohl so etwas auf dem Rücksitz liegen wie einen weißen Mantel, der hellblau gefüttert war; aber er sah doch nicht ganz weiß aus, sondern mehr hellgrau, aber die graue Mütze sah ich, wie mich deucht, auch. – Ja, ich sah sie gewiß, ich wollt sie nur nicht erkennen, weil ich mich schämte; aber das dauerte noch eine Weile, daß ich mich gar nicht trösten konnte, und sooft mir's einfällt, werd ich aufs neue rot vor mir selber. – Aber ich denk nur immer, ein Prinz hat kein lang Gedächtnis, er wird's bald vergessen. Ach, wenn er's nur bald vergäße! – Gute Nacht. Morgen erzähl ich Dir noch mehr von heut; von unserm Sonnenaufgang hab ich Dir noch gar nichts erzählt, daß wir den gar nicht gesehen haben und daß die Sonne hinter uns aufging – und daß alles über die in der Ferne liegenden Berge sah und meinte, sie sollt dort hervorkommen, und daß sie hinter der Felswand in unserm Rücken aufstieg, und der Mstr. Haise, mit dem Perspektiv bewaffnet, und der Voigt, der mir immer ins Ohr sagte: geben Sie acht, was passieren wird, sie werden sich alle bald verwundern, kein Mensch achtete seiner Reden. – Es ward hell und heller, und die Sonn kam nicht, und auf einmal war sie hinter uns, ganz mäßig und vernünftig, ohne Aufwand, wie wir sie beim Frühstück auf der Terrasse auch hätten sehen können; aber der große Streit, der vorfiel, keiner wollte der sein, der es nicht gleich gedacht hatte, jeder sollt den andern verführt haben; es war wirklich ein wunderlicher Streit, und der Mstr. Haise mit dem Perspektiv, mit dem er die Sonn zuerst hatte entdecken wollen! – der Voigt wurde am meisten gezankt, und er sollte zuletzt allein dran schuld gewesen sein, er hätt sie mit Fleiß all herumgewendet, und er hätte davon gesprochen zuerst, daß dort gen Morgen lag. Er sagt aber: nein, er hätte sie nicht verführt, er hätt es aber wohl gewußt; drum hätt er auch gesagt: sie würden sich bald alle sehr verwundern, aber er wüßt, er stände in so schlechtem Kredit bei ihnen, daß er sich nicht getraut hab, es ihnen zu sagen, denn sie hätten's doch nicht geglaubt.

Am Samstag

Den Kanarienvogel schenk ich Dir, Du sollst ihn behalten, er hat Dich lieber wie mich, und ich bin ihm gut, was soll ich ihm seine eingesperrte

Lebensfreud verketzern? Ich bin aber kein Kanarienvogel, und Du kannst mich nicht hingeben wollen, denn ich schenk Dir alles, Du sollst mich nicht hergeben. – Meine Altan ist doch schön, nicht wahr? – als Kinder hat uns da der Herr Schwab die biblische Geschichten vorerzählt; abends, eh wir zu Bett gingen, da hab ich den Mond zum erstenmal scheinen sehen. Wie wunderlich war's doch, und die Fenster von den Stuben nebenan, wenn da abends Licht drin war, die malten den Schatten von den Sträuchern auf den Boden, da saß ich so gern allein auf dem Boden und sah den Schatten rund um mich sich bewegen. Ich hab mich wohl immer gefürchtet als Kind, aber mehr bei Tag, wenn ich allein war und im Zimmer, wo alles so nüchtern aussah; aber in der Nacht war was Vertrauliches, was mich lockte, und noch eh ich was von Geistern gehört hatte, war die Empfindung in mir, daß etwas Lebendiges in der Umgebung sei, dessen Schutz ich vertraute; so war mir's auf der Altan als Kind von drei oder vier Jahren, wo beim Sonnenuntergang immer alle Glocken den Tod des Kaisers einläuteten, und wie's da immer nächter ward und kühler, und es waren keine Leute um mich, und als ob die Luft lauter Geläute sei, was mich umfing, da kam eine Traurigkeit über mein kleines Herzchen und dann wieder so rasches Zusammennehmen, ich fühl's noch, wie wenn der Schutzengel mich auf den Arm nähm. Jetzt muß ich aber sagen: Was ist doch das Leben für ein groß Geheimnis, das so dicht die Seel umschließt wie die Puppe den Schmetterling; kein Licht strahlt durch den Sarg, aber die Sonnenwärme empfindet die inwendige Seele und wächst und wächst unter schweren Ahnungen, unter Tränen. Ach verzeih's, daß ich gleich traurig war, aber die Altan! – Dort hab ich ganz sehnsüchtige Augenblicke schon gehabt, die mir wie Schwerter durch's Herz gingen, und ich wußte nicht, was es war, und weiß es noch nicht. – Grad in der schönen blühenden Zeit war mir's immer so traurig, grad am hellen Mittag, wenn da so ein Bienchen eine Weile herumschwärmte. – Ach was! – ich will lieber was anders denken. – Du bist recht gut, daß Du allerlei so sub rosa hervorleuchten läßt, was mich heimlich freut. – Was mir doch noch wird? – ob ich je aus dem Licht heraustrete, was Dein lebendig Aug auf mich strahlt? – denn Du kommst mir vor wie ein ewig lebender Blick – und als wenn von ihm mein Leben abhing. – Aber davon will ich auch nicht reden. – Von der Eselspartie gestern nach Rauenthal, sie ist zu Wasser geworden, aber erst am End; es kam ein ungeheurer Platzregen, wie wir noch eine halbe Stunde von der Heimkehr entfernt waren; das zusammenlaufende Wasser von den Bergen herab ins Tal gab ordentlich Seen, die der Wind wellig kräuselte. – Und wie die Esel mitten durchs Wasser pfatschten mit uns, kam ein ungeheurer Donnerschlag; die meisten schrien auf, die Esel schrien nicht, aber sie warfen uns alle mit einemmal herunter in die Pfützen, und da konnt keiner sich halten, nur der Engländer wollte es zwingen mit seinen langen Beinen; der Esel warf sich nieder und bäumte sich, und so galoppierten alle Esel fort, daß sie im Nu aus den Augen waren, die Eseltreiber hintendrein, denen nachgerufen wurde, uns Laternen zu schicken. Der ganze Haufe konsultierte in der Pfütze, setzte sich nach wiedererlangter Besinnung in Bewegung, auf das verwirrte Untereinanderschreien folgte bald Stille; der Weg war zu beschwerlich, als daß man auf etwas anders denken konnte als nur, wie man den Fuß mitsamt dem Schuh wieder aus dem Morast heben wolle, dies aber war nicht möglich, die meisten Schuhe blieben stecken; die Laternen kamen uns bald entgegen, die beschwichtigten Esel wurden wieder herangeführt, und so kamen wir zwar beritten an, aber in welchem Zustand? – Alle Strohhüte hatten im Morast gelegen. Die Schuhe fehlten, die Damengewande so naß, als sollten sie zu Statuen Modell stehen, und die Herren nicht minder: man verfügte sich in die Bäder und kam neugeboren und neugestrählt heraus, ein Gesamt-Abendtee, in Pantoffel und Schlafröcken und Pudermäntel eingenommen, machte den Beschluß, alles beschrie des Unfalls Jammer und lachte sich halbtot drüber. Mstr. Haise, dessen natürliche Haarfarbe jetzt zutag kam, war nicht mehr zu erkennen; aber seine Schönheit wurde allgemein bewundert, sein braunrotes Haar stand ihm so viel schöner als der Puder, womit er's hatte verbergen wollen, daß man schrie: jetzt könne er erst interessieren, was man vorher für unmöglich hielt. Wer war vergnügter wie er, der feierlich dem Puder abschwor und mit himmlischer Selbstzufriedenheit bei den Frauen herumspazierte, sich bewundern zu lassen. – Ich und die Lisett haben noch bis Mitternacht die Strohhüte renoviert; ich schlug sie alle auf der einen Seite mit einer Kokarde auf; wenn man nun im Schatten sein will, so setzt man die Schippe nach vornen, wo die Sonn nicht scheint, dreht man sie herum; die Verwandlung fand allgemeinen Beifall und sieht nach Voigt malerisch aus. Heut morgen kamen die Eseltreiber mit den verlornen Schuhen auf ihren Stecken in Prozession angerückt; sie hofften ein Trinkgeld, es mußte auch bezahlt werden, obschon die Schuhe besser wären geblieben, wo sie begraben waren; man war ärgerlich, daß sie die beschmutzten Schuhe so öffentlich zur Schau trugen. Das war die gestrige Geschichte. Voigt hatte schon lange darum gebeten, die ganze Gesellschaft zu Esel in sein Skizzenbuch zeichnen zu dürfen; heut morgen war ein schöner heller Himmel, und doch war's abgekühlt vom Gewitter; wir machten uns so malerisch wie möglich, ließen Bänder flattern, Schleier wehen, die Herren steckten Sträucher auf den Hut, gaben sich nachlässige Posituren, schaukelten mit den Beinen, so ging's langsam vorwärts; Voigt war voran mit seinem Malkasten, hatte die Palette aufgesetzt, saß auf einem Zeltstuhl vor der Höhe, wo wir herabkamen, und beobachtete den Zug mit dem Fernglas; auf einmal rief er: halt! Ich war voran mit einer grünseidnen Fahne, die ich mir gemacht hatte, die stemmt ich in die Seite und hielt recht feierlich still, die Gitarre hing auch am Sattel. Voigt malte eifrig auf ein Stück Wachsleinwand, das auf ein Brett genagelt war. Es dauerte ein Weilchen, die Esel hingen die Ohren und waren eingeschlafen, die Sonne brannte, die Mücken stachen, die Schleier und Bänder hingen schlaff, sie glaubten alle, sie könnten's nicht länger aushalten; ich hätte doch dem guten Voigt so gern das Pläsier gegönnt, daß seine Skizze fertig wurde; ich nahm meine Gitarre und stimmte den Kosiusko an, Crothwith begleitete mich auf dem Flageolett, mehrere Maultrommeln der Eseltreiberjungen fielen ein, es erhob die Stimme Baß und Diskant, andere pfiffen, Haise neben mir an gab einen Ton von sich, mit dem er eine Pauke nachmachte, die mit einer Rute und einem Klöppel geschlagen wird, pfitsch, pfitsch, bum bum. Die Esel wachten auf und spitzten die Ohren wieder, die Lüftchen regten sich wieder in den flatternden Bändern alles war begeistert, und Voigt malte schneller als eine Windmühle, in die der Sturmwind bläst; die Eseljungen hatten sich auch in nachlässigen Stellungen postiert; bald war's so weit, daß wir umwenden konnten; Voigt bestieg seinen Esel, und wir zogen vergnügt und singend zurück. Die Skizze ist allerliebst kräftig, er will sie zu Frankfurt fertig malen; wärst Du doch auch dabei gewesen. – Im Nachhausereiten sah ich die Birke von fern, die so leise wehte, in der ich, ohne daran zu denken, wie eine Vision Dein Bild gesehen hatte. Ich dacht daran, ob ich's doch versuchen wollte, Dich hier zu besuchen; wenn man allein ist, da kann man viel besser klettern, und wie heut nachmittag alles Siesta hielt, bin ich hierhergekommen und hab gesehen, was der Herzog für Buchstaben in den Baum geschnitten hat: ZDF und seinen Namen drunter; ich weiß, was es heißt, grade was er unter Dein Manuskript von der

Immortalita geschrieben hat. – Der Voigt sagt mir, sein Buch sei sehr witzig, und hat mir noch manches Schöne erzählt von ihm und auch Sonderbares. – Das Buch müssen wir zusammen lesen den Winter. Heut nachmittag war alles versammelt beim Tee auf der Terrasse. Die Lust auf weite Partien ist gedämpft; wir spielten Federball und machten Seifenblasen, die flogen zwischen die Bäum und bald hier- oder dorthin, auch eine auf dem Haise seine Nas, glaub ich.

Sonntag

Heut morgen war man zum letzten Frühstück versammelt, denn morgen geht alles fort; der ganze Vormittag verging mit Spaziergängen von Paar und Paar im Wald; ich schlenderte mit dem Voigt nach einem grünen Platz und las ihm vor aus Deiner Brieftasche, ich las ihm die >Manen< vor und knüpfte allerlei Ideen dran, die ich nicht recht aussprechen konnt; ich kann vor niemand sprechen wie vor Dir, ich fühl auch die Lust und das Feuer nicht dazu als nur bei Dir, und was ich Dir auch sag, oder wie es herauskommt, so spür ich, daß etwas sich in mir regt, als ob meine Seele wachse; und wenn ich's auch selbst nicht einmal versteh, so bin ich doch gestärkt durch Deine ruhigen, klugen Augen, die mich ansehen, erwartend, als verständen sie mich und als wüßten sie, was noch kommen wird; Du zauberst dadurch Gedanken aus mir, deren ich vorher nicht bewußt war, die mich selbst verwundern; andre Leute haben mit mir keine Geduld, auch der Voigt nicht, der sagt: ich weiß schon, was Sie wollen, und sagt etwas, was ich gar nicht gewollt hab. – Dann mach ich's aber wie Du und hör ihm zu, und da hör ich allemal was Kluges, Gutes. – Heut sagte er: die Vernunft sei von den Philosophen als ihr Gott umtanzt und angebetet, wie jeder seinen Gott anbete, nämlich als ein Götze, der zu allem gelogen werde; was man auf dem Weg des Menschensinnes und der Empfindung allein finden könne und solle, die würden zu Sätzen, die auf keiner empfundenen Wirklichkeit beruhen, nur als willkürliche Einbildung gelten und wirken. – Philosophie müsse nur durch die Empfindung begriffen werden, sonst sei es leeres Stroh, was man dresche; man sage zwar, Philosophie solle erst noch zur Poesie werden, da könne man aber lange warten; man könne aus dürrem geteerten Holz keinen grünen Hain erwarten, und da möge man Stecken bei Stecken pflanzen und den besten Frühlingsregen erbitten, er werde dürr bleiben, während die wahre Philosophie nur als die jüngste und schönste Tochter der geis-

69

tigen Kirche aus der Poesie selbst hervorgehe; dies sagte er dem Mstr. Haise, der studierter Philosoph ist, der war darüber so aufgebracht, daß Voigt die Poesie die Religion der Seele nenne, daß er mit beiden Füßen zugleich in die Höhe sprang – und nachher mir allein sagte: ich möge dem Voigt nicht so sehr trauen, denn seine Weisheit sei ungesund und könne leicht ein junges Herz verführen; sonst war alles ganz gut, wir tranken Nachmittag auf dem Musenfels Kaffee und machten ein lustig Feuer im Wald an und tanzten zuletzt einen Ringelreihen drum, bis die letzten Flammen aus waren, und alle waren wie die Kinder so vergnügt, und mir kam vor, als wenn gar kein Falsch oder versteckte Gesinnung mehr unter allen wäre. Ein freies Gemüt ist doch wohl das Höchste im Menschen. Nie eine Periode des Menschenlebens verlassen, so, wie sie rein erschaffen ist, um in eine andre überzugehen, dabei nie eine derselben vermissen, ewig Kind sein, als Kind schon Mann und Sklave des Guten sein, Gott anbeten in Ehrfurcht und mit ihm scherzen und spielen in seinen Werken die selbst ein Spiel seiner Weisheit, seiner Liebe sind, sagte Voigt auf dem Heimweg zum Mstr. Haise, und der war zufrieden und reichte ihm die Hand. Gute Nacht.

Am Montag

Gestern hätt ich nun rechte Zeit gehabt, Dir zu schreiben, alles ist fort, aber ich war müde. Tonie liegt auf dem Bett und schläft; man war bis spät in der Nacht aufgewesen; ich ging noch auf die Terrasse, um Abschied zu nehmen, weil am Morgen alles vor Tag abreiste; nur der Voigt blieb da bis Mittag, weil er nur bis Mainz ging. Er ging mit mir in die kleine Kapelle zur Messe, da war eben die Predigt wieder am End; es war unser Franziskaner. »Warum hat Jesus, da er ans Kreuz geschlagen ist und die bittersten Schmerzen leidet, zugleich eine himmlische Glorie um sein Haupt, die allen Anwesenden das Mitleid verbietet, die zugleich das seligste, ruhmvollste Entzücken andeutet mit dem menschlichen Kampfe im Elend? – Warum liegt in jedem seiner Taten, seiner Worte das Irdische mit dem Ewigen so eng verbunden? – Er hat seine Leiden nicht mit Freuden vertauscht, da er es wohl vermochte. – Also, Mensch, hab dein Schicksal lieb, wenn es dir auch Schmerz bringt, denn nicht dein Schicksal ist traurig, wenn es dir auch noch so viel Menschenunglück zuführt, aber daß du es verschmähest, das ist eigentlich das große Unglück, und so schließ ich, wovon ich ausging, daß allemal das Schicksal des Menschen das höchste Kleinod sei, das nicht wegwerfend zu behandeln ist, sondern es soll mit Ehrfurcht gepflegt und sich ihm unterworfen werden.« – Der Voigt bereuete sehr, daß er die Predigt nicht ganz gehört habe, und meint, da er in wenig Worte so viel zusammendränge, so müsse er in der Entwicklung sehr geistreich sein. Ich aber war froh, daß wir zu spät gekommen waren, denn mir schien das Thema sehr traurig, Leiden im voraus zu ahnen und sich darauf vorzubereiten, das will mir nicht in den Sinn. – Am Abend waren wir ganz einsam, die Tonie und ich, es ist gar niemand mehr hier; ich wär so gern noch hinaus spazieren gegangen und ließ mir den Lelaps holen, den Hund von der Küstersfrau, der mich kennt, weil ich schon oft ihn mitgenommen habe auf dem Spaziergang; der kam mit einem Laternchen am Hals mit einem brennenden Lämpchen, womit er immer bei nebligem Wetter seinen Herrn begleitet; das machte mir groß Pläsier, ich nahm meinen guten Stock, der zusammengeflochten ist von drei guten spanischen Rohren und den mir der Savigny geschenkt hat, und ging mit meinem guten Lelaps als fort zwischen die Schluchten, in denen der Nebel hin und her wogte, und sein klein Lichtchen verschwand oft, daß ich ihn nicht mehr sah, aber wenn ich rief, da kam er durch den dicken Nebel herbeigelaufen, da wurde das Lichtchen wieder sichtbar; was mir das für Spaß gemacht hat, der Hund und ich allein, und die Nebel, die herumflankierten wie Geister, herüber und hinüber, aufstiegen und hinabkletterten; es war eine Geschäftigkeit in diesen Felsritzen und an den Bergwänden hinab, wo man einen freien Blick ins Tal hatte, ich konnt mir gar nicht denken, daß es nicht Geister wären, und ich glaub's noch, und ich war innerlich recht glücklich und froh, daß ich dazu gekommen war und daß ich und der Hund von den Geistern so gut gelitten war, denn Du glaubst nicht, wie gut der Nebel tut, wie sanft, wie weich er sich einem anschmiegt, mein Gesicht war ganz glatt davon, und wir sind auch glücklich wieder nach Hause gekommen. – Ich bin so froh, daß ich unbedeutend bin, da brauch ich keine gescheute Gedanken mehr aufzugablen, wenn ich Dir schreib, ich brauch nur zu erzählen; sonst meint ich, ich dürfte nicht schreiben ohne ein bißchen Moral oder sonst was Kluges, womit man den Briefinhalt ein bißchen beschwert; jetzt denk ich nicht mehr dran, einen Gedanken zurechtzumeißeln oder zusammenzuleimen, das müssen jetzt andre tun, wenn ich's schreiben soll, ich selbst denk nicht mehr. Ach, von dem Einfältigsten, Ungelehrtesten verstanden und gefühlt zu werden, ist auch was wert; und dann dem Einzigen, der mich versteht, der für mich klug ist, keine Langeweile zu machen, das kommt auf Dich an.

Wir waren am Rhein und sind wieder den andern Tag zurück spät abends, so ist heut schon Donnerstag; es war schön in Rüdesheim; die Tonie hatte dort über jemand zu sprechen, der als Geistlicher in unser Haus soll; ich guckte indes auf der Bremserin aus dem großen schwarzen Gewölb auf die Wiese im Abendschein; es flogen als die Schmetterlinge über mich hinaus, denn da oben auf der Burg wächst so viel Thymian und Ginster und wilde Rosen, und alles hat der Wind hinaufgetragen; man meint als, der fliegende Blumensamen müßt eine Seel haben und hätt sich nicht weiter wollen treiben lassen vom Wind und wär am liebsten dageblieben; alles blüht und grünt, so viel Glockenblumen und Steinnelken und Balsam; ich dacht, wie ist's doch möglich, daß das alte Gemäuer so überblüht ist. – Blum an Blum! Unten in der Ruine wohnt ein Bettelmann mit der Frau und zwei Kindern, sie haben eine Ziege, die bringen sie hinauf, die grast den duftenden Teppich mir nichts, dir nichts ab. – Ich war eine ganze Stunde allein da und hab hinaus auf dem Rhein die Schiffe fahren sehen; da ist mir's doch recht sehnsüchtig geworden, daß ich wieder zu Dir will; und wenn's noch so schön ist, es ist doch traurig ohne Widerhall in der lebendigen Brust; der Mensch ist doch nichts als Begehren, sich zu fühlen im andern. Du lieber Gott! eh ich Dich gesehen hatt, da wußt ich nichts, da hatt ich schon oft gelesen und gehört, Freund und Freundin, und nicht gedacht, daß das ein ganz neu Leben wär; was dacht ich doch vorher von Menschen? – gar nichts! – Der Hund im Hof, den holt ich mir immer, um in Gesellschaft zu sein; aber nachher, wie ich eine Weile mit Dir gewesen war und hatte so manches von Dir gehört, da sah ich jed Gesicht an wie ein Rätsel und hätt auch manches gern erraten, oder ich hab's erraten, denn ich bin gar scharfsinnig. Der Mensch drückt wirklich sein Sein aus, wenn man's nur recht zusammennimmt und nicht zerstreut ist und nichts von der eignen Einbildung dazutut; aber man ist immer blind, wenn man dem andern gefallen will und will was vor ihm scheinen, das hab ich an mir gemerkt. Wenn man jemand lieb hat, da sollt man sich lieber recht fassen, um ihn zu verstehen, und ganz sich selbst vergessen und ihn nur ansehen; ich glaub, man kann den ganz verborgnen Menschen aus seinem äußern Wesen heraus erkennen. Das hab ich so plötzlich erkennt, wie ich Menschen sah, die ich nicht verstand, was sie mir sollten, und nun sind mir die meisten, daß ich sie nicht lang überlegen mag, weil ich nichts merk, was mir gefällt oder mit mir stimmt, aber mit Dir hab ich wie eine Musik empfunden, so daheim war ich gleich; ich war wie ein Kind, das, noch ungeboren, aus seinem Heimatland entfremdet, in einem fremden Land geboren war und nun auf einmal von weither übers Meer wieder herübergetragen von einem fremden Vogel, wo alles neu ist, aber viel näher verwandt und heimlicher; und so ist mir's immer seitdem gewesen, wenn ich in Dein Stübchen eintrat; und so war's auch auf den alten Burgtrümmern gestern: so lachend wie die Wiesen waren und die lustigen Mädchen, die sangen, und der Abendschein und die Schiffe und die Schmetterlinge; alles war mir nichts; ich sehnt mich nach Dir, nur nach Deinem Stübchen, ich sehnt mich nach dem Winter, daß doch drauß der Schnee sein möcht und recht früh dunkel und drin brennt Feuer; der Sonnenschein und's Blühen und Jauchzen zerreißt mir's Herz. – Ich war recht froh, wie die Tonie mit dem Wagen vorfuhr; wie ich unten hin kam, waren dem Bettelmann seine zwei hübschen Kinder bloß im Hemdchen und kugelten mit Lachen übereinander und hatten sich so umfaßt; ich sagt: »Wie heißt ihr denn?« – »Röschen und Bienchen.« – Das Röschen ist blond mit roten Wängelchen, und das Bienchen ist braun mit schwarzen stechenden Augen. Das Bienchen und Röschen hatten sich so recht ineinandergewühlt. – Um Mitternacht heimgekehrt – höchst angenehmer Schlaf beim Rauschen vom Springbrunnen.

Am Montag

Ich hab Deinen letzten Brief noch oft gelesen, er kommt mir ganz besonders vor; wenn ich ihn mit andern vergleiche, die ich auch hier in derselben Zeit erhalten hab, so muß ich denken, daß es Schicksale gibt im Geist, die so entfernt sind voneinander und so verschieden wie im gewöhnlichen Tagesleben; der eine wird sich's nicht einbilden vom andern was der denkt und träumt und was er fühlt beim Träumen und Denken. – Dein ganz Sein mit andern ist träumerisch, ich weiß auch warum; wach könntest Du nicht unter ihnen sein und dabei so nachgebend; nein, sie hätten Dich gewiß verschüchtert, wenn Du ganz wach wärst; dann würden Dich die gräßlichen Gesichter, die sie schneiden, in die Flucht jagen. – Ich hab einmal im Traum das selbst gesehen, ich war erst zwei Jahr alt, aber der Traum fällt mir noch oft plötzlich ein, daß ich denke, die Menschen sind lauter schreckliche Larven, von denen ich umgeben bin, und die wollen mir die Sinne nehmen, und wie ich auch damals im Traum die Augen

73

zumachte, um's nicht zu sehen und vor Angst zu vergehen, so machst
Du auch im Leben aus Großmut die Augen zu, magst nicht sehen, wie's
bestellt ist um die Menschen; Du willst keinen Abscheu in Dir aufkom-
men lassen gegen sie, die nicht Deine Brüder sind, denn Absurdes ist
nicht Schwester und nicht Bruder; aber Du willst doch ihr Geschwister
sein, und so stehst Du unter ihnen mit träumendem Haupt und lächelst
im Schlaf, denn Du träumst Dir alles bloß als dahinschweifenden, grotes-
ken Maskentanz. – Das lese ich heute wieder in Deinem Brief, denn es
ist jetzt so still hier, und da kann man denken – Du bist zu gut, für mich
auch, weil Du unter allen Menschen gegen mich bist, als wärst Du mehr
wach, als machtest Du die Augen auf und trautest wirklich mich anzusehen. Oh, ich hab auch schon oft dran gedacht, wie ich Deinen Blick nie
verscheuchen wollte, daß Du nicht auch am End nachsichtig die Augen
zumachst und mich nur anblinzelst, damit Du alles Böse und Schlechte
in mir nicht gewahr werdest.

Du sagst: >Wir wollen unbedeutend zusammen sein!< – Weißt Du,
wie ich mir das ausleg? wie das, was Du dem Clemens letzt in meinem
Brief schriebst: >immer neu und lebendig ist die Sehnsucht in mir,
mein Leben in einer bleibenden Form auszusprechen, in einer Gestalt,
die würdig sei, zu den Vortrefflichsten hinzutreten, sie zu grüßen und
Gemeinschaft mit ihnen zu haben. Ja, nach dieser Gemeinschaft hat mir
stets gelüstet; dies ist die Kirche, nach der mein Geist stets wallfahrtet
auf Erden.< – Du sagst aber jetzt, wir wollen unbedeutend zusammen
sein – weil Du lieber unberührt sein willst, weil Du keine Gemeinschaft
findest – und Du glaubst wohl jetzt noch, daß irgendwo eine Höhe wär,
wo die Luft so rein weht und ein ersehnt Gewitter auf die Seele nieder-
regnet, wovon man freier und stärker wird? – Aber gewiß ist's nicht in der
Philosophie; es ist nicht der Voigt, dem ich's nachspreche, aber er gibt
mir Zeugnis für meine eigne Empfindung. Menschen, die gesund atmen,
die können nicht sich so beengen; stell Dir einen Philosophen vor, der
ganz allein auf einer Insel wohnte, wo's so schön wär, wie der Frühling
nur sein kann, daß alles frei und lebendig blühte, und die Vögel sängen
dann, und alles, was die Natur geboren hätt, wär vollkommen schön,
aber es wären keine Geschöpfe da, denen der Philosoph was weismachen
könnt, glaubst Du, daß er da auf solche Sprünge käm, wie die sind, die
ich bei Dir nicht erzwingen konnt? – Hör, ich glaub, er biß lieber in einen
schönen Apfel, aber so eine hölzerne Kuriosität von Gedanken-Sparr-

werk würde er wohl nicht zu eigener Erbauung aus den hohen Zedern des Libanon zurechtzimmern; so verbindet und versetzt und verändert und überlegt und vereinigt der Philosoph also nur sein Denkwerk, nicht um sich selbst zu verstehen, da würde er nicht solchen Aufwand machen, sondern um den andern von oben herab den ersten Gedanken beizubringen, wie hoch er geklettert sei, und er will auch nicht die Weisheit seinen untenstehenden Gefährten mitteilen, er will nur das Hokuspokus seiner Maschine Superlativa vortragen, das Dreieck, das alle Parallelkreise verbindet, die gleichschenkligen und verschobenen Winkel, wie die ineinandergreifen und seinen Geist nun auf jener Höhe schwebend tragen, das will er; es ist aber nur der müßige Mensch, der noch sich selber unempfundne, der davon gefangen wird; ein andrer lügt, wenn er die Natur verleugnet und diesem Sparrwerk anhängt und auch hinaufklettert; es ist Eitelkeit, und oben wird's Hoffart, und der haucht Schwefeldampf auf den Geist herab; da kriegen die Menschen in dem blauen Dunst eine Eingebildetheit, als nähmen sie den hohen Beweggrund des Seins wahr; ich bin aber um dies Wissen gar nicht bang, daß es mir entgehen könnt, denn in der Natur ist nichts, aus dem der Funke der Unsterblichkeit nicht in Dich hineinfährt, sobald Du's berührst; erfüll Deine Seele mit dem, was Deine Augen schöpfen auf jener segensreichen Insel, so wird alle Weisheit Dich elektrisch durchströmen, ja, ich glaub, wenn man nur unter dem blühenden Baum der Großmut seine Stätte nimmt, der alle Tugenden in seinem Wipfel trägt, so ist die Weisheit Gottes näher als auf der höchsten Turmspitze, die man sich selbst aufgerichtet hat. Alle Früchte fallen zur Erde, daß wir sie genießen, sie haben keine Flügel, daß sie davonfliegen, und die Blüten schwenken ihren Duft herab zu uns. Der Mensch kann nicht über den Apfel hinaus, der für ihn am Baum wächst; steigt er hinauf in den Wipfel, so nimmt er ihn sich, steht er unterm Baum und wartet, so fällt der Apfel ihm zu und gibt sich ihm, aber außer am Baum wird er sich keine Früchte erziehen. – Du sprichst von Titanen, die die Berge mit großem Gepolter aufeinandertürmen und dann die stillen Gipfel der Unsterblichkeit hinabstürzen; da meinst Du doch wohl die Philosophen, wenn Du von ihnen sagst, daß ihr diebischer Eigennutz sich der Zeit vordrängt und sie mit schimmernden Phantomen blendet. – Ach, aller Eigennutz ist schändliche Dieberei; wer mit dem Geist geizt, mit ihm prahlt, wer ihn aufschichtet oder ihm einen Stempel einbrennt, der ist der eigennützigste Schelm; und was tun denn die Philosophen, als daß sie sich um ihre Einbildungen zanken, wer zuerst dies gedacht hat? – hast Du's gedacht oder gesagt, so war es doch ohne Dich wahr, oder besser: so ist's eine Schimäre, die Deine Eitelkeit geboren hat. Was geizest Du mit Münze, die nur dem elenden Erdenleben angehört, nicht den himmlischen Sphären? Ich möcht doch wissen, ob Christus besorgt drum war, daß seine Weisheit ihm Nachruhm bringe? – Wenn das wär, so war er nicht göttlich. Aber doch haben die Menschen ihm nur einen Götzendienst eingerichtet, weil sie so drauf halten, ihn äußerlich zu bekennen, aber innerlich nicht; äußerlich dürfte er immer vergessen sein und nicht erkannt, wenn die Lieb im Herzen keimte. – Ich will Dir was sagen, mag der Geist auch noch so schöne erhabene Gewande zuschneiden und anlegen und damit auf dem Theater herumstolzieren, was will's anders als bloß eine Vorstellung, die wir wie ein Heldenstück deklamieren, aber nicht zu wirklichen Helden werden dadurch. Du schriebst an den Clemens: >Sagen Sie nicht, mein Wesen sei Reflexion, oder gar, ich sei mißtrauisch – das Mißtrauen ist ein Harpyie, die sich gierig über das Göttermal der Begeistrung wirft und es besudelt mit unreiner Erfahrung und gemeiner Klugheit, die ich stets jedem Würdigen gegenüber verschmäht habe.< Diese Worte hab ich oft hingestellt wie vor einen Spiegel Deiner Seele, und da hab ich immer ein Gebet empfunden, daß Gott einen so großen Instinkt in Dich gelegt hat, der einen aus den Angeln der Gemeinheit heraushebt, wo alles klappt und schließt; und wenn's sich nicht passen wollt, zurechtgerichtet wird fürs Leben; ach nein, Du bist ein Geist ohne Tür und Riegel, und wenn ich zu Dir mein Sehnen aussprache nach etwas Großem und Wahrem, da siehst Du Dich nicht scheu um, Du sagst: Nun, ich hoff es zu finden mit Dir.

Am Montag

So ernsthaft hab ich geschrieben, ich weiß selbst nicht, wie ich darzu komme, doch ist's der Nachklang von vor Mitternacht. Ich weiß selbst nicht, wenn ich's ansehe, warum's dasteht. Du gehst weit über mich hinaus im reinen Schauen, denn Du bist ein Seher; ich betrachte nur die Schatten des Geistertanzes in den Lüften, die Dich umschweben. Was soll das alles vor Dir; ich fühl, daß ich von einer viel niederen Stufe zu Dir hinanrufe, ob dies und das so ist; ich ahne auch, daß Du mit einem leisen Zauberschlag mich strafen kannst, daß ich bei solchen Nachgedanken mich aufhalte. Ich weiß und weiß nicht. – Im Tau baden, in den Mond schauen bei nächtlicher Weile ist schöner als sich wenden und den Schatten messen, den man in die beleuchtete Ebene wirft; ja, ich war auch traurig, wie ich gestern schrieb, und aus der Traurigkeit steigt mir immer solcher Qualm von Hyperklugheit auf, Philistergeist! – Ich schäme mich – es ist eine schlechte Sonate, deren Thema man bald auswendig kann, und die einem abgeleiert vorkommt, wenn man sie wiederholen wollt; das kommt vom Einsamsein her, da meint man, man müsse was Bessers vorstellen, wenn man mit sich selber spricht. Ich merkt es, als beim Schreiben das selbstge-fällige Geschwätz, was sich so schön fügte, mich verführte, und nun auf einmal bin ich's satt. Wie anmutig und scherzend hast Du alles ausgespro-chen und mit Deinem Zauberstab Dir spielend einen Kreis gemacht, mit mir drin zu scherzen, und ich hab mit Dornen und Nessel und Disteln um mich gepeitscht; ach, ich fühl einen Widerwillen gegen meine Schreiberei von gestern. – Hätt ich Dir nicht besser den wunderlichen Abend beschrieben, die seltsame Nacht, die ich mit der Tonie erlebt habe. – So eine Wundernacht vergeht nicht, sie besteht ewig mit ihren leisen Schat-tenbildern, mit ihren Lichtdämmerungen und eiligen Luftzügen, und wie sie den Schlummer Woge auf Woge wälzt; gewiß, wie die Welt geboren wurde, da war es Nacht, und da stiegen die Gipfel der Unsterblichkeit, die stillen, von denen Du sagst, zuerst auf aus den Wassern, und da drängte sich die Welt ihnen nach und liegt nun, und über ihr strömen die Spra-chen jener Einsamen durch den Nachthimmel. – Ja, ich find mich nicht zurecht, wenn in einer solchen Nacht alles schläft weit und breit und der Geist mächtig mit seinen Flügeln die Luft durchsegelt. – Und alle die Phi-losophen, die die Menschheit erwecken wollen, schlafen doch so fest und fühlen's nicht. – Und ob bloß, wenn's einem gegönnt wär, in jeder Nacht die Augen zu öffnen und ihren tiefen Faltenmantel zu durchschauen, den sie über die Natur ausbreitet, und dann ihre heimlichen Geister umher-schweifen, anhauchen – alles Lebende; ob der nicht hierdurch ein Seher würde himmlischem Wissen. Es ist doch so Seltsames in der Nacht; man sollte meinen, der Tag sei einmal schon in Beschlag genommen von der Verkehrtheit, aber die Nacht sei noch ganz frei davon; man fühlt sich in der lautlosen silbernen Mondzeit aufgezogen wie die rankende Pflanze, die hinausstrebt in die Lüfte – den vorüberschweifenden Geistern sich anzuhängen und hier und dort von ihrem Hauch zu trinken. – Aber was steig ich und schwindel ich denn immer noch, als lief ich am Waldrand hin? – ja, in der Nacht war's so klar in meinem Sinn, daß ich laut lachte, und nun schweift's von Berg zu Tal und betastet die Erinnerung. – Und all mein Denken solcher Nachhall, wie wär ich in eine Kluft gefallen. Wir waren am Nachmittag zum weiten Spaziergang fortgewandert und wußten wohl nicht genau die Zeit, die später war, als wir glaubten, und weil überall der Pfad an etwas Neugierigem sich hinzog, bald ein brausend Bächlein zwischen Klippen, bald sonnenhelles Grün und Hügel und Gemäuer und dann ein Wald mit mächtigen Kronen, da kamen noch Scharen von Vögeln über uns hingezogen, denen wir nachsahen; da war's bald gar aus, wir wußten nicht, wo wir hergekommen waren und wo wir hinwollten; gern wären wir wieder umgewendet, wenn wir nur ahnen konnten, wo der Heimweg war. Wir machten einander Mut, durch den Wald auf einem breitern Weg, der quer lief, fortzuwandern; weil frische Spuren da waren, so mußte er dort zu Menschen führen; noch hielten wir den Wind, die allmählich sinkende Helle für vorüberziehende Wolken, aber es war der Abendwind, der das Laub vor uns herwehte; wir sagten es einander nicht, aber merkten es bald, schritten immer fort und sahen bald zwischen den hohen Wipfeln durch den roten Himmel glänzen, und wie der sich verzog in ein dämmerndes Gold, aber ohne Schein, und endlich ein Blau, schweigende Sternchen glitzerten und der Pfad lief immer fort im Wald, und die Sterne sahen hoch herab, und keins wagte die Stille zu unterbrechen, schweigend, ein Tritt nach dem andern raschelte durchs Laub. – Ach, sagt ich, laß uns einen Augenblick ausruhen, du wirst sehen, dann wird der Wald auf einmal sich auftun. »Ach«, sagte die Tonie leise, »was wird das werden, wo kommen wir hin?« – Statt zu klagen, mußte ich laut lachen. – »Um Gottes willen, wie kannst du so schaurig lachen; schweig still, es können böse Leute in der Nähe sein, die uns hören.« Ich meint aber, wenn wir so sacht redeten und wanderten, das könnt noch viel gefährlicher sein, und die Tonie ließ sich überreden, daß ich ein Lied sang. – Das schallte! – Das machte mich so glücklich, und der schweigende Wald – und dann ich wieder, und dann er wieder. Die Tonie hatte sich auf dem Pfad so gesetzt, um die Richtung nicht zu verlieren, der wir schon die ganze Zeit gefolgt waren, ich aber lag rückwärts und sah in die Höh; auf einmal entdeckte ich, daß der Wald links lichter ward und daß der Himmel ganz frei war; ich sagte, dort müssen wir hin, da sind wir gleich aus dem Wald. »Um Gottes willen, verlaß den Pfad nicht, denn so im Dickicht herumzustolpern in der Nacht, da können wir in Gruben fallen; laß uns ruhig auf dem Weg fortgehen.« Ich war aber schon vorwärts

geschritten und stolperte wirklich und raffte mich auf und fiel wieder und
kletterte über Stock und Stein, und die Tonie rief von Zeit zu Zeit, ich
antwortete, und da war ich plötzlich im Freien auf der Höhe, die sich
abflachte in eine weite Ebene, die ich nicht ermessen konnt, aber ganz in
der Ferne sah ich's glänzen, ich rief: Hier steh ich und seh den Rhein, du
mußt aus dem Wald heraus, denn auf dem Waldpfad kannst du noch stun-
denlag unnütz fortwandern. Wir kamen uns entgegen mit Rufen durch
die Nacht, doch rück ich nicht weit herein, aus Furcht, den Weg zu verlieren; endlich reichten wir einander die Hand, und nun zog ich sie hinter
mir her. Es ist ein dumm klein Abenteuerchen, aber es machte mich doch
so froh, so aus dem finstern Wald herausgefunden zu haben. Da standen
wir und guckten uns um – ob das dort ein Dorf ist; oder dort, ob das ein
Licht ist? – Wir setzten uns am Waldrand hin und lugten, es ließ sich
nichts hören, kein Vögelchen; es war gewiß schon spät, vielleicht bald elf
Uhr, und da brennte auch kein Licht mehr in den Örtern, drum konnten
wir sie in der Ferne nicht sehen; wir ruhten gelassen ein Weilchen, und da
war es so groß um uns her, und das tat so wohl, und dann ward es heller,
der Mond mußte bald kommen; da wußten wir, daß es um elf Uhr war. –
Jetzt sah die Tonie einen Ort für ganz gewiß, sie sah das Kirchdach deutlich glänzen; wir schlenderten, rutschten, kletterten und kamen in die
Ebene. Die Tonie behielt das Kirchdach im Aug, ich war zu kurzsichtig;
aber ich lief voran, denn einen Weg zu bahnen, das kann ich besser. –
Links! – rechts! – rief sie, und so ging's über abgemähte Felder, endlich an
einen Graben mit Wasser, den wir glücklich übersprangen, dann über
Zäune, dann Wiesen, dann Gärten, und der Mond war auf, beleuchtet
einen breiten Weg, der nach dem Ort führt; aber ein großes festes Tor
schließt diese verwünschte Stadt, die in ihrem Mondschein in Totenstille
versunken liegt, daß nicht ein Hund bellt, nicht eine Katz mauzt. Da stehen wir mit unsern Stecken in der Hand und gucken das Tor an, das war
mir schon sehr lächerlich; ich sag: »Ob ich versuch, hinüberzuklet-
tern?« – denn es war oben offen, aber unmöglich, denn es war sehr hoch,
von eichnen Bohlen, in ein paar glatte dicke Pfähle die Angeln eingefügt.
»Da seh mal«, sagt die Tonie, »da ist zwischen dem Pfahl und der Stadt-
mauer ein Ritz – handbreit« – wenn ich die Oberkleider abwerf und den
Atem anhalt, so kann ich durch; und nun geschwind alles, was mich hin-
derte, an die Erd geworfen, und durch war ich; ich setzte mich aber erst
auf den Eckstein am Tor und lachte, und das schallte die Straße hinab und

fand ein Echo und schallte wieder herauf. – »Ach, ich bitte dich, lach nicht, du weckst alle Leute auf, und die können uns wer weiß was tun«, flehte sie durch den Ritz; ich nahm mich zusammen, besichtigte das Tor, fand, daß es mit zwei starken eisernen Riegeln zugebumst war, nahm einen Stein und klopfte die Riegel zurück. »Mach keinen Lärm, poltere nicht so« – aber das half nicht, ich war im heißen Eifer, das Tor mußte weichen; auf einmal gingen beide Flügel auseinander, und da stand sie vor mir und hielt ihren Einzug; jetzt wanderten wir schweigend durch die Straßen und musterten die Häuser, wir klopften an den Türen, an den Laden, kein Laut gab Antwort; endlich öffnet sich ein Giebelfensterchen, ein Männchen guckt heraus, mit einem brennenden Kienspan in die Luft leuchtend, bei dessen Flamme wir ein bebartetes Kinn entdecken und also auf ein ungetauftes Mitglied der Menschheit schließen, welches seine Stimme auch nicht leugnet. »Wir sind Kurgäste aus Schlangenbad, die sich verirrt haben, und hätten gern einen Führer.« – Er bedeutet, daß gegenüber der Torwächter wohnt. Wir klopfen an – eine Weile dauert es, auf einmal tut sich ein Loch am Boden auf, und unter der Erde kommt herauf ein in braunem Pelz eingehüllter Riese mit einem Baum in der Hand; ein Stock war's nicht, dazu war's zu groß; er setzt sich in Trab und treibt uns vor sich her zum Tor hinaus, immer zu, den Pfad am Berg hinauf – bald aber sagt mir die Tonie ins Ohr: »Wenn der gewaltige Mann dahinter uns mit seinem Kolben einen Schlag gäbe, es ist mir recht bang« – »Nun, wir lassen den Mann vor uns gehen, da sehen wir doch, wenn er uns was tun will.« So marschierte denn der Goliath vor uns her: ach, wie rauschten die Birken neben uns her und malten ihren Schatten uns unter die Füße, wie quoll das Dunkel aus dem Wald dem Mondlicht entgegen, und die kleinen Wässer rauschten von den Bergen nieder und wallten zwischen Weiden fort, und an manchem schlafenden Dorf ging's vorüber, und dann auf der Höh, noch einmal mußt ich mich noch umsehen nach dem Silberstreifen des Rheins im Mondglanz, und Berge in der Ferne sanken und stiegen, aber am meisten war doch das Regen in der Luft, was umherschwirrte und flüsterte in den Zweigen, und Träume, kindische, die mir das Herz beben machten, und dunkle Bilder, die aus dem Wald nebenan hervortraten, das hielt mir die Seele wach, und doch war's, als schlummre ich sorglos und wandle nur im Traum, und die Himmelssterne erblaßten allmählich – und die einzelnen Hütten im Tal waren noch unbewußt des Tags, der sich ahnen ließ, aber die Wachteln schlugen im Feld und kündeten ihn an; da sahen wir Schlangenbad. Wer war froher wie wir, ich aber über alles; mich freut die herrliche Nacht. Die Schatten am Weg, die unsern beleuchteten Weg still umstanden, und der Abschied der Nacht, wie sie noch einmal die Wipfel schüttelte, das alles ist mir lieb, es ist ein Geschenk von den Göttern, wie so manche andre Stunden, wo's war, als wollten sie mich beschenken mit süßem, schwärmerischem Gefühl von innerlicher Kraft des Entzückens. – Das war's, was ich Dir erzählen wollt und was viel schöner ist wie alles Denken und Urteilen: sich dem Leben der Natur nahen und still und stumm ihre Vorbereitungen mit ansehen, und wie sie weiht und reinigt in feierlicher Nachtstille.

An die Günderode

Offenbach, Mai 1805
Sorg nicht um meine Gesundheit; im Dachstübchen bin ich ganz fidel; ich muß mit meinem Schatten an der Wand lachen. Drei Sätz die Trepp herauf und die Flügel gespreizt und herunter hinter die Pappelwand, wo was Weißes flattert. – Da, wo wir vorm Jahr den Spitz begraben haben, spielte der Wind im Mondschein mit einem Papier; es flog aber gleich über die Gartenwand, wie ich's haschen wollt. Mit dem guten Spitz fürchtete ich mich nicht in der Nacht; er bellte mir als immer die Geister aus dem Weg. Der Klavier-Hofmann ist noch immer unser Nachbar; heut nacht, wie ich im Bett lag, da jagte er wieder wie sonst seine enharmonischen Läufe im gestreckten Galopp auf und ab; ich gab meinen Schlaf auf und meine Sinne freudig drein, die jagten mit. – Mit dem Verstand Musik fassen wie die musikalischen Philister, das geht nicht – ich muß empfinden. – Sinne-gewiegt von der Musik – mich hingeben wie schlummernd, dann hab ich Gedanken, schnell – wie die Sterne dahinfahren, oft – am Himmel. Ich bekümmre mich als, daß ich nicht denken kann, was ich will, und muß von allem mich irren lassen, wie auf dem Markt, wo man hin und her läuft vom Guckkasten zum Puppenspiel, zum Bär, der tanzt, oder mit den Zigeunern mich ergötzen am Mainufer, wenn's Marktschiff Philister ausspeit, und die betrunknen Musikanten schmettern sie hinaus. Allerlei geht mir im Kopf herum, aber wenn ich schreiben will, ist die Luft leer von Gedanken, und die meisten Worte sind überflüssig, ich muß sie wieder wegstreichen wie hier im Brief. Bei Musik bin ich gesammelt, die Gedanken fahren

nicht herum, sie sind still und schauen innerlich Ding, was mich vergnügt. Die Seel wächst, die Knosp springt auf und saugt Mondlicht. – Eine Weil hört ich zu im Bett; wie's Gewitter kam, sprang ich heraus und setzte mich aufs Fenster. – Musik bringt alles in Einklang, sie donnert durch die hellsternige Nacht ihren gewaltigen Strom, dann tanzt sie hin und grüßt mit jeder Well die Blum, die da heimlich blüht am Ufer. Wenn dann die Wolken vom Windsturm dahergejagt kommen, dann werden sie als gleich als von ihrem Hauch bezaubert; der Regen rollt Perlen unter ihren tanzenden Schritt, beim leuchtenden Blitz vom Donner durch die schwarze Nacht geschnellt, die er mit schallenden Schwingen durchrast, das ist alles ein Hymnus mit der Musik; – nichts widerspricht, noch stört's das stille Brüten der Sinne. So hab ich die halbe Nacht verlebt, ein Leben, wie's nicht besser ist noch sein wird mit der Zeit. – Jetzt steh ich in der Blüt, Honig bis an Rand voll, alles aus dem Innern. Mit den andern hab ich kein Verstehen; ich schäm mich, vor ihnen anders zu sein wie sie. Du bist mir gut, und der Clemens, mit dem kann ich doch nicht sein, wie ich bin, er fürchtet sich und kann nicht vertragen, daß ich mich ausström; bald ist's zu feurig, bald zu wehmütig, wo ich doch gar nicht traurig bin, aber weil er schön ist wie ein Gedanke aus meiner Seel, so muß ich liebvoll zu ihm sein. – Das weiß er nicht, daß es Musik ist in mir, die ihn liebt; ich muß es so gehnlassen, alles muß reifen mit der Zeit. Mit Dir ungestört sein, da fühl ich das junge Grün, wie das aus mir hervorkeimt; Du machst kein Wesen davon, daß im Frühjahr die frischen Grashalme und Kräuter duften; – so bin ich zufrieden und blüh all meine Gedanken heraus vor Dir.

20. Mai

Gestern war Sonntag; heut morgen war ich gar nicht ärgerlich, wie mich die Hühner aus dem besten Traum gegagst haben, wie als in Frankfurt, wo die Lisbeth als grad Holz in Ofen geworfen hat, wie eben ein goldner Vogel mir wollt auf die Hand fliegen. Die Akazien im Hof sind recht gewachsen, sie schneien im Sonnenschein ihr letzt Silber aufs Grün. Der Garten lag so morgentrunken vorm Fenster; ich ging hinab, meinen alten Weg nach der Bretterwand hinter den Pappeln, und kletterte herüber ins Boskett, wo ich Dir hier schrieb. – Daß doch immer meine Kleider reißen, wenn ich recht jauchzend bin. Zank nur nicht, daß ich mein Gewand nicht geschont habe. Dornenröschen hat mir ein Fetzchen davon behalten, wie ich versucht hab, ob ich noch zwischen dem

Eisengeländer vom Boskett durchwitschen kann; es geht noch, ich hab noch nichts zugenommen an Erdenballast – da sitz ich auf der Terrass am Main, auf dem die Wasserspinnen lustig in der Frühsonne herumfahren. Käm der Genius doch dahergewandelt; ich könnt ihm mehr nicht sagen, als was die Bienen summen. – Ist mir doch, als gehör ich zu dem blühenden Zitronenbaum; ist so still alles – wie am Feiertag, und der reinliche Kies mir unter den Füßen klirrt schüchtern – alles voll Schauer und Harren, daß Er komme, Der, auf den ich auch harre; oder war Er schon hier? – und hat es früher so geordnet für mich, daß ich merke, Er sei's gewesen, dem die sonnebelasteten Äste sich gebeugt und die Welle nachmurmelt zu meinen Füßen. Ich wollt's besingen, aber's Lüftchen, das nach ihm sucht im Gebüsch, kehrt wieder und hat ihn nicht gefunden und schweigt und regt sich nicht mehr; so muß ich auch stumm sein.

An die Bettine

Dein Brief macht mir Freude; es ist ein gesundes, munteres Leben darin, das ich immer lieb in Dir gehabt habe. Du führst eine Sprache, die man Stil nennen könnte, wenn sie nicht gegen allen herkömmlichen Takt wär. Poesie ist immer echter Stil, da sie nur in harmonischen Wellen dem Geist entströmt; was dessen unwürdig ist, dürfte gar nicht gedacht werden, oder vielmehr darf alles Ereignis den Geist nur poetisch berühren, sonst leidet er Abbruch, wie ich das heute morgen habe erfahren müssen, wo mir von Hanau eine veraltete Familien-Schuhmacher-Rechnung von 17 Flr. zugeschickt wurde, die ich nicht bezahlen kann; meine Verlegenheit poetisch aufzulösen, schicke ich Dir den kleinen Apoll als Geisel samt Türkheims ›Lorbeerkranz‹; gib mir das Geld.

Wenn Du einige Stunden in der Geschichte genommen hast, so schreibe doch darüber; besonders in welcher Art Dein Lehrmeister unterrichtet und ob Du auch rechte Freude dran hast. – An dem Märchen hab ich die Zeit sehr fleißig geschrieben, aber etwas so Leichtes, Buntes, wie mein erster Plan war, kann ich wohl jetzt nicht hervorbringen; es ist mir oft schwer zumut, und ich habe nicht rechte Gewalt über diese Stimmung.

Grüße den Clemens, wenn Du schreibst; ich denke daran, ihm zu schreiben, und warte nur den Moment ab, wo mir's wieder leichter ist,

damit ich ihm mit gutem Gewissen seinen Unmut und seine Launen vor-
werfen kann.

Karoline

An die Günderode

Geld liegt im Pult am großen Spiegel, in der dritten Schublad links; in
den andern Schubladen liegt aber auch vielleicht noch; zieh alle Schubladen ganz heraus, ob etwas dahintergefallen ist. Der Schlüssel liegt unter
dem Blumenkasten auf der Altan, wo die Kapuzinerblumen stehn; den
Apoll halt rein vom Staub, und daß ihm die Fliegen nicht bedippeln mitsamt dem Lorbeerkranz, und vom Stil weiß ich nichts als von Dir; nichts
Überflüssiges, nur was zur Sach gehört, sollt ich schreiben. Ich hab meinen Brief verputzt wie beim Apfelbaum, alle Raupennester und Zweige
ohne Fruchtkeime ausgebrochen, bis er ganz kahl war. – Man soll von
jedem unnützen Wort Rechenschaft geben; geschrieben kann man nicht
ableugnen, so muß man sich zusammennehmen. Der Mensch empfängt
den Geist mit Gedanken und Worten; es sind die Gemächer, in denen
er ihn beherbergt, die Ehrengewande, die er ihm umlegt; aber die müssen durchsichtig sein und knapp anliegen und die Räume einfach; denn
was er nicht ausfüllt, das verbaut ihn. Ich merk als, daß die Menschen
sehr dumm sind und fürchterliche Umwege machen ums Zentrum; ja
mir scheint jede Wahrheit ein Zentrum zu sein, das wir nur umkreisen,
nie berühren. Gestern mußt ich der Großmutter aus dem Hemsterhuis
vorlesen, sie sagte: »Das ist ein herrlicher Gedanke«, und legte mir eine
Pfeffernuß drauf, da kam mir dieser Gedanke.

Am Montag

Der Geschichtslehrer kommt dreimal die Woch, Dienstag, Mittwoch und
Donnerstag, eingeklammert hinten und vorn in zwei Faulenzer, Freitag,
Samstag am End, Sonntag, Montag am Anfang. – Er unterrichtet mich so,
daß ich wahrscheinlich der Zukunft ewig den Rücken drehen werde und
so auch um die liebe Gegenwart geprellt wär, wenn die unreifen Aprikosen in der Großmutter Garten nicht meinen Diebssinn weckten, mit
dem ich doch für meinen Verstand etwas Handgreiflicheres zu erbeuten
gedenke als: ›Die Geschichte Ägyptens ist in den ersten Zeiten dunkel
und ungewiß.‹ Das ist ein Glück, sonst müßten wir uns auch noch darum

bekümmern; – >Menes ist der erste König, von dem wir wissen< – mir auch recht, wenn wir nur was Gescheutes von ihm erfahren haben. – >Er erbaute Memphis und leitete den Nil in ein sicheres Bett. Möris grub den See Möris, die schädlichen Überschwemmungen des Nils zu hindern. – Dann folgt Sesostris der Eroberer, der sich selbst entleibte.< – Warum? – war er schön? – hat er geliebt? – war er jung? – war er melancholisch? – auf all dies erfolgt vom Lehrer keine Antwort, nur die Bemerkung, er möge wohl eher alt zu denken sein. – Ich demonstriere ihm vor, daß er jung war, bloß um das Rad der Zeit in Schwung zu bringen, das im Geschichtskot der Langenweil immer steckenbleibt. – Es rumpelte auch noch über den Busiris, der Thebä erbaute, Psamtichus, der die geteilten Staaten unter seine Flügel nahm, dann die Kriege mit Babylonien, Nebukadnezar, dem's der Cambyses, Cyrus' Sohn, wieder abnimmt. Die Ägypter vereinen sich mit Libyen, machen sich wieder frei, kriegen mit den Persern, bis Alexander dem Streit und zu meinem Vergnügen dieser Geschichte ein End macht. – Das ist der Inhalt der ersten Stunde; Du siehst, daß ich aufgepaßt hab. Hätt ich aber den Sporn nicht gehabt, Jagd auf die Langeweile zu machen und Dir zu zeigen, wie unnütz es ist, die Asche, von der die Natur nicht einmal das Salz verbrauchen kann, wieder anzufachen, es gibt doch keine Glut mehr; ich dächte, wir ließen einstweilen die alten Herrscher in ihren Pyramiden fortschimmeln. – Frühling schwellet die Erde, ringsum drängt er die Keime – und grünt in entfallenen Blättern – drängt auch wohl meinen Sinn, berauschet mir schwellend die Lippe, daß in erneuerter Sonne die spröden Hüllen und Knospen meiner Gedanken zerbersten. – Ich war heut morgen im Wald, an der Chaussee schon mit der Morgenröt, die eine Safranbinde um den Wipfel legte, der feuchte Grund wechselte die blauen Vergißmeinnichtbeete mit den goldenen Butterblumen; es war so feucht, so warm, so moosig, es war so brennend im Gesicht und so kühlig am Boden. Der Tau war so stark, ich war ganz naß geworden; als ich nach Hause kam, da trat mir der Lehrer schon mit dem achtzehnhundertsten Jahr der Welt entgegen, wo Nimrod Babylonien gestiftet. Ich wollte nicht fragen, wer der Nimrod war, aus Furcht, er möcht mir's sagen: und es wär eben auch unnütz, es zu wissen. Wenn nun der Nimrod ein guter Kerl war, um den es schad wär und der mir besser gefallen könnt als die jetzigen Menschen, so wollt ich ihm wohl die Dauer der Unsterblichkeit gönnen; aber der Lehrer jagte gleich den Assyrer Ninus hintendrein, der das Reich erobert, von wo er Mittelasien beherrscht; ich jagte also ohne Aufenthalt mit, bis das Reich wieder befreit wird durch Nabopolasar, von dem ich auch nicht weiß, woher er geflogen kam. – Nebukadnezar erobert Ägypten; Babylonier, Assyrer, Meder führen Krieg – bis Cyrus der Perser alle Reiche wieder erobert. – Babylonische Geschichte umfaßt 1600 Jahr, hat um elf Uhr angefangen und Glockenschlag zwölf Uhr aus; ich spring in Garten.

Freitag

Heut morgen war der Geschichtskerl nicht da, da hab ich Generalbaß studiert; von dem könnte ich eher sagen, daß ich was gelernt hab, über den hab ich Gedanken, er spricht mich an wie Geheimnis, obschon der Hofmann sagt: Alles ist klar wie der Tag – ich geb's zu – deswegen ist der klare Tag mir auch ein Geheimnis so gut wie der einfache Harmoniensprung, von dem Hofmann heut sagte: »Betrachtet man die Tonika nicht allein als solche, sondern auch in bezug auf jede andre Tonika als eine ihr verwandte Tonart, wo sie vermöge und in dem Grade ihrer Verwandtschaft wieder Beziehung hat auf alle Seitenverwandtschaften und daher immer wieder als solche sich geltend machen kann, so sieht man leicht, wie alle möglichen Gattungen von Dreiklängen vermittelst einfacher Harmoniensprünge aufeinanderfolgen können.« Ich glaub's, aber begreif's nicht; – betrachten? – kann man denn alles betrachten, wie man will? – kann ich die Wolken da oben betrachten wie mein Daunenbett, so werden sie doch nicht herunterkommen, mich zudecken. Der kleine Hofmann sieht mich an, erstaunt über meine Dummheit, und wird selbst ganz dumm, denn er verstummt. Endlich sagt er ganz freundlich, das nächste Mal werde er gewiß eine Form gefunden haben, um mir's begreiflich zu machen, er ging in die Musikprobe, wo er tausend Harmoniensprünge mitspringen wird. Käm doch bald die nächste Stund; am Tanz der Dreiklänge möcht ich erproben, ob mein Geist auch einen kühnen Sprung tun kann oder ob ich geboren bin, kriechend zu lernen wie die Raupe. – Wahrlich, ich möchte gern wissen; – nicht wie mit der alten raupenfräßigen Geschichte. – Ach Gott! – ich hab keine Aussicht! – Gestern abend ging ich noch nach dem Nachtessen hier im Garten; da hört ich ordentlich das Gras wachsen, aber so was gilt nicht für Gescheutheit oder Verstand. Die grünen Äpfel am Spalier unterm grauen Laub, die bepelzten Pfirsich muß ich respektieren, die kommen vorwärts, aber ich – da wollt ich mich besinnen, auf was ich von je an gelernt hab; da kann ich doch nicht die Gebetchen mehr, die ich vier Jahr lang jeden Tag hersagte. Das Vaterunser, den Glauben, den englischen Gruß kann ich nur noch bruchstückweis; den ganzen Sommerabend, auf den ich so lüstern war, hab ich versimuliert, um den Glauben wieder zusammen-zuflicken; >Aufgefahren zu den Himmeln< – so weit – schreibe mir's im nächsten Brief, was folgt. – Aber im Grund: – Aufgefahren zu den Him-meln, wär ein gut End; wenn Du's also auch vergessen hast, so schadet's nichts, so brauchen wir beide es nicht zu wissen; aber nachkommen tut noch was, das weiß ich. –

Samstag

Ach, gestern war ein Tag voll Sonnenschein; die Mückchen und Käfer haben ihn vertanzt und versummt, die verstehn das Schwelgen im Genuß; ich hab sie belauscht, im hohen Gras, überbaut von der Leinwand, die da auf der Bleiche liegt. Die alte Cousine begoß sie ein paarmal in der Mittagsglut; es dauerte eine Weile, bis die einzelnen Tropfen durchka-men und mich benetzten; ich hörte da unten der Musikprobe zu von den Symphonien, die aus dem Boskett herüberschallten in mein ungebildet Ohr und es in Erstaunen setzten über alles, was es nicht fassen konnt. Musik – in Tönen dahergetragen, durch die Lüfte, die ganze Gewalt der Offenbarung über uns ausströmend und dann verschwebend – wer kann sie wieder wecken, wenn sie verhallt ist; ich bin so närrisch, mir deucht, ich müßt verzweifeln, daß sie verklungen ist, und hab ihr nichts abgewin-nen können. So wird's noch manchmal gehen, es wird klingen, und ich werd's nicht fassen. Gestern sprach ich mit der Großmutter, die sagte: »Was der Verstand nicht faßt, das begreift das Herz.« – Ich begreif das wieder nicht.

Heut morgen sagt der Hofmann: »Der einfache Harmoniensprung ist, wenn zwischen zwei aufeinanderfolgenden Akkorden eine Harmonie im Verstande gehört wird.« – Ich hör nicht im Verstand diese Harmo-nie; ich bin ganz durchdrungen von dem, was ich fühle, nicht, was ich versteh. – Glaub's, Musik wirkt, begeistert, entzückt, nicht dadurch daß wir sie hören; sondern durch die Macht der übergangnen dazwischen-liegenden Harmonien; diese halten den hörbaren körperlichen Geist der Musik durch ihre unhörbare geistige Macht verbunden mit sich. – Das ist das ungeheure Einwirken auf uns, daß wir durchs Gehörte gereizt werden zum Ungehörten; denn wir sind durch einen Ton mit allen verwandt und durch alle mit jedem einzelnen besonders; allein ich kann's sagen – gewiß, ich bin während der Musikprobe auf einen Gedanken gefallen, wie Gott die Welt erschaffen hat. – Das große Wort: Es werde, leuchtet mir ein. Ohne das eine ist alles nichts; ohne alles ist nicht das eine. Im Atemzug wallt die ganze Schöpfung: Feuer, Erde, Luft und Wasser, und alles Leben und alles Sein ist Vermählung dieser vier Geister, die das Leben des Weltalls sind. Diese vier schaffen und erzeugen auch sich selbst im Geist, den sie ineinander vereinigen. Musik ist Selbsterzeugung dieser vier Elemente ineinander. In jedem Wesen, das lebt, erzeugen sich die Elemente; das ist Geist, der ist Musik. Auch das Tier hat Musik, es ist sinnlich durchdrungen von Wasser, Luft, Erde und Feuer, von ihrem Geist, der in ihm sich erzeugt; darum wird's so aufgeregt durch Musik, weil seine Sinne in ihr schlummern, träumen; und alles hat gleiche Rechte an die Gottheit, was durch Selbsterzeugung der Elemente in ihm zu Geist erhoben wird. – Ich hab's aufgeschrieben; ich starr diese Zeilen an und weiß nicht, was ich sagen wollte. – Am lichten Tag zerstiebt das Geisterheer der Gedanken; aber dort unter der Leinwand, wo die Sonne durch die gesammelten Wassertropfen auf mich tropfte, wo ich im Netz gefangen lag all der blühenden Gräser, dort war mir's klar: Nicht, was wir mit den Sinnen vernehmen, ist wahre Wollust – nein! – vielmehr das, was unsere Sinne bewegt – zum Mitleben, Mitschaffen, das ist Leben, das ist Wollust – wirkend sein! – Genug, die Geister waren mächtig in mir während der Musik; deutlich riefen sie mir zu: Eine Geige nimm und fall ein, so wie du fühlst, daß du zur Entfaltung des Harmonienstroms mitwirken kannst, und kannst ihn heben und dich geltend machen im Verbrausen deiner Begeistrung – und dort auf der Höhe dich ausdehnen, dich fühlen in jedem Ton durch die Verwandtschaft deiner Stimme mit. – Sollte einer Harmonielehre verstehen und mit Verstand anwenden, er müßte heimlich die Welt beherrschen, ohne daß es einer merkt; und das ganze Universum kläng ihm wie eine Symphonie, und die ganze Weltgeschichte trommelte und pfiff und schalmeite zu seinem großen Weltpläsier.

Ja, ich versteh's; dem Hofmann werd ich's zwar so nicht sagen, dem werd ich den ersten, zweiten und dritten Grad aller Verwandtschaften darlegen, und wie alles mir unterworfen ist zu dienen, wie ich jedem die Herrschaft übertragen kann und wieder abnehmen, und wie ich also immer herrsche, solang ich im Strom göttlicher Harmonie mitschwimme.

Adieu! ich strecke wie ein Krebs meine Scheren aus dem seichten Grund meiner Wahrnehmungen und packe, was ich zuerst erwische, um mich aus dem eignen Unverstand loszuwinden.

An die Bettine

Halte doch noch eine Weile aus mit Deinem Geschichtslehrer, daß er Dir möglichst kurz die Physiognomien der Völkerschaften umschreibt, ist ganz wesentlich. Du weißt jetzt, daß Ägypten mit Babylonien, Medien und Assyrien im Wechselkrieg war; fortan wird dieses Volk kein stehender Sumpf mehr in Deiner Einbildung sein. Regsam und zu jeder Aufgabe kräftig – waren ihre Unternehmungen für unsre Fassungsgabe beinah zu gewaltig; sie zagten nicht, bei dem Beginn das Ende nicht zu erreichen, ihr Leben verarbeitete sich als Tagwerk in die Bauten ihrer Städte, ihrer Tempel; ihre Herrscher waren sinnvoll und umfassend heroisch in ihren Plänen, das wenige, was wir von ihnen wissen, gibt uns den Vergleich von der Gewalt ihrer Willenskraft, die stärker war, als die jetzige Zeit zugibt, und leitet zu dem Begriff hin, was die menschliche Seele sein könnte, wenn sie fort und fort wüchse, im einfachen Dienst ihrer selbst. Es ist mit der Seelennatur wohl wie mit der irdischen, ein Rebgarten, auf einen öden Berg gepflanzt, wird die Kraft des Bodens bald durch den Wein auf Deine Sinne wirken lassen; so auch wird die Seele auf Deine Sinne wirken, die vom Geist durchdrungen den Wein Dir spendet der Kunst oder der Dichtung oder auch höherer Offenbarung. Die Seele ist gleich einem steinichten Acker, der den Reben vielleicht gerade das eigentümliche Feuer gibt, verborgne Kräfte zu wecken und zu erreichen, zu was wir vielleicht uns kein Genie zutrauen durften. Du stehst aber wie ein lässiger Knabe vor seinem Tagwerk, Du entmutigst Dich selbst, indem Du Dir den steinichten Boden über den Dorn und Distel ihren Flügelsamen hin und her jagen, nicht urbar zu machen getraust. Unterdes hat der Wind manch edlen Keim in diese verwilderte Steppe gebettet, der aufgeht, um tausendfältig zu prangen. – Dein scheuer Blick wagt nicht den Geist in Dir selber aufzufassen. Du gehst trutzig an Deiner eignen Natur vorüber, Du dämpfst ihre üppige Kraft mit mutwilliger Verschwörung gegen ihren Wahrnehmungsgeist, der Dir's dann doch wieder über dem Kopf wegnimmt, denn mitten in Deiner Desolationslitanei sprühst

Du Feuer, wo kommt es her? – haben Dich die Erdgeister angehaucht? – fällt Dir's vom Himmel? – schlürfst Du's mit der Luft in Dich? – ich weiß es nicht, soll ich Dich mahnen, soll ich Dich stillschweigend gewähren lassen? – und vertrauen auf den, der Dir's ins Gesicht geschrieben hat? ich weiß es wieder nicht. – Ich möchte wohl, aber dann wird mir zuweilen so bange, wenn ich, wie in Deinem letzten Brief, das Vermögen in Dir gewahr werde, wie das lässig in sich verschränkt keinen Mucks tut, als ob der Schlaf es in Banden halte, und wenn's sich regt, dann ist's wie im Traum, nur Du selber schläfst um so fester nach solchen Explosionen! – Ob ich recht tue, Dir so was zu sagen? – das quält mich auch; man soll den nicht wecken, der während dem Gewitter schläft! – Du kommst mir nun immer vor, als entlüden sich elektrische Wolken über Deinem verschlafenen Haupt in die träge Luft, der Blitz fährt Dir in die gesunkne Wimper, erhellt Deinen eignen Traum, durchkreuzt ihn mit Begeisterung, die du laut aussprichst, ohne zu wissen, was Du sagst, und schläfst weiter. – Ja, so ist's. Denn Deine Neugierde müßte aufs höchste gespannt sein auf alles, was Dir Dein Genius sagt, trotzdem daß Du ihn oft nicht zu verstehen wagst. Denn Du bist feige – seine Eingebungen fordern Dich auf zum Denken; das willst Du nicht, Du willst nicht geweckt sein, Du willst schlafen. Es wird sich rächen an Dir – magst Du den Liebenden so abweisen? – der sich Dir feurig nähert? – ist das nicht Sünde? – ich meine nicht mich, nicht den Clemens, der mit Besorgnis Deinen Bewegungen lauscht, ich meine Dich selbst – Deinen eignen Geist, der so treu über Dir wacht und den Du so bockig zurückstößt. – Je näher die Berge, je größer ihr Schatten, vielleicht daß Dich die Gegenwart nicht befriedigt; was uns näher liegt, wirft Schatten in unsre Anschauung, und daher ist gut, daß der Vergangenheit Licht die dunkle Gegenwart beleuchte. Darum schien mir die Geschichte wesentlich, um das träge Pflanzenleben Deiner Gedanken aufzufrischen; in ihr liegt die starke Gewalt aller Bildung – die Vergangenheit treibt vorwärts, alle Keime der Entwicklung in uns sind von ihrer Hand gesäet. Sie ist die eine der beiden Welten der Ewigkeit, die in dem Menschengeist wogt, die andere ist die Zukunft; daher kömmt jede Gedankenwelle, und dorthin eilt sie! Wär der Gedanke bloß der Moment, in uns geboren? – Dies ist nicht. Dein Genius ist von Ewigkeit zwar, doch schreitet er zu Dir heran durch die Vergangenheit, die eilt in die Zukunft hinüber, sie zu befruchten; das ist Gegenwart, das eigentliche Leben; jeder Moment, der nicht von ihr durchdrungen in die Zukunft hineinwächst, ist verlorene Zeit, von der wir Rechenschaft zu geben haben. Rechenschaft ist nichts anders als Zurückholen des Vergangenen, ein Mittel, das Verlorne wieder einzubringen, denn mit dem Erkennen des Versäumten fällt der Tau auf den vernachlässigten Acker der Vergangenheit und belebt die Keime, noch in die Zukunft zu wachsen. – Hast Du's nicht selbst letzten Herbst im Stiftsgarten gesagt, wie der Distelbusch an der Treppe, den wir im Frühling so viele Bienen und Hummeln hatten umschwärmen sehen, seine Samenflocken ausstreute: >Da führt der Wind der Vergangenheit Samen in die Zukunft.< Und auf der grünen Burg in der Nacht, wo wir vor dem Sturm nicht schlafen konnten – sagtest Du damals nicht, der Wind komme aus der Ferne, seine Stimme töne herüber aus der Vergangenheit, und sein feines Pfeifen sei der Drang, in die Zukunft hinüberzueilen. – Unter dem vielen, was Du in jener Nacht schwätztest, lachtest, ja freveltest, hab ich dies behalten und kann Dir nun auch zum Dessert mit Deinen eignen großen Rosinen aufwarten, deren Du so weidlich in Deinen musikalischen Abstraktionen umherstreust. – Du gemahnst mich an die Fabel vom Storch und Fuchs, nur daß ich armes Füchslein ganz unschuldig die flache Schüssel Geschichte Dir anbot; Du aber, Langschnabel, hast Dir mit Fleiß die langhalsige Flasche der Mystik im Generalbaß und Harmonielehre erwählt, wo ich denn freilich nüchtern und heißhungrig dabei stehe. Den Blumenstrauß hat der Jude[2] abgegeben, den Wacholderstrauch hab ich hinter dem Apoll aufgepflanzt; sie umduften ihn, die blauen Perlen, und die feinen Nadeln sticheln auf ihn. – Wenn Du kommst, so verbrennen wir sie im Windöfchen in meiner Kammer und alle böse Omen mit; drum sei nicht ungehalten, wenn ich Dir manchmal ein wenig einheize, ich freu mich aufs lustige Feuerchen.

Karoline

Sei mir ein bißchen standhaft, trau mir, daß der Geschichtsboden für Deine Phantasien, Deine Begriffe ganz geeignet, ja notwendig ist. – Wo willst Du Dich selber fassen, wenn Du keinen Boden unter Dir hast? – Kannst Du Dich nicht sammeln, ihre Einwirkung in Dich aufzunehmen? – Vielleicht weil, was Du zu fassen hast, gewaltig ist, wie Du nicht bist. – Vielleicht weil der in den Abgrund springt freudigen Herzens für

---

2   Ein Briefbote, der alle Tage von Offenbach nach Frankfurt ging.

sein Volk, so sehr hatte ihn Vergangenheit für Zukunft begeistert, während Du keinen Respekt für Vaterlandsliebe hast – vielleicht weil der die Hand ins Feuer legt für die Wahrheit, während Du Deine phantastischen Abweichungen zu unterstützen nicht genug der Lügen aufbringen kannst, denen Du allein die Ehre gibst, und nicht den vollen, süßen Trauben der Offenbarung, die über Deinen Lippen reifen.

Ob Hofmann Deine musikalischen Erleuchtungen unter der nassen Leinwand begreifen wird, bin ich begierig zu erfahren. – Wenn er verstehen soll, ob Du recht verstanden hast, so wirst Du ihm wenigstens in deutlicheren Modulationen Deinen enharmonischen Schwindel vortragen wie mir. – Das ist es eben – die heilige Deutlichkeit – die doch allein die Versicherung uns gewährt, ob uns die Geister liebend umfangen. – Wenn's nur nicht bald einmal aus wird sein mit der Musik wie mit Deinen Sprachstudien, mit Deinen physikalischen Eruptionen und Deinen philosophischen Aufsätzen, und dies alles als erstarrte Grillen in Dein Dasein hineinragt; wo Du vor Hochmut nicht mehr auf ebnem Boden wirst gehen können, ohne jeden Augenblick einen Purzelbaum wider Willen zu machen. –

An die Günderode

Du strahlst mich an mit Deinem Geist, Du Muse, und kommst, wo ich am Weg sitze, und streust mir Salz auf mein trocken Brot. – Ich hab Dich lieb! pfeif in der schwarzen Mitternacht vor meinem Fenster, und ich reiß mich aus meinem mondhellen Traum auf und geh mit Dir. – Deine Schellingsphilosophie ist mir zwar ein Abgrund; es schwindelt mir, da hinabzugehen, wo ich noch den Hals brechen werd, eh ich mich zurechtfand in dem finstern Schlund, aber Dir zulieb will ich durchkriechen auf allen vieren. – Und die Lüneburger Heid der Vergangenheit, die kein End nimmt, mit jedem Schritte breiter wird; – Du sagst im Brief, der mir zulieb so lang geschrieben ist, sie sei mir notwendig zum Nachdenken, zur Selbsterkenntnis zu kommen; ich will nicht widersprechen! – Könntest Du doch die neckenden, grausenerweckenden Gespenster gewahr werden, die mich in dieser Geschichts-Einöde verfolgen und mir den heiligen Weg zum Tempel der Begeistrung vertreten, auf dem Du so ruhig dahinwallest, und mir die Zaubergärten der Phantasie unsicher und unheim-

lich machen, die Dich in ihre tausendfarbigen Schatten aufnehmen. – Tut
der Lehrer den Mund auf, so sehe ich hinein wie in einen unabsehbaren
Schlund, der die Mammutsknochen der Vergangenheit ausspeit und allerlei versteinert Zeug, das nicht keimen, nicht blühen mehr will, wo Sonn
und Regen nicht lohnt. – Indes brennt mir der Boden unter den Füßen,
um die Gegenwart, um die ich mich bewerben möcht, ohne mich gerad
erst der Vergangenheit auf den Amboß zu legen und da plattschlagen zu
lassen. Du sprichst von meinem Wahrnehmungsvermögen mit Respekt;
hab ich's aus der Vergangenheit empfangen, wie Du meinst? Wenn ich
Dich nämlich recht versteh, so weiß ich's doch nicht, wie's zuging. – Ist's
der Genius, der dort herübergewallt kommt? – das willst Du mir weismachen! – feiner Schelm! – Mein Genius, der blonde, dem der Bart noch
nicht keimt – sollte aus dem Schimmel herausgewachsen sein wie ein
Erdschwamm! – Wahrlich, es gibt Geister, die drehen sich um sich selber
wie Sonnen; sie kommen nicht woher und gehen nicht wohin, sie tanzen
auf dem Platz, Taumeln ist ihr Vergnügen; der meinige ist ganz berauscht
davon, ich lasse mich taumelnd dahintragen. Der Rausch gibt Doppel-
kraft, er schwingt mich auf, und wenn er mich auch aus Übermut den vier
Winden preisgibt, es macht mir nicht Furcht, es macht mich selig, wie
sie Ball mit mir spielen, die Geister der Luft! – und dann komm ich doch
wieder auf gleiche Füße zu stehen, mein Genius setzt mich sanft nieder –
das nennst Du schlafen in träger Luft, das nennst Du feige? – ich bin nicht
feige; seine Eingebungen fordern mich auf zum Denken, meinst Du – und
daß ich dann lieber schlafe, meinst Du, – ach, Gott! – Denken, das hab ich
verschworen, aber wach und feurig im Geist, das bin ich. – Was soll ich
denken, wenn meine Augen schauen jene Vergangenheit hinter mir im
Dunkeln; wie kann ich sie an den Morgen knüpfen, der mit mir vorwärts
eilt? – Das ist die Gegenwart, die mich mit sich fortreißt ins ungewisse
Blaue, ja ins Ungewisse, aber ins himmlische, blonde, goldstrahlende Antlitz des Sonnengotts schauen, der die Rosse gewaltig antreibt, und weiter nichts. Aber Abend fängt mich auf in seinem Schoß, sinnend lieg ich
ein Weilchen, lausch in die Ferne! größere Helden deucht mir da auf der
vollen Heerstraße der Geschichte am heutigen Tage ihre mutigen Rosse
tummeln zu hören; ja, ich will, ich möcht hin, das Banner vor ihnen her-
tragen; wie wollt ich mich des Lüftchens freun, das drin flattert, wie wollt
ich mich der eignen Locken freun, die getragen im jauchzenden Galopp
mich umspielen mit leisem Schlag auf meine Wangen, wie kühn ins Leben

hineingejagt, wie rasch hinter ihm drein, über die Heid! – Wie lustig! aufwärts, vorwärts, hinab durch den Dampf. – Der auf dem Berg winkt, sein Aug ruht auf mir, seine Trommeln lenken, seine Trompete ruft! – und dann in der Nacht – vor seinem Zelt! – und schlaf fest, denn er, der Zeiten Genius, weckt zur rechten Stund, und im Schutz seines Gefieders schau ich die Gefilde ihn überwallen, die Völker wecken, sie anglühn mit seinem Feuerblick, daß sie freudig Hochzeit machen mit dem Tod, auf lorbeerumsproßten Bett; – nun, Kamerad, willst Du mit? Heute hat die Vergangenheit ausgespien, so kurz wie möglich, denn ich saß ihr auf dem Dach, das assyrische Reich von Asser gleich nach dem babylonischen Reich gestiftet; das Wort >gestiftet< macht mir immer Zerstreuung, vom Kloster her noch, wo ich so oft hab vorlesen müssen, der heilige Bonifacius stiftete den heiligen Orden der Benediktiner, oder der Antonius von Padua oder Franciscus etc.; es gemahnt mich an jene Kämpfe, die diese heiligen Feldherrn mit der Legion Teufel zu bestehen hatten, und da denk ich mir gleich alle Völker, mit denen sie im Kampf waren, gehörnt, mit Bocksfüßen, feuerspeiend und pestilenzialischen Gestank verbreitend, den mir die Vergangenheit herüberweht. – Die heiligen Assyrer aber in Kutten, die ihnen das Kämpfen erschweren. – Ich denk, ich denk – alle Teufel, unterdes Ninus der Eroberer von Mittelasien herüberwitscht, Ninive, die Hauptstadt von Assyrien, erbaut, mit Tod abgeht, seinem kriegs- und baulustigen Weib Semiramis noch ein Stück Babylonien zu bauen übrigläßt, worauf sie glänzende Feldzüge macht; – das alles versäumt über dem Kloster und Waldteufel samt heiligen Ordensmännern. – Durch Winkelzüge und Fragen kriegt ich's aus dem Lehrer noch heraus, daß weiter nichts passiert war. Über der Geschichte der Semiramis hat Vergangenheit so dicken Schimmel wachsen lassen, daß sie noch eben mit dem blauen Aug der Unsterblichkeit ihres Namens davonkommt, sonst wüßten wir gar nichts. In der Folge beherrschten die Meder Assyrien; es machte sich wieder frei, bis der Babyloner, König Nabopolasar, (unter welchem ich mir einen Zentaur denk, der Silbenfall seines Namens hat etwas Ähnliches mit dem Galopp eines leichten arabischen Renners) es erobert und mit den Persern teilt. – Damit hat die Vergangenheit für heute noch nicht genug, sondern meldet ferner: Die älteste Geschichte der Meder ist unbekannt; Arbazes, ihr Statthalter, befreit sie durch Überwindung des Sardanapals vom assyrischen Joch im Jahr der Welt 3108, genau gemessen, des Lehrers Phantasie erstreckt sich lediglich aufs Jahr der Welt. Dejozes erbaut Ekbatana (lies Tians Offenbarungen über diese herrliche Stadt). – Astyaches (wo kommt der her?) vermählt seine Tochter dem Perserkönig Kambyses, dessen Sohn Cyrus seinen Großvater vom Thron stieß (der also zu lang sitzen geblieben war) – er vereinigt Medien, Assyrien und Persien und stiftet das große Medopersische Reich, der Jud Hirsch vom Geschlecht Esau streckt seine rauhe Hand herein, es in Besitz zu nehmen; er wird's unterjocht halten in seinem alten Sack, bis Du's befreist; schmeißt Du's ins Ofenloch mit dem alten Papier, so bringst Du mich um einige schwer eroberte Vergangenheit.

Schreib vom Märchen. –

Schreib dem Clemens nichts von mir, sag ihm nur nichts von meiner Ausgelassenheit, er meint gleich, ich wär besessen, er tut mir tausend Fragen, er ist ganz verwundert, daß ich so bin, er forscht, er sucht eine Ursach und frägt andre Leut, ob ich verliebt sei, wo ich doch nur im heiligen Orden meiner eignen Natur lebe. Zum Beispiel, wenn er wüßte, daß ich abends auf dem Dach vom Taubenschlag sitz und der untergehenden Sonne auf dem Flageolett vorblase, würde er's gutheißen? – Mein arm jung Leben liegt mir am Herzen, ich kann ihm nichts versagen. – Red nichts von mir, laß die Leute bei ihrer herzlich schlechten Meinung von mir, es ist meine beste Freud; ich geh mit meinem Dämon um, der sagt: Du sollst dich nicht verteidigen. – Ich tu, was er will, alles andre ist mir einerlei; einmal hab ich Visionen von ihm; so gut ward's der Psyche nicht, sie sah doch nicht seinen Widerschein, denn es war stockfinstre Nacht um sie, ich aber, wenn ich's im Herzen fühl, so seh ich's auch, was mich entzückt, warum ich leben mag, himmlisch feucht Leben im Jugendstrahl, vortretend, ein bißchen auf die Seit geneigt, steht er immer vor mir, nicht den Blick mir gerade zuwendend, nein, bescheiden zeigt er sich in meiner Brust, der Gott, dem ich mich einschmeichle, mit süßen Tränen, der mich morgens vom Lager schüttelt, wo's kaum tagt, ich soll mich aufmachen, vielleicht begegne ich ihn bei Tagesanbruch; so eil ich flüchtig vorwärts, ich fühl mich schön im Herzen, ich fühl meine Schönheit, mein Geist ist ein Spiegel, der ist voll himmlischem Reiz – jeder Tautropfen am Weg sagt mir, ich gefalle meinem – ihm, was braucht's mehr, wem sollt ich noch gefallen wollen außer ihm? – Nein, glaub's doch nur, er ist wirklich! er schreitet so leicht, er entschwindet mit jedem Tritt, aber er ist gleich wieder da! – Wie sich das Licht im Auge spiegelt, mich blendend deckt es sich im Schatten, dann faßt es wieder Licht, dann schwindelt's, es sieht den Strahl vorschweben, doch leuchtet der fernhin wieder auf, das Auge sucht ihn, es hat ihn schon gefunden, dann schließt sich's und siehet innerlich, das ist ein still Genießen. – Oh, ich weiß alles! – ich weiß zu lieben, aber nur den Genius. – Keiner darf wissen das Geheimnis, was sich im Feuerkreis um mich schwingt. – Wenn ich so dasteh, still – mit geschlossenen Armen. – Und der Blick, den nennt die Großmama starr; – »Mädele, was starrst, – sollt man glauben, du wärst außer der Welt entrückt.« – Ich fuhr auf – da lacht sie. – »Gutes Kind, wo bischt? – bischt beim Schutzengel.« – und zieht meine Hand an ihre Brust – »so sagen die Schwaben, wenn einer so in sich verstummt.« – Ich wollt's bejahen und konnt doch nicht. – Der ruft mir: Schweig! – und sollt ich einen Laut tun? – ? Nein, er sagt: Schweig! das schließt mir den Mund auf ewig. – Ewig, Günderod. – Du bist der Widerhall nur, durch den mein irdisch Leben den Geist vernimmt, der in mir lebt; sonst hätt ich's nicht, sonst wüßt ich's nicht, wenn ich's vor Dir nicht aussspräch. – Dem Clemens sag nichts, daß ich brav studier, wie's vom Himmel regnet, und daß nichts dabei herauskommt, das sage auch, aber von mir – von uns sag nichts. Er braucht's nicht zu wissen, daß wir so himmlische Kerle sind, heimlich miteinander, wo er nicht dabei ist und keiner. Schau auf, Günderod, gleich wird ein himmlischer Tänzer aus den Kulissen hervorschweben. Tanz ist der Schlüssel meiner Ahnungen von der anderen Welt. Er weckt die Seel, sie redt irr wie ein Kind, was in Blumenlabyrinthen sich verliert; da schwankt's Kindchen, und die Ärmchen streckt's aus, nach blühenden Zweigen, weil's taumelt, weil's so lang im Kreise sich drehte; – und schaut's auf, da steht der Mond über ihm und sänftigt den Schwindel – mit angehaltnem, stillem Blick; an dem erholt's sich wieder. – Was meinst Du, was ich Dir da vorschwindel und muß die Tränen verbeißen? – Ich mein als, ich könnt die ganz Welt auf die Welt bringen mit meinem Mund, wenn der nur sprechen wollt, wie's Gott ihm auf die Zung legt, aber wenn sie heraus damit soll, dann stockt sie. Aber dabei bleibt's, wir mögen stammeln oder lallen oder auch nur seufzen, wir wollen's einander alles still verborgen abhören, nicht wahr? – wie auf der grünen Burg im Abendrot, wo wir im Feldgraben lagen; da war ich freudig mit der Zung, da war's immer, als wär einer hinter mir, der mir's einflüstre; Du frugst, was ich mich denn umdreh so oft? – ich sagt: hinter mir tanzt's – denn ich wollt nicht sagen: spricht's; denn es war mehr so getanzt und flüchtig geschwungen im Kreis, Nymphen, die sich bei der Hand hielten, hinter den drei großen Zypressen hervor, schmiegten sich anmutig, die Füßchen zusammen und die

96

Köpfchen; Du gucktst mich an und sagtest: sei kein Narr! – haha, ich muß lachen – das war zu spät, freilich bin ich ein Narr! – denn was ich Dir da vorplaudre, das ist eine Weise, nach der wird getanzt hinter mir, und so war unser tiefer Philosophentext in die Luft gesprengt, was war's doch? – von der innerlichen Wahrnehmung und von der Anschauung im Geist, ob die verschieden wären und wo sie herkämen, aus der Empfindung oder aus dem Gefühl, und wo diese Quellen sich herleiten, ob links, ob rechts; das alles wolltest Du da im zunehmenden Dämmerlicht aus mir herauspumpen. Schwernot! – das war zu arg, ich möcht Dir heut noch eine Ohrfeig geben drüber – aber das war gerad mein Himmlischstes, daß Du nicht bös geworden bist und hast die geschlagne Wange sanft an mich gelehnt und hast gegirrt wie eine Taube und sagtest: »ja«, wie ich fragte, tut's weh, »aber es tut nichts.« – Hier hab ich's hingeschrieben, denn wenn so viel unnütz Zeug geschrieben steht, so kann auch geschrieben stehen, daß ich Dir eine Ohrfeig gab. – Aber die große schöne Versöhnungsstille über uns – die Dämmerung, die immer breiter ward und größer, und der Nebelvorhang vor dem Weidengang vom Feldberg herab – und der Feuersaum längs dem ganzen Horizont, wie werd ich's vergessen! – erst hingen wir einander im Arm, ganz still, und dann lag ich quer über Deinen Füßen; so dacht ich, Du schläfst, weil ich Dich hart atmen hörte, und wollt eben auch einschlafen. – Da fingst Du an zu reden (da hast Du's in Musik gesetzt):

Liebst du das Dunkel
Tauichter Nächte,
Graut dir der Morgen?
Starrst du ins Spätrot,
Seufzest beim Mahle,
Stößest den Becher
Weg von den Lippen,
Liebst du nicht Jagdlust,
Reizet dich Ruhm nicht,
Schlachtengetümmel,
Welken dir Blumen
Schneller am Busen,
Als sie sonst welkten,
Drängt sich das Blut dir
Pochend zum Herzen –

Ach, Du stocktest. Das hab ich meiner Ungeduld zu danken – zu hören, nein, zu fühlen Deinen süßen Wörtertanz, wie er sich mit vollem Busen sanft hinablehnte zu den Wellen, die ihn umfassen wollten und kühlen. – Ich konnt's nicht erwarten, daß Du weitertanztest Deiner Seele Tanz. – Und da war's vorbei: da macht ich einen Vers dazwischen, um Dich in Trapp zu bringen, Du sagtest: »Geh, du Esel« – da war's aus. – Ach, wieviel Melodien hab ich auf diesen Vers gesungen, alle Stimmungen hat er müssen aufnehmen; heut noch längs der Gartenwand schlug ich mit einem Stock ans Eisengitter, das dröhnte mir im Herzen wider, als wär's Herzpochen, und sang dazu so kühn, so laut, so schreivoll, als stünd mein Herz mitten in Flammen und eilte sich mit Pochen über alle Maßen. Weißt Du nicht weiter zu singen, was passiert, wenn sich das Blut pochend zum Herzen drängt? – oder willst mir's nicht sagen? – ich bin Dir dazu auch noch zu jung? – wenn du das meinst, dann will ich Dir beweisen, daß ich weit drüber hinausgreif und daß ich mehr weiß als viele, denen das Herz schon gepocht hat wie mir nicht. – Einmal erregt sich das Herzpochen durch Anlächeln – das hab ich aus eigner Wahrnehmung; gestern abend erst auf der Bank vor der Hoftür, da saß ich – es war elf Uhr, alles schlief, beim Nachbar brannte ein Nachtlämpchen.

Adieu, schlaf recht wohl, denn es ist elf Uhr, alles schläft wieder; ich will wieder mich auf die Bank setzen vor die Hoftür; es ist Vollmond, geht gleich auf, will ihn steigen sehen. Gute Nacht.

An die Bettine

Dein buntes Füllhorn fröhlicher Verschwendung erlöst mich vom Übel. – Gedanken sind mir oft lästig in der Nacht, die mir am Tage einen trüben Nachklang geben; so war's heute! – Dein jung frisch Leben, das Schmettern und Tosen Deiner Begeisterung und besonders Dein Naturgenuß sind Balsamhauch für mich; laß mir's gedeihen und schreib fort; auch Deine dithyrambischen Ausschweifungen, die so plötzlich der Flamme beraubt verkohlen, als habe sie ein mutwilliger Zugwind ausgeblasen, sind mir gar lieb. – – Bleib mir zulieb noch eine Weile bei der Geschichte; so wie Du es jetzt treibst, kann es Dir nicht lästig fallen, wenn sie auch jetzt Dir noch nicht viel Ausbeute gibt, so weißt Du sie doch ins Kunstgeflecht Deines Tags zu verwenden; ich seh Dich bald, George hat mir versprochen, mich im Gig mit hinauszunehmen; verbring Deine Nächte nicht ohne Schlaf, klettre nicht auf die Dächer und Bäume, daß Du den Hals nicht brichst, und denk, daß dies der Weg nicht ist, Deine Gesundheit zu stärken. Was sagt denn die Großmama dazu, ist sie damit zufrieden? –

Dem Clemens will ich gern von Deinen Briefen an mich nichts sagen, weil Du es nicht willst, und ich fühl auch, daß es nicht so sein kann, es wär Störung ohne Gewinn; er sieht Dich so ganz anders, ohne daß er Dich falsch beurteilt; nur sieht er in jedem Farbenstrahl Deines Wesens wie Diamanten, die er meint fassen zu müssen und doch nicht erfassen kann, weil es eben nur Strahlenbrechen Deiner Phantasie ist, die ihn und jeden verwirrt. Glaubst Du denn, daß ich ruhig bin, wenn Du so mit mir sprichst, von einem zum andern springst, daß ich Dich jeden Augenblick aus dem Auge verliere. Du hebst mich aus den Angeln mit Deinen Wunderlichkeiten! – Doch ich will nicht freveln! – Dein Lachen, das mich oft außer mir gebracht hat, womit Du mich beschwichtigen wolltest – nun, ich muß es mir gefallen lassen, daß Du mit allen Pfeilen wie ein armes Wild mich hetzest. – Und der Clemens, der mich immer spornt, mit Dir zu lernen, der immer von mir wissen will, was und wie Du es treibst. Dem es leid tut um jeden Atemzug, der von Dir verloren geht, der hingerissen ist von Deinen kleinen Briefen an ihn, wo Du ganz anders, wie ein Kind, schreibst, so fromm, und an mich so ausgelassen; was soll ich dem nur sagen? – Das eine tu mir nur und rappel mir nicht einmal vom Dach herunter mit Deinem Flageolett; hätt ich nicht Vertrauen in Gott, daß er weiß, zu was alles in Dir so ist und nicht anders, und daß es ja doch nur ihn angeht, da es sein Belieben war, Deine Seele so zu bilden. – Was sollt ich von Dir denken? – Clemens schreibt, Du müßtest fortwährend dichten und nichts dürfe Dich berühren als nur, was Deine Kräfte weckt; es ist mir ordentlich rührend, daß, während er selber sorglos leichtsinnig, ja vernichtend über sich und alles hinausgeht, was ihm in den Weg kommt, er mit solcher Andacht vor Dir verweilt; es ist, als ob Du die einzige Seele wärst, die ihm unantastbar ist; Du bist ihm ein Heiligtum; wenn er manchmal von Offenbach herüberkam, da war er ganz still in sich vertieft, wo sonst seine Koketterie fortwährend gespannt war; kleine Kritzeleien von Dir hat er oft sorgfältig aufgehoben, es wäre traurig, wenn du keinen liebenden Willen zu ihm hättest; schreib doch nicht mehr ›passiert‹, das Wort ist nicht deutsch, hat einen gemeinen Charakter und ist ohne Klang; kannst Du nicht lieber in den reichen deutschen Ausdrücken wählen, wie es der reine Ausdruck fordert. Vorgehet, ereignet, begibt, geschieht, wird, kömmt; das alles kannst Du anwenden, aber nicht: passiert. Ich muß Dir aber doch antworten, weiter passiert nichts. – Und Du weißt's ja schon alles besser, wie Du schreibst, da Du in der Nacht auf der Hofbank so große Abenteuer erfahren haben willst, die Dein Herz bewegten. Ich bin nicht bange, daß Du es mir nicht sagen solltest, wenn's wirklich was Erlebtes ist und Du Deine Lügen bis zum nächsten Brief nicht vergessen hast. – Dann auch bitt ich, daß du nicht mehr fluchst; Deine Briefe sind mir lieb, und Deine Extravaganzen alle sind mir verständlich und lieb; aber Worte, die Du bloß um zu prahlen hinzufügst, wie >Schwerenot<, und die keine Bedeutung haben in Deinem Mund, die kannst du ungesagt lassen; denn sonst glaub ich nicht, daß der Wohllautenheit und des Tanzes Genius Deine innern Erlebnisse begleiten. – Zweitens schieb mir nichts zu, was ich nicht verschuldet habe; des Abends auf der Burg erinnere ich mich deutlich, gerade wie Du ihn beschreibst; ich war auch sehr heimlich und bewußt, und bis zum andern Tag war die Stimmung mir geblieben von den Worten, die Du mit mir wechseltest; aber Esel hab ich Dich nicht geschimpft, das ist wieder eine von Deinen ungeeigneten Erfundenheiten – laß nichts dergleichen wieder auf mir belasten, ich bin empfindlich; im Anfang Deines Briefes nennst Du mich Muse, und am End läßt Du Deine Muse Dich Esel schimpfen; es wär zum Lachen, wenn's nicht zum Weinen wär, daß Du Deine eigene Muse so zu beschimpfen wagst. –

Karoline

An die Günderode

Drei Uhr morgens! – Hier bin ich – auf der Terrasse am Main; ich wollt als immer einmal hergehn in der Früh, wenn der Tag noch nicht auf den Beinen ist und Lärm macht; am Tag bin ich zerstreut, was mir immer wie Sünde deucht, daß ich Anteil nehm an was mich nichts angeht. – Aber in der Früh, da hab ich ein ganz lauter Herz und schäm mich nicht, die Natur zu fragen, und ich versteh sie auch; gestern abend war mir so wohl hier, wie Bernhards Schiff mit der Harmonie hin und her fuhr auf dem Main; die meisten Leute waren nachgefahren auf Nachen, wir blieben am Ufer, ich hatt mich ganz in die Ecke gesetzt, da steht ein großer Zitronenbaum, es war Wetterleuchten, aber die Hitz war doch nicht abgekühlt, und die Blüten vom Baum wetterleuchteten auch, oder sollt ich mich getäuscht

haben? – denn ich war eingeschlafen über der Musik, und wie ich auf-
wachte, da sah ich ganz verwundert, wie der Zitronenbaum Flammen
hauchte aus den Blüten. – Ich kann's doch nicht geträumt haben? – Denn
ich guckte eine ganze Weile zu, bis ein leiser Regen kam; da gingen wir
nach Haus. Wer weiß, was doch alles vorgeht in der Natur, was sie uns ver-
birgt. Der Mensch hat ja auch als Gefühle, die er nimmer wollt belauscht
haben. Daß aber der Baum über mir fortleuchtete, wie ich mich besann
und ihm zuschaute, das ist mir so lieb; – ich konnt nicht schlafen im Bett,
es war mir zu wohl dort gestern, wo ich den Herzschlag der Natur fühlte
und wo sie mit ihren Blumen mich anflammte. Im Dunkel haucht man die
Lieb aus und schämt sich nicht vor dem Schatz, weil's dunkel ist. – Nun
bin ich mit Zagen hergeschlichen, heimlich, daß es nicht gewußt sei, wie
auch jenes Leuchten nicht gewußt ist. – Erst greinte die Hoftür, aber heut
abend will ich sie salben, wie der Properz, wenn er einen Liebesweg vorhat;
dann krachte die Gartentür, dann schnurrte der Kies unter den Füßen. –
Man scheut das Gebüsch zu wecken, so still ist alles mit Ruh gedeckt. Die
verschlafnen Federnelken schuckern zusammen im frühen Tau, und mich
schauert auch das stille Wirken der Natur, hier über der schlafenden Welt,
obschon der Wind nicht so scharf ist, der den Tag heraufweht. Heut ist
doch ganz milde; gestern abend war der Himmel grün und mischte sich
mit dem Rot, das vom Untergang heraufzog, unten waren Purpurstreifen
und violett mit Feuer umsäumt; dann kam die Nacht herauf. – Heut früh
schlagen die Morgenwolken ihre Feuerflügel um Euern schwarzen Dom;
man denkt als, sie wollten ihn in der Glut verzehren; dazu schmettern die
Nachtigallen, und das blaue Gebirg drüben, so stolz und kühl! – das alles
freut mich besser als Weisheit, hier unter dem Zitronenbaum, der gestern
Flammen und heut Tränen über mich schüttelt.

Und jetzt geh ich, Dir hab ich alles eingeprägt, das ist nicht ausgeplau-
dert; mich lockt's, damit es nicht vergessen sein soll, daß ich Dir's vertraut hab.

Nr. 2. Am Abend

Heut ist der Jud erst um sieben Uhr kommen.

Mit der Großmama bin ich im besten Vernehmen; solang die Tante im
Bad ist, bleib ich hier; es gefällt ihr, daß ich gern bei ihr bleib; ich hab aber
noch so manch andres, was mich anzieht, wovon sie nichts weiß. Heut
morgen kam ich dazu, wie der Bernhards Gärtner mit einem Nelkenheber

die dunkelroten Nelken in einen Kreis um einen Berg von weißen Lilien versetzte; in der Mitte stand ein Rosenbusch. Diese Früharbeit gefiel mir wohl und hab mit Andacht dabei geholfen; der Dienst der Natur, der ist wie Tempeldienst. Wenn der Knabe Jon vor die Tempelhalle tritt und die ziehenden Störche bedeutet, daß sie ihm die Zinne des Tempels nicht verunreinigen sollen, wenn er dann die Schwelle mit kühler Flut besprengt, die Halle fegt und schmückt, so fühl ich in diesem einsamen Tagwerk ein hohes Geschick, vor dem ich Ehrfurcht habe. Ach, ich möcht ein Knab sein, Wasser holen in der Morgenfrische, wenn alles noch schläft, den Marmor polieren von den Säulen, meine Götterbilder still bedeutsam waschen und alles reinigen vom Staub, daß es leuchte im Dämmerlicht; dann nach der Arbeit die heiße Stirn auf die kühlen Stufen legen und ruhen, in heimlichem Genügen; ruhen die Brust, die schwillt von Tränen, daß es so schön ist in der dämmrigen Stille im Tempel; so scheint mir auch die heutige Arbeit ein Tempeldienst der Natur; denn ihre Blumen in Kreisen schön verschlingen, ist das nicht ihr gedient? – Die Blumen, die ihren Duft untereinander schwenken in so dichter Fülle, ist denen nicht ein schönerer Frühling bereitet? – denn was uns schöner ist in der Natur, ist das nicht auch ihr selber schöner? – Und ihre Bäume vom Moos reinigen, in nachbarliche Reihen pflanzen, ihre Blumenkelche füllen, ist das nicht ihrem Willen sich hingeben? – Läßt sie die Sorge nicht gedeihen und gibt der Früchte vom gepfropften Reis mehr und schöner und süßer dafür? – Tempel und Natur, friedliche Nachbarn, Freunde! wie ich und Du, teilen ihre Gaben wie ich und Du. – Vom Frühling bis zum Winter – (da hast Du mein Gelübde) teil ich mit Dir, wie mit dem Tempel der Naturgarten, der ihn umzieht – im Frühling hast du meine Keime, die alle dicht um Dich her aufwachen. Im Sommer wilder Vögelgesang, der anschlägt in einsamer Nacht an Deinen verschloßnen Pforten, und dann in der Ferne auch, wenn die Pilger heimziehen, die am Tag Deinen Göttern huldigten, da glühen die Blumen am Weg von mir zu Dir. – Im Herbst, da roll ich meine Früchte zu Dir hin, leg sie auf Deinen Altar, und den Honig meiner Bienen, die Dich umsummen, bewahr ich in Deinen Opferschalen. Dann rausch ich die falben Blätter herab auf Deine Stufen, die umtanzen Dich im Winterwind, begraben sich unterm Schnee, den meine belasteten Äste auf Dich niederstürzen; dann braust es draußen und stürmt, aber meine Seele wohnt in Dir und pflegt Dich, gibt der Lampe reines Öl zu, die Deine stille Halle erleuchtet, und die Sterne vom hohen Firmament herab leuchten über Deiner Zinne. Still ist's dann, und verlassen von allen Menschen sind wir, die gebannten Wege verschneit, allein in Dir zu wohnen, wenn wir des Lebens Grenzen miteinander ermessen haben. – Wie die Natur eingeht zum Tempel im Winter und ruht da im Gottfühlen aus, das nennen die Menschen Winterschlaf; dann kehrt sie wieder mit neuer Blütekraft und taut und duftet den eingesognen Himmelsatem, und ewig ist der Tempel Gottes angehaucht von der Liebe der Natur.

Ich schreib's dahin, daß mir's so wohl ist heut, weil die Sonn mir auf's Papier scheint und meine Gedanken beleuchtet; da lese ich so deutlich in meinem Herzen. –

Der Gärtner ist so gut, er suchte mir aus allen Büschen die schönsten Blumen heraus; der Strauß ragte mir über den Kopf mit schönem Bandgras, auch frisches Laub dabei und vom Lärchenbaum und von der Scharlach-Eiche. Dieser Baum ist, was man schön gewachsen nennt, er streckt sein scharlachrotes Laub in die blaue Luft hinaus zum Tanzen, der leiseste Wind bewegt ihn. – Im Heimgehn hatt ich Gedanken, die mich ergötzten, an denen mir gelegen ist, daß sie wahr sein möchten; sie waren nicht in mich gepflanzt, sie wuchsen von selbst auf wie jene Blumen auf der Heide. – Morgenstund hat Gold im Mund – wär ich nicht früh drauß gewesen, so hätt ich sie nicht denken können. – Natur ist lehrsam; wer ihre Lehrstund nicht versäumt, der hat zu denken genug; er kriegt die trocknen Lebenswege gar nicht unter die Füße, auf denen andern die Sohlen brennen. Was hast du zu sorgen um mein Nachtwachen? – So viel Blumen, die nur des Nachts duften! – Müssen denn alle Menschen in der Nacht schlafen? – können sie nicht auch wie der Nachtschatten und Viola matronalis am Tag schlafen und nachts ihren Duft aushauchen? – Warum sind manche Menschen so unaufgeweckt und können nicht zu sich selbst kommen am Tag, als weil es Nachtblüten sind; aber die leidige Tagesordnung hat sie aus den Angeln gerückt, daß sie kein Gefühl haben von ihrem Naturwillen. – Drum verlieben sie sich auch verkehrt, weil ihre Sinne ganz verwirrt sind. Manche Leut sind nur gescheut zwischen Licht und Dunkel, am Abend verstehen sie alles, morgens haben sie lebhafte Träume, am Tag sind sie wie die Schaf; so geht mir's, mein Wachen ist früh, ich muß dem Sonnengott zuvorkommen, wie jener Tempelknabe seinen Tempel reinigen – dann kehrt er ein bei mir und lehrt mir Orakelsprüche – alles paßt – fügt sich, wollt ich sagen – auch daß ich immer so unaufgeweckt bin, wenn der Geschichtslehrer kommt in der Mittagsstund; das ist gerad meine verschlafenste Zeit. – Du bist auch keine Tagsnatur; Dein Wachen deucht mir anzufangen, wenn der Taggott sich neigt und nicht mehr so hoch am Himmel steht – Dir neigt er sich herab, und wandelst anmutig mit ihm die Bahn vom späten Nachmittag zum späten Untergang, und winkt Euch noch mit Eurer Gewande Saum fernhin; dann leuchtet der Abendstern zu Deinen Nachtgedanken von ihm, und wogst einsam in der Erinnerung, wie die Meereswelle am Fels wogt zur Zeit der Flut und ihn abspült von den Gluten, die ihm der Tagesgott eingebrannt hat zur Zeit der Ebbe. Der Jud kommt, adieu. Was hast Du denn, das Dich so unmutig macht; laß Dich anhauchen von meinem Brief. Savignys sind noch drei Wochen auf dem Trages, geh doch hin. Aber, >Teufel, Donnerwetter< ist das auch geflucht? Darf ich das auch nicht sagen? –

Vom Clemens glaub doch nicht, daß ich ihn belüg; ich bin anders mit ihm in meinen Briefen, weil ich so sein muß. In Bürgel die kleine Orgel hat elf Register, groß und kleine Choralstimm, Harfenstimm, Trompeten- stimm, Posaunenton, schnurrende Engelsstimm, was weiß ich alles – und vox humana, der Hofmann hat mir gestern eine halbe Stund lang davon erzählt, und daß es Orgeln gibt, die dreißig Register haben; er sagt, meine Kehl wär wie so eine Orgel, ich zög allemal ein ander Register, wenn ich sanft oder begeistert sing oder schmetternd, wenn ich tob oder bewegt, wenn's zum Seufzen stimmt in meiner Brust oder gewaltig, wenn mir's ist, als ob ich's allein alles zwingen müßt. – Das hat der kleine Kerl alles gewußt; er hat mir zugehört gestern abend, wie ich einen homerischen Hymnus an die Diana ableiere auf dem Dach, weil's Vollmond ist. Das deuchte mir so schön, dieser Göttin einen vollen strömenden Gottesdienst aus meiner Brust zu halten, daß ich nicht dran dachte ans Belauschen und hab recht geschmettert. – Der Hofmann sagt, es war zum Verwundern. – Nun, ich mein, der Clemens zieht immer das Register der Kinderstimm aus meiner Brust. – In Frankfurt, in der Gesellschaft beim Primas, da prädominiert die quarrende Engelsstimm. Bei Dir da muß ich immer das Gewalts-Po- saunenregister mit Gewalt mit der sanften vox humana unterdrücken.

An die Bettine

Mit dem Clemens versteh ich Dich oder ahne doch, wie es zusammen- hängt; ich hab auch gar nicht die Idee, daß es anders sein solle, nur über das, was er von Dir sagt, wie er Dich ausspricht, und das geschieht oft, ist mir manchmal so wunderlich zumut, weil er ganz prophetisch Dich durchsieht; andre Leute sagen, er schneide auf, und das ist auch eigentlich so, aber er trifft die Wahrheit, wie ich unter allen allein es am besten weiß. – Dann, um seine Extravaganz zu beweisen, fällt wohl alles hinter seinem Rücken über Dich her, was in seiner Gegenwart man nie wagt, wo man immer stillschweigt; mir ist's oft peinlich gewesen, über Dich urteilen zu hören, jetzt aber hab ich diese kleinliche Ängstlichkeit überwunden. Gestern war Ebel, St. Clair, Link, die Lotte und ich im kleinen Kabinett bei der Tonie; da ich weiß, wie weit die Pfeile vom Ziele ablenken, die man gegen Dich schnellt, so hatt ich keine Furcht um Dich; Ebel ist nicht aus persönlichem Widerwillen, sondern aus Abgeneigtheit seiner Natur wider Dich. Und weil er während dem Hiersein von Clemens immer am meisten erdulden mußte, da er aus Zaghaftigkeit seinem Eifer nie auszuweichen wagte, so ist's ihm nicht zu verdenken, daß er jetzt mit vollem Genuß sich schadlos halte. St. Clair schüttelte mit dem Kopf und sah mich an, weil die Lotte perorierte: gänzlicher Mangel an historischem Sinn und gar keine Logik beweise, daß Du ein Narr seist. Er sagte: Gebt ihr eine Fahne in die Hand und laßt sie uns voranschreiten, so führt sie uns sicher, trotz ihrem Mangel an historischem Sinn, zu einem gesunden Wendepunkt der Geschichte. Möcht Ihr mit Eurer Logik in Gefahr schweben, so wird sie ihr entgehen lehren, so unlogisch sie's nach Eurer Weise auch anfangen würde. Und geht doch, sagte er, mit Eurem Weisheitsurteil über ein Naturkind, das von ihr nicht stiefmütterlich behandelt ist; es ist ihr an der Stirne geschrieben, daß ihr keine Sorge zugemessen ist. Er reichte mir die Hand, er sah mir's an, daß es mich freute; auf der Lotte ihre breite Rede, die nun mit verdoppeltem Eifer sich durchdrängte mit ihrer Weisheit, sagte er nichts weiter und keiner; das Gespräch ging aus wie ein Licht, das ein starker Windzug ausgeblasen. – Um so mehr bin ich geneigt, Dich vor allen zu verschweigen. – Der Clemens er wird Dich einst nach hundert Jahren auf dem Berge Arafat finden – wie Adam, als er nach seiner Verbannung aus dem Paradiese die Eva aus den Augen verlor, die in der Nähe von Mekka auf jenem Berge weilte, er aber auf Serendib oder die Insel Ceylon verschlagen war; er kannte sie wohl, ihre Seele war in seine Seele eingeprägt, und suchte sie fleißig; oft auch redete er die wilden Tiere an und die Gewitter auf den Bergen und die Vögel, daß, wenn sie hinziehen und ihr begegnen, sie sollen sie ehren; und so suchte er nach ihr und sprach von ihr zu dem Gevögel und den Pflanzen und Tieren des Waldes, bis der Engel Gabriel den Adam auf den Gipfel jenes Berges bei Mekka führte, wovon der Berg seinen Namen Arafat, heißt auf arabisch: Erkennen, erhielt. – Auf welchem die Pilgrime von Mekka am Tage Arafah, dem neunten im letzten Monat des arabischen Jahres, ihre Andacht auf diesem Berge verrichten. Mag denn Clemens wie Adam den Untieren und Bergklüften von Dir vorpredigen, ich bin zufrieden unterdes, daß du mich zum Hüter Deiner verborgnen Wohnung bestellt hast und mich zum Kerbholz Deiner heimlichen Seligkeiten machst; ich möchte Dir immer stillhalten, so anmutig fühle ich mich bemalt und beschrieben von Deinen Erlebnissen; versäume nichts, schreib mir alles, wie wenn es gesungen wär, wo Du auch keinen Ton auslassen darfst, ohne die Harmonie zu zerstückeln, ich werd gewiß stillhalten und stillschweigen. Und die Gedanken, >die Dich ergötzen, von denen Du wünschest, daß sie wahr sein mögen, und die von selbst in Dir aufwachsen<, willst Du sie nicht auch aufzeichnen für mich? – Ich warte alle Tage auf Deine Briefe, mir bangt immer, Du mögest einen Tag überschlagen; bis jetzt warst Du sehr gütig gegen mich – ich geh mit Zuversicht, wenn ich abends nach Hause komme, und fasse den Brief auf meinem Kopfkissen, wo er hingelegt wird von der Magd, im Dunkeln und halt ihn, bis Licht kommt – im Bett lese ich ihn noch einmal, das macht mir gute Gedanken, ich bin auch jetzt ganz heiter, nur kann ich selbst nichts tun. – Deine Erzählungen und Ahnungen beschäftigen mich, ich träum mich in den Schlaf, in dem ich Dir alles nachfühle und nachdenke. Ich hab einen innerlichen Glauben an Deine Schwindeleien von mir; ich ging heut hinaus vors Gallentor, als der Sonnengott hinabstieg, weil Du meinst, es sei meine Zeit mit ihm; ich war auch da ganz durchdrungen von seiner großen Gegenwart, allein beim Nachhausegehen verdarben mir zwei Frankfurter Philister die Andacht, die hinter mir gingen und von Dir und mir sprachen; die Frau sagte zum Mann: Im Stift wird dem Mädchen noch ganz das Konzept verdorben, daß sie am End gar närrisch wird; sie ist so schon zu allen Tollheiten aufgelegt, sie soll im Stiftsgarten immer aufs Dach steigen vom Gartenhaus oder auf einen Baum und von da herunterpredigen – und die lange G...s, die Günderode, steht unten und hört zu. – Jetzt gingen sie an mir vorüber, ich erkannte die Frau Euler mit ihrer Tochter Salome und den Doktor Lehr; der erkannte mich in der Dämmerung und sagte es ihr; sie blieb stehen und sah mich an, bis ich wieder an ihr vorbeigegangen war, was doch gewiß noch dummer war, als wenn ich unterm Baum stehenblieb, wo Du predigst. – Teufel und Donnerwetter ist auch zum Fluchen üblich, hat aber einen anregenden kriegerischen Geist, also unter gewissen Bedingungen, wenn zum Beispiel Du jenes Banner wehen ließest, das St. Clair, Dir Glück und Heil vertrauend, überantworten wollte, allen Philistern zum Trotz, dann magst Du Deiner Zunge den Zügel schießen lassen, bis dann aber lasse Deinen Mut nicht in vergeblichen Ausbrüchen verrauchen.

Adieu! Am Märchen schreib ich nicht. – Der vergißt mit dem Pflug umzudrehen, über den Sternen, die er im Wasser blinken sieht. Leb wohl und gedenke meiner.

Karoline

Die Ursache, warum der Streit angegangen war über Dich, war ein Brief von Dir, den Du im achten oder neunten Jahr kurz vor Deines Vaters Tod aus dem Kloster an ihn geschrieben hattest, und der Deinen Vater sehr gefreut haben soll, so daß er ihn in seiner Krankheit oft gelesen; St. Clair hatte ihn vom Clemens, der ihn aufbewahrt, abgeschrieben und sagte, in diesem Brief läge Deiner ganzen Anmut Keim. Das wollte die Lotte nicht zugeben und meinte, es sei lächerlich, nur ihn als Brief zu rühmen, der Clemens verdrehe Dir den Kopf. Der Brief lautete wie folgt, da magst Du selbst Dich beurteilen: Lieber Papa! Nix – die Link (da war eine Hand mit der Feder gezeichnet) durch den Jabot gewitscht auf dem Papa sein Herz, die Recht (wieder eine Hand gemalt) um den Papa sein Hals. Wenn ich keine Händ hab, kann ich nit schreiben

Ihre liebe Tochter Bettine
Fritzlar 1796, am 4ten April

Was mich verstimmte, war, daß die Lotte den Brief fortwährend mit gellender Stimme vortrug und die Dummheit eines achtjährigen Kindes und die Liebe des verstorbenen Vaters nicht schonte; ich warf dem St. Clair vor, daß er ihn herausgegeben hatte; ach! sagte er, ich hab's schon hundertmal bereut. – Man kann ihr auch einst zurufen wie dem Simson: Bettine, Philister über Dir; zum Glück liegt ihre Stärke nicht in den Locken, die man abschneiden kann, sondern im Geist, und der wird sich nicht gefangengeben. Gelt, das ist ein gut Geschichtchen; ich glaub, der St. Clair liebt Dich; die Lotte meinte, Du habest letzt auf der Gerbermühl eine so lange Unterhaltung heimlich mit ihm gepflogen.

An die Günderode

Vor ein paar Jahren wohnte hier nebenan in dem jetzt leerstehenden
Haus ein Mann, der war aus der Fremde gekommen, ich glaub, es war
die Schweiz, der tat Wunder mit seiner Willenskraft; bei Tisch war viel
die Rede, er könne mit seinem Blick die kranken Menschen zum Schlafen bringen, daß die ihm dann über ihre Krankheit im Schlaf mitteilen,
wie man sie heilen könne, und daß sie auch hellsehen in die Zukunft und
in die Vergangenheit, beim Erwachen aber nichts mehr davon wissen –
dieser Mann hatte mir was Geheimnisvolles, da die Leute so unheimlich
von ihm sprachen. Auf einer Rasenbank an der Gartenwand konnt ich in
seinen Garten sehen, wo er im Mondschein auf und ab wandelte; er kam
auf mich zu und reichte mir ein paar Erdbeeren über die Wand und sagte:
»Esse sie mit Bedacht und koste sie recht, so hast du mehr davon, als
wenn du einen ganzen Korb voll unbedachtsam ißt.« – Ich stieg von der
Bank mit meinen Erdbeeren und aß eine nach der andern, verwundert
über den freundlichen Mann. Und am andern Tag, wie ich ihn im Garten wandeln sah, ging ich wieder hin; er kam und reichte mir die Hand,
die hielt ich fest und sagte: »Die Erdbeeren hab ich geschmeckt.« –
»So? – Nach was schmecken sie denn?« – Nach schönem Wetter und
ganz fruchtbarem Erdboden. – Dem Mann gefiel die Antwort, er sagte:
»Jetzt ist's zu dunkel, aber morgen bei Tag nehme ein Blatt von einem
Baum oder sonst von einer Blume und halte es so, daß die Sonnenstrahlen durchschimmern, da wirst du eine Menge Gefäße drin erkennen, die
vom Licht durchströmt sind; so ist es auch mit deinem kleinen Kopf,
er ist geeignet, daß das Licht leichtlich durchströme und dich reife, daß
du auch dann schmeckst wie die Erdbeere, nach schönem Wetter, nach
Sonnen- und Mondstrahlen.« – Ich sagte ihm, daß ich gehört habe, er
schaue mit seinem Willen in die Menschen, daß sie denken müssen, was
er wolle. – Er sagte: »Ja, ich will immer, daß sie die Wahrheit denken von
sich – und da folgen sie ganz leicht, weil es ihrer Natur gemäß ist; von dir
will ich auch, daß du die Wahrheit denkst, die dir gemäß ist; wenn du dem
folgst, wirst du so manches in dir erleben, was dir vollauf genügt.« – Ich
redete noch mehr mit ihm – er sagte ein paarmal: »Du tust recht wunderliche Fragen, aber ich muß immer ja dazu sagen, denn sie sind wahr.«
Er ehrte mich noch mit manchen freundlichen Lehren, ich hab ihn nicht
mehr gesehen und hab auch nichts mehr von ihm gehört, er war wenige
Tage darauf weggezogen, man wußte nicht wohin. – Es wurde noch man-

cherlei von ihm gesprochen, als sei er ein Betrüger; ich nahm mir das nicht an, ich hielt am Wort, was er mir gesagt hatte, daß die Sonne und Mond mich wollten wohlschmeckend machen, obschon es mir beinah so ging wie den andern, die beim Erwachen nichts mehr wissen; ich konnte mich nicht mehr auf das besinnen, was ich mir doch gewiß vorgenommen hatte, nicht zu vergessen. Aber wenn mir so Gedanken kommen, die mich belehren, da denk ich manchmal auf den Mann zurück; ich möchte sie zwar gern behalten oder aufschreiben, aber sie ziehen mich immer weiter, und um den nächsten nicht zu versäumen, muß ich den früheren aufgeben; so ist's, daß ich nicht anders kann; es muß doch so in der Natur des Lichts liegen, was den Menschen durchströmt und ihn nährt, wie die Sonnenstrahlen die Pflanze – daß das frische Licht immer das frühere verdrängt wie im Strom eine Welle die andere; so mag es denn hingehen, daß ich kein Buch schreiben kann wie der Clemens will; ich müßt ein Herbarium machen und sie trocknen, daß ich sie könnt nebeneinander hinlegen; unterdessen würden so manche Blumen verblühen, das will ich nicht; weil ich aber auf Dich gerichtet bin, fliegen so manche Gedanken auf zu Dir von selbst. Ja, sie kommen sogar zwischen uns, wenn ich mit Dir bin. Du bist eben gar nicht wie ein Mensch, der mich fassen und halten will, Du bist wie die Luft, der Sonnenstrahl fährt nieder durch Dich in meinen Geist, so hell bist Du.

Die Eule, die Jungfer Salome, der weise Meister im Abendschein, eine Vision des Philistertums, in dessen Geist sie versammelt waren.

In der Bibliothek hab ich heute einen geschnittnen Stein gefunden; der blecherne lackierte Kerl, der heut aus Homburg herüberkam, der G.r.g., der die Welt durchs Perspektiv beguckt, um alles zu durchschauen (zufällig passiert nichts vorm Guckloch), erklärt den Stein für antik; sonst wollt die Großmama mir ihn schon schenken für Dich. – Daphnis vom Apoll verfolgt, wurzelt fest mit der flüchtigen Sohle und sprießt in Lorbeer auf. Das paßt so schön auf Dich. Dein Schicksal, Du siehst's vor Augen. Geliebt, verfolgt, umfangen vom Gott der Musen und dann ewig immerdar goldne Keime aufschossend und der Dichter reiner Orden, der Dich umwandelt, mit Dir sich zu berühren, das ist kein Philistertum; solche, Geschicke, wie heilige Gefäße, umfaßten ein Menschenleben zur Zeit der Griechen. (Ist mir doch, als spräch ich mit Deinen Lippen.) Aber heut! aber ich – Mein Kopf ein Feld, das brachliegt – ich wandle zwischen Hecken, seh jede Erdscholle benutzt, der Salatkopf in der Mitt, die

Bohnenstangen oben drüber, und mir bangt, daß ich nicht angepflanzt bin; ich denk, daß Du Dir Müh gibst mit mir, daß es nichts hilft. Nachts denk ich als, wenn die Sonn aufgeht, will ich lernen; am Tag wollt ich, die Nacht käm doch, daß ich allein wär und könnt mich selbst verstehen, ich armes Käuzlein kleine.

Und stiftete das große medopersische Reich. – Da sind wir geblieben, da hab ich ein groß Medusenhaupt in mein Geschichtbuch gezeichnet mit aufgesperrtem Rachen; fräß es doch die ganze alte Geschichte mitsamt dem Arenswald auf. Ich war so froh über die Pfingsttage – eine ganze Woche war er ausgeblieben, ich hatte mich so schön entwöhnt! – Die Perser, von den Griechen Cephonen genannt, von Cepheo, dem Sohn Belli, dessen Tochter Andromeda Perseus, der Sohn Jupiters und der Danae, geehelicht; ich glaub, der Kerl hat gefautelt, ich mein den Geschichtslehrer. Wird ein Götterjüngling ein Philister sein und ehelichen. Indes meldet Arenswald einen Sprößling dieser Ehe, der das Cephonenland beherrscht unter dem Namen Persien; Cyrus vereint's mit Medien, erobert Babylon, Kleinasien, bleibt in der Schlacht gegen die Königin der Masageten. Ich frag gar nicht mehr, wer und woher – wer kann das Volk all im Kopf behalten. – 3458, Cambyses erobert Ägypten, bekriegt die Äthioper, der Magier Smerdis schwingt sich auf den Thron und hätt das Land bezaubern können; die Großen des Reichs, zu eselhaft, von einem Zauberer sich beherrschen zu lassen, entthronten ihn durch Mord. – 3462, Darius Hystaspis bezwingt Babylon im Aufruhr, erobert Thrazien, Mazedonien, Indien. – Sein Sohn Xerxes bezwingt Ägypten im Aufruhr, zieht gen Griechenland, wird besiegt – heimkehrend ermordet. Artaxerxes schließt Frieden; sein Feldherr kehrt die Waffen gegen ihn, wird vom II. Xerxes unterjocht; Sogdian aber mordet seinen Bruder Xerxem; Ochus aber mordet seinen Bruder Sogdian, beherrscht als II. Darius Persien; der zweite Artaxerxes aber mordet seinen Bruder Ochus, zerstört das Reich; der dritte Artaxerxes aber mordet seine Brüder alle, erobert Ägypten; Togoas aber ermordet den III. Artaxerxem. – Togoas aber mordet dessen Sohn Aestes und den größten Teil der königlichen Familie, damit's gleich in einem hingeht (Bemerkung des Lehrers); der Statthalter aber mordet den letzten Königssprößling Darius Codomanus. Zweihundertfünfundzwanzig Jahre bestand die Fürstenschlachtbank von Persien. Alexander kommt und beherrscht's 3654. – Der Lehrer sieht mir den Ärger über seine lederne Geschichte an, reißt aus; Gott weiß, wie's

110

zuging, daß die Tür seine Hosen faßte, es blieb ein Fetzen dran hängen; jetzt muß ich ihm für seine Mordlitanei noch eine Gratifikation geben, damit er sich ein Paar neue kaufen kann. – Clemens verfolgt mich mit Bitten, daß ich Bücher oder Verse oder Erlebnisse und Erinnerungen aus dem Kloster aufschreiben soll. – Da hast Du seinen Brief. – Der Abgrund der vermoderten Geschichte unter mir, der unerreichbare Sternenhimmel über mir – und nachts Gedanken, die mir den Kopf zerbrechen.

(Am 10.)

Heut morgen hab ich Deinen Brief beim Frühstück der Großmama vorgelesen; sie ist schon so alt, sie nimmt's all mit ins Grab, sie hat Dich so lieb, sie sagt, Du wärst die edelste Kreatur, die sie je gesehen, und dann sprach sie von Deiner Anmut; sie spricht immer Schwäbisch, wenn sie recht heiter ist. »Siehst, Mädele, wie anmutig und doch gar bequem Deine Freundin ist.« – Sie ist wirklich liebreizend, und da las ich ihr auch meinen Brief vor; sie sagt: »Du bischt halter e verkehrts Dingele«, und dann hat sie mir den Stein mit der Daphnis doch geschenkt für Dich; ich lasse ihn fassen, Du mußt ihn tragen und mußt nicht sagen, von wem er ist. – Was ist Dein Brief voll schöner Geschichten, nur der Clemens ist doch mein Adam nicht; dies prophezeist Du schlecht, daß er mich erst nach hundert Jahren auf dem Berg der Erkenntnis treffen werde. Ich hab ihn so lieb; so lang kann ich nicht Versteckelches mit ihm spielen, und doch hast du vielleicht recht, um nächsten Brief will ich's sagen: aber dem Clemens fall ich um den Hals und küß ihn, da hat er mich, wie ich bin. Aber! es geht ein Weg – der führt in die Alleinigkeit. – Ist der Mensch in sein eignen Leib allein geboren, so muß er auch in seinen Geist allein geboren sein. – Der St. Clair ist gut, voll Herz; er wollt ja zum kranken Hölderlin reisen – er soll doch hin! nach Homburg – ich möcht wohl auch hin. – Er sagt, es würde dem Hölderlin gesund gewesen sein; ich möcht wohl, ich darf nicht. – Der Franz sagt: »Du bist nicht recht gescheut, was willst du bei einem Wahnsinnigen? willst Du auch ein Narr werden?« – – Aber wenn ich wüßt, wie ich's anfing, so ging ich hin, wenn Du mitgingst, Günderode, und wir sagten's niemand, wir sagten, wir gingen nach Hanau. Der Großmama dürften wir's sagen, die litt's; ich hab heute auch mit ihr von ihm gesprochen und ihr erzählt, daß er dort an einem Bach in einer Bauernhütte wohnt, bei offnen Türen schläft und daß er stundenlang beim Gemurmel des Bachs griechische Oden hersagt; die Prinzeß von Homburg hat ihm einen

Flügel geschenkt, da hat er die Saiten entzweigeschnitten, aber nicht alle, so daß mehrere Klaves klappen, da phantasiert er drauf; ach, ich möcht wohl hin, mir kommt dieser Wahnsinn so mild und so groß vor. Ich weiß nicht, wie die Welt ist, wär das so was Unerhörtes, zu ihm zu gehen und ihn zu pflegen. Der St. Clair sagte mir, »ja, wenn Sie das könnten, er würde gesund werden, denn es ist doch gewiß, daß er der größte elegische Dichter ist; und ist's nicht traurig, daß nicht ein solcher behandelt werde und geschützt als ein heiliges Pfand Gottes von der Nation«, sagte er; »aber es fehlt der Geist, der Begriff, keiner ahnt ihn und weiß, was für ein Heiligtum in dem Mann steckt; ich darf ihn hier in Frankfurt gar nicht nennen, da schreit man die fürchterlichsten Dinge über ihn aus, bloß weil er eine Frau geliebt hat, um den Hyperion zu schreiben; die Leute nennen hier lieben heiraten wollen, aber ein so großer Dichter verklärt sich in seiner Anschauung; er hebt die Welt dahin, wo sie von Rechts wegen stehen sollte, in ewiger, dichterischer Fermentation; sonst werden wir nie die Geheimnisse gewahr werden, die für den Geist bereitet sind. Und glauben Sie, daß Hölderlins ganzer Wahnsinn aus einer zu feinen Organisation entstanden; wie der indische Vogel in einer Blume ausgebrütet, so ist seine Seele, und nun ist es die härteste rauhe Kalkwand, die ihn umgibt, wo man ihn mit den Uhus zusammensperrt; wie soll er da wieder gesund werden. Dieses Klavier, wo er die Saiten zerrissen, das ist ein wahrer Seelenabdruck von ihm; ich hab auch den Arzt darauf aufmerksam machen wollen, aber einem Dummen kann man noch weniger begreiflich machen als einem Wahnsinnigen.« – Er sagte mir noch so viel über ihn, was mir tief durch die Seele ging, über den Hölderlin, was ich nicht wieder sag, und ich hab mehre Nächte nicht schlafen können vor Sehnsucht hinüber nach Homburg; ja, wollt ich ein Gelübde tun, ins Kloster zu gehen, das könnt doch niemand wehren; gleich wollt ich das Gelübde tun, diesen Wahnsinnigen zu umgeben, zu lenken, das wär noch keine Aufopferung; ich wollt schon Gespräche mit ihm führen, die mich tiefer orientieren in dem, was meine Seele begehrt; ja, gewiß weiß ich, daß die zerbrochnen unbesaiteten Tasten seiner Seele dann wieder anklingen würden. Aber ich weiß, daß es mir nicht erlaubt würde. So ist es, das natürliche Gefühl, was jedem aus der Seele tönt, wenn er nur drauf hören wollte (denn in jeder Brust, auch in der härtesten, ist die Stimme, die ruft: hilf deinem Bruder), diese Stimme wird nicht allein unterdrückt, sondern auch noch als der größte Unsinn gestraft, in denen sie sich vernehmlich macht. Ich mag gar von Religion und von Christentum nichts mehr hören, sie sind Christen geworden, um die Lehre Christi zu verfälschen. – Brocken hinwerfen und den nackten Leib decken, das nennt man Werke der Barmherzigkeit – aber Christus in die Wüste folgen und seine Weisheit lernen, das weiß keiner anzufangen. – Bildungsflicken hängt man einem auf, mit denen man nichts anzufangen weiß, aber die Tiefe und Gewalt eines einzigen Seelengrundes zu erforschen, da hat kein Mensch Zeit dazu; glaubst Du denn nicht, daß ich statt dem Geschichtsgerümpel, wohl mit der größten Sammlung, mit der tiefsten Andacht hätte jenem folgen wollen, wenn er mir gelehrt hätte, wie er andern lehren mußte, um sein Leben zu gewinnen, und wahnsinnig drüber werden mußte. Wenn ich bedenk – welcher Anklang in seiner Sprache! – Die Gedichte, die mir St. Clair von ihm vorlas – zerstreut in einzelnen Kalendern – ach, was ist doch die Sprache für ein heilig Wesen. Er war mit ihr verbündet, sie hat ihm ihren heimlichsten, innigsten Reiz geschenkt, nicht, wie dem Goethe, durch die unangetastete Innigkeit des Gefühls, sondern durch ihren persönlichen Umgang. So wahr! er muß die Sprache geküßt haben. Ja, so geht's, wer mit den Göttern zu nah verkehrt, dem wenden sie's zum Elend.

St. Clair gab mir den Ödipus, den Hölderlin aus dem Griechischen übersetzt hat; er sagte, man könne ihn so wenig verstehen oder wolle ihn so übel verstehen, daß man die Sprache für Spuren von Verrücktheit erklärt; so wenig verstehen die Deutschen, was ihre Sprache Herrliches hat. – Ich hab nun auf seine Veranlassung diesen Ödipus studiert; ich sag Dir, gewiß, auf Spuren hat er mich geleitet, nicht der Sprache, die schreitet so tönend, so alles Leiden, jeden Gewaltausdruck in ihr Organ aufnehmend, sie und sie allein bewegt die Seele, daß wir mit dem Ödipus klagen müssen, tief, tief. – Ja, es geht mir durch die Seele; sie muß mittönen, wie die Sprache tönt, aber wie mir das Schmerzliche im Leben zu kränkend auf die Seele fällt, daß ich fühl, wie meine Natur schwach ist. So fühl ich in diesem Miterleiden eines Vergangnen, Verlebten, was erst im griechischen Dichter in seinen schärfsten Regungen durch den Geist zum Lichte trat und jetzt durch diesen schmerzlichen Übersetzer zum zweitenmal in die Muttersprache getragen, mit Schmerzen hineingetragen – dies Heiligtum des Wehtums – über den Dornenpfad trug er es, schmerzlich durchdrungen. Geweihtes Blut tränkt die Spur der verletzten Seele, und stark als Held trug er es herüber. – Und das nährt mich, stärkt mich; wenn ich abends schlafen gehe, dann schlag ich's auf und lese es, lese hier, dem Päan gesungen, den Klaggesang; den sing ich abends auf dem Dach vom Taubenschlag aus dem Stegreif, und da weiß ich, daß auch ich von der Muse berührt bin und daß sie mich tröstet, selbst tröstet. Oh, was frag ich nach den Menschen, ob die den Mangel an historischem Sinn und der Logik an mir rügen; ich weiß den Teufel, was Logik ist. – Und daß mir St. Clair so viel zutraut, daß ich die Fahne glücklich schwingen werde und sicher und die Besseren und Hohen unter ihr sammeln. – Sag ihm von mir, ich werde nicht fehlen, was mir einer zutraut, alle Kräfte dranzusetzen. Den kleinen Brief vom Papa hab ich ihm selbst geschenkt; er wollte ein Andenken von mir zum Gegengeschenk für den Ödipus, da hab ihn wählen lassen unter meinen Papieren; da hat er den hervorgezogen.

Lese hier den Klaggesang, dem Päan geweiht, ob's Dir nicht durch die Seele weint.

> *Weh! Weh! Weh! Weh!*
> *Ach! wohin auf Erden?*
> *Jo! Dämon! wo reißest du hin?*
> *Jo! Nachtwolke mein! du furchtbare,*
> *Umwogend, unbezähmt, unüberwältigt!*
> *O mir! wie fährt in mich*
> *Mit diesen Stacheln*
> *Ein Treiben der Übel!*
> *Apollon wars, Apollon, o ihr Lieben,*
> *Der das Wehe vollbracht,*
> *Hier meine, meine Leiden.*
> *Ich Leidender*
> *Was sollt ich sehn,*
> *Dem zu schauen nichts süß war?*
> *Was hab ich noch zu sehen und zu lieben,*
> *Was Freundliches zu hören? – ihr Lieben!*
> *Führt aus dem Orte geschwind mich,*
> *Führt, o ihr Lieben! den ganz Elenden,*
> *Den Verfluchtesten und auch*
> *Den Göttern verhaßt am meisten unter den Menschen.*

So hab ich mir die Zeilen zusammengerückt, sie zu singen, diese Leidensprache, und sie fesselt mich an seine Ferse, der sich Frevler nennt.

Wirf aus dem Lande mich, so schnell du kannst,
Wo ich mit Menschen ins Gespräch nicht komme.

In die Ferne sehend, nach dem Taunus, still getränkt im Abendschein, der die Nebel durchlichtet, die flüchtenden, die ihn umschweifen; – da denk ich mir das Grabmal selber ihm erkoren von Vater und Mutter, sein Kithäron. Da sing ich meinen Gesang hinüber, und der Wind spielt mich an, und gewiß, er bringt mein Lied hinüber zum Grab; mir ist's eins, ob der Zeiten Last sich drübergewälzt, doch dringt die Trän hinab, das Grab zu netzen; drang doch sein Weh herauf zu mir, und heute nur stieg's auf mir im Herzen, als ich die Laute dem Gott – die jammernden, der ganzen Welt geschrien – zaghaft in Musik verwandelte. – Und dort wohnt auch er, der die noch lebenswarme Brust voll Wehe, und gesäet voll der Keime des Dichtergottes, jetzt zermalmt im Busen die Saat – in aufseufzenden Tönen herübertrug ins Mutterland, und wärmte – das Jammergeschick des Zwillingsbruders – in der Liebe, die aus der Verzweiflung Abgrund ihn mit heißer Begierde heraufrief, das müde, jammervolle Haupt sanft zu lehnen, zusammen mit dem Geschick, das ausgeblutet hat. Ja, wer mit Gräbern sich vermählt, der kann leicht wahnsinnig werden den Leben-den – denn er träumt nur hier am Tag, wie wir träumen in der Nacht; aber drunten im Schlaf wacht er und geht mit jenen mitleidsvoll Hand in Hand, die längst verschollen der geschäftigen Eile des Tags sind. Dort fällt der Tau auf die Seele ihm, die hier nicht Feuchtung in der Kehle mehr hatte zum Seufzen. Dort grünen die Saaten und blühen, die hier der Dummheit Pflug – die Wurzel umstürzend, wie Unkraut der Luft preis-gab, und die tauvolle Blüte rein vom Staube stürzt in der Erde Grab. – Denn irgendwie muß die Saat der Götter lebendig werden, sie können Ewiges nicht verdorren lassen. Seine Seele wächst, die hier unten schläft und verwirrte Träume hat, hinauf als himmlisches Grün, die schwebende Ferse der Götterjünglinge umspielend, wie der frische Rasen hier seine tanzenden Blumen an meinem flüchtigen Lauf hinbewegt. – Ach, Poe-sie! heilig Grabmal, das still den Staub des Geistes sammelt und ihn birgt vor Verletzung. – Oh, du läßt ihn auferstehen wieder; laß mich hinab-steigen zu ihm und die Hand ihm reichen im Traum, daß er mit heiligem Finger die goldnen Saatkörner mir auf die offne Lippe streue und mich anblase mit dem Odem, den er nach dem Willen der Götter aus ihrem Busen trinkt. Denn ich begehr sehnsüchtig, mitzutragen gemeinsam

Weh des Tags und gemeinsam Tröstung zu empfangen in den Träumen der Nacht. –

Was willst Du? halte mir's zugut, Günderode, daß ich so spreche; verfolg den Faden meiner Gedanken, so wirst Du sehen, es geht nicht anders. Du trägst ja auch mit mir, daß sie Dich meiner Narrheit beschuldigen. Mangel an historischem Sinn – ist es doch, das Weh, was in der Fabelwelt begraben liegt, mit dem zu mischen des heutigen Tages. – Sie haben recht, mir keine Logik zuzusprechen; da müßt ich ja den dort verlassen, der aufgegeben ist, da müßt ich mich aufgeben, was doch nichts fruchtete. – Sei nicht bang um mich, ich bin alle Tage so; aber ich komm eben vom Taubenschlag, wo die Sonne mir die blauen Berge anglänzte, wo Hölderlin schläft über dem Grabe des Ödipus, und hab ihnen den Gesang gesungen, mit Tönen, unzurechnungsfähig der Kunst, auffassend, was sie vermochten an scharfem Wehe, und es besänftigend mit dem Schmelz der Liebe, den ich durch die Stimme hinzugoß aus dem Herzen, daß er durch die Wolken dringe – hinab am Horizont, hinauf – wo die gewaltigen Geschicke immer auch weilen – und sich mische mit ihren bitteren, salzigen Fluten. Was wären doch die Dichter, wären sie es nicht, die das Schauervolle ins Göttliche verwandeln. – Wo der Gesang doch allein aus meinen Sinnen hervordringt, nicht aus dem Bewußtsein, da spricht's nachher so aus mir, daß Stimmen aus mir reden, die mit keinem andern im Einklang sind; der Ton, der Rhythmus, den ich übe, ist es auch nicht; keiner würde zuhören wollen, aber jene, denen ich singe, die müssen's doch wohl hören, nicht wahr? –

Es ahnt mir schon, Du wirst wieder bange werden um mich, wie vorm Jahr! – aber Du weißt ja, es ist nichts, ich rase nicht, wie die andern mich beschuldigen und mir die Hand auf den Mund legen, wenn ich sprechen will. Sei nicht dumm, lasse Dir nicht von den Philistern bange machen um meine Gesundheit, wo sie mir schon den Verstand absprechen; wer seinen Bruder einen Narren schilt, ist des Todes schuldig; sie sind unschuldig, ich bin ihr Bruder nicht, Du bist mein Bruder. Noch einmal, ich bin nicht krank, störe mich nicht damit, daß Du mir das geringste sagst, denn ich will Dir noch mehr sagen, wenn's möglich ist; was hättest Du an mir, wenn ich nicht lernte dir meine Seele geben, nackt und bloß. Freundschaft! das ist der Umgang der Geister, nackt und bloß. –

An die Bettine

Liebe Bettine! – Du drückst mir die Schreibefinger zusammen, daß ich
kaum atme, noch weniger aber es wage zu denken, denn aus Furcht, ich
könne willkürliche Gedanken haben, denke ich lieber gar nicht, magst
Du am Ende meines Briefes fühlen, ob ich in den engen Grenzen meiner
geistigen Richtungen Dich nicht verletzte, so daß Dein Vertrauen ohne
Hindernis hinabströme zu mir, ja hinab, denn ich bin nichts. So lasse
mich denn gesund mit Dir sprechen, da nichts mir fremd ist in Dir, denn
in Deine Töne eingehen, das wäre Deinen Lauf stören.

In Dein Lamento über Deine Geschichtsmisere stimme ich ein, sie
macht mich mit kaputt, kauf in Gottes Namen ein Paar Beinkleider
als Sühneopfer und entlasse Deinen Arenswald in Gnaden. Clemens
schreibt, daß ich ihm Antwort schuldig sei; ich wußte nicht, daß er in
Marburg ist; wenn Du ihm schreibst, so gib ihm die Einlage; er ist mehr
wie unendlich gut gegen Dich, und es ist ein eigen Schicksal, daß unser
beider Bemühung, Dich zu einer innern Bildung zu leiten oder vielmehr
sie Dir zu erleichtern, nicht gelingen will, so schreibt er mir heute. Unter
vielen Witzfaseleien, träumerischem Geseufze und Beteuerungen, daß er
gar nicht mehr derselbe sei, ist es das einzige, was auf Dich Beziehung hat.
Weil er Dich immer auffordert, Deine phantastischen Ahnungen zu sammeln, diese Fabelbruchstücke Deiner Vergleiche, Deine Weltanschauung
in irgendeiner Form niederzulegen, so meinte ich wie ein guter Bienenva-
ter Deinen Gedankenschwärmen eine Blumenwiese umherzubauen, wo
Deine Gedanken nur hin und her summen dürfen, Honig zu sammeln.
Ein glücklicher Schiffer muß guten Fahrwind haben; ich dachte, Deine
Studien sollten wie frischer Morgenwind Dir in die Segel blasen. – Ich
schrieb heute an Clemens, es werde sich nicht tun lassen, Deinen Geist
wie Most zu keltern und ihn auf Krüge zu füllen, daß er klarer, trinkbarer
Wein werde. Wer nicht die Trauben vom Stock genießen will, wie Lyaeus
der Berauscher, der Sohn zweier Mütter, der aus der Luna Geborne, end-
lich sie reifen lasse, der Vorfechter der Götter, der Rasende; – und heilige
Bäume pflanzte, heilige Wahrsagungen aussprach.

Der Naturschmelz, der Deinen Briefen und Wesen eingehaucht ist,
der, meint Clemens, solle in Gedichten oder Märchen aufgefaßt werden
können von Dir; – ich glaub's nicht. In Dich hinein bist du nicht selbsttä-
tig, sondern vielmehr ganz hingegeben bewußtlos; aus Dir heraus zer-
fließt alle Wirklichkeit wie Nebel; menschlich Tun, menschlich Fühlen,

in das bist Du nicht hineingeboren, und doch bist Du immer bereit, unbekümmert alles zu beherrschen, Dich allem anzueignen. Da war der Ikarus ein vorsichtiger, überlegter, prüfender Knabe gegen Dich, er versuchte doch das Durchschiffen des Sonnenozeans mit Flügeln, aber Du brauchst nicht Deine Füße zum Schreiten, Deinen Begriff nicht zum Fassen, Dein Gedächtnis nicht zur Erfahrung und diese nicht zum Folgern. Deine gepanzerte Phantasie, die im Sturm alle Wirklichkeit zerstiebt, bleibt bei einer Schwarzwurzel in Verzückung stocken. Der Strahlenbündel im Blumenkelch, der Dir am Sonntag im Feldweg in die Quer kam, wie Du dem rückwärts gehenden Philosophen Ebel Deine Philosophie eintrichtern wolltest, ist eine blühende Scorza nera, so sagt Lehr, der weise Meister. – Ich werd eingeschüchtert von Deinen Behauptungen, ins Feuer gehalten von Deiner Überschwenglichkeit. Hier am Schreibtisch verlier ich die Geduld über das Farblose meiner poetischen Versuche, wenn ich Deines Hölderlin gedenke. Du kannst nicht dichten, weil Du das bist, was die Dichter poetisch nennen; der Stoff bildet sich nicht selber, er wird gebildet; Du deuchst mir der Lehm zu sein, den ein Gott bildend mit Füßen tritt, und was ich in Dir gewahr werde, ist das gärende Feuer, was seine übersinnliche Berührung stark in Dich einknetet. Lassen wir Dich also jenem über; der Dich bereitet, wird Dich auch bilden. – Ich muß mich selber bilden und machen, so gut ich's kann. Das kleine Gedicht, was ich hier für Clemens sende, hab ich mit innerlichem Schauen gemacht; es gibt eine Wahrheit der Dichtung, an die hab ich bisher geglaubt. Diese irdische Welt, die uns verdrießlich ist, von uns zu stoßen wie den alten Sauerteig, in ein neues Leben aufzustreben, in dem die Seele ihre höheren Eigenschaften nicht mehr verleugnen darf, dazu hielt ich die Poesie geeignet; denn liebliche Begebenheiten, reinere Anschauungen vom Alltagsleben scheiden, das ist nicht ihr letztes Ziel; wir bedürfen der Form, unsere sinnliche Natur einem gewaltigen Organismus zuzubilden, eine Harmonie zu begründen, in der der Geist ungehindert einst ein höheres Tatenleben führt, wozu er jetzt nur gleichsam gelockt wird durch Poesie; denn schöne und große Taten sind auch Poesie, und Offenbarung ist auch Poesie; ich fühle und bekenne alles mit Dir, was Du dem Ebel auf der Spazierfahrt entgegnetest, und ich begreife es in Dir als Dein notwendigstes Element, weil ich Deine Strömungen kenne und oft von ihnen mitgerissen bin worden, und noch täglich empfinde ich Deinen gewaltigen Wellenschlag. Du bist die wilde Brandung, und ich bin kein guter Steuermann, glücklich durchzuschiffen; ich will Dich gern schirmen gegen die Forderungen und ewigen Versuche des Clemens, aber wenn auch in der Mitte meines Herzens das feste Vertrauen zu Dir und Deinen guten Sternen innewohnt, so zittert und erbebt doch alles ringsumher furchtsam in mir vor Menschensatzung und Ordnung bestehender Dinge, und noch mehr erbebe ich vor Deiner eignen Natur. Ja, schelte mich nur, aber Dir mein Bekenntnis unverhohlen zu machen: mein einziger Gedanke ist, wo wird das hinführen? – Du lachst mich aus und kannst es auch, weil eine elektrische Kraft Dich so durchdringt, daß Du im Feuer ohne Rauch keine Ahnung vom Ersticken hast. – Aber ich habe nichts, was mich von jenem lebenerdrückenden Vorläufer des Feuers rette; ich fühle mich ohnmächtig in meinem Willen, so wie Du ihn anregst, obschon ich empfinde, daß Deine Natur so und nicht anders sein dürfte, denn sonst wär sie gar nicht, denn Du bist nur bloß das, was außer den Grenzen, dem Gewöhnlichen unsichtbar, unerreichbar ist; sonst bist Du unwahr, nicht Du selber, und kannst nur mit Ironie durchs Leben gehen. Manchmal deucht mir zu träumen, wenn ich Dich unter den andern sehe; alle halten Dich für ein Kind, das seiner selbst nicht mächtig; keiner glaubt, keiner ahnt, was in Dir, und Du tust nichts als auf Tisch und Stühle springen, Dich verstecken, in kleine Eckchen zusammenkauern, auf Euren langen Hausgängen im Mondschein herumspazieren, über die alten Boden im Dunklen klettern; dann kommst du wieder herein, träumerisch in Dich versunken, und doch hörst Du gleich alles, will einer was, so bist Du die Treppe schon hinab, es zu holen, ruft man Deinen Namen, so bist Du da und wärst Du in dem entferntesten Winkel; sie nennen Dich den Hauskobold, das alles erzählte mir Marie gestern; ich war zu ihr gegangen, um sie zu fragen, ob es tunlich sein möchte, daß ich mit Dir nach Homburg reise; sie ist gut, sie hätte es Dir gern gegönnt, und ich wär Dir zu Gefallen gerne mit Dir hingereist; St. Clair hatte uns begleiten wollen, und ich sagte auch der Marie nichts als, ich möchte wohl nach Homburg reisen und Dich mitnehmen, dort den kranken Hölderlin zu sehen; das war aber leider grad das Verkehrte; sie meinte im Gegenteil, dahin solle ich Dich nicht mitnehmen, sie glaube, man müsse Dich hüten vor jeder Überspannung – ich mußte doch lachen über diese wohlgemeinte Bemerkung; nun kam Tonie, der es Marie mitteilte; sie meinten, Du seist so blaß gewesen im Frühjahr, und auch letzt habest Du noch krankhaft ausgesehen; nein, sagt Tonie, nicht krank, sondern geisterhaft, und wenn ich nicht wüßte, daß sie das natürlichste Mädchen wär, die immer noch ist wie ein unentwickeltes Kind, was noch gar nichts vom Leben weiß, so müßte man fürchten, sie habe eine geheime Leidenschaft; aber hier in der Stadt befindet sie sich nur wohl in der Kinderstube; sie schleicht immer weg aus der Gesellschaft und vom Tisch und geht an die Wiege, nimmt die kleine Max heraus, hält sie wohl eine Stunde auf dem Schoß und freut sich an jedem Gesicht, das sie schneidet. Das Kind hatte die Röteln, niemand kam zu mir. Sie allein saß stundenlang beim Kinde, es hat ihr nicht geschadet; sie kann alles aushalten, noch nie hab ich sie klagen hören über Kopfweh oder sonst etwas; wie lange hat sie bei der Claudine gewacht, kein Mensch könnte das, ich glaub, sie ist vierzehn Tage nicht ins Bett gekommen; sie ist wie zu Haus in jeder Krankenstube und amüsiert sich köstlich, wo andre sich langweilen. Aber ihr ganzer Geist besteht in ihrem Sein, denn ein gescheutes Wort hab ich noch nie von ihr gehört; ihr Liebstes ist, den Franz zu erschrecken, alle Augenblicke sucht sie sich einen andern Ort, wo sie ihn überraschen kann; letzt hat sie sich sogar auf den einen Bettpfosten gehockt, ich dachte, sie könne keine Minute da aushalten; nun dauerte es eine Viertelstunde, bis Franz kam; als der im Bett lag, schwang sie sich herunter, ich dachte, sie bricht den Hals; wir konnten sie die ganze Nacht nicht aus dem Zimmer bringen. – Über dieser Erzählung war Lotte gekommen; die behauptete ernsthaft, Du hättest Anlage zum Veitstanz. Deine Blässe deute darauf, du kletterst auch beim Spazierengehen immer an so gefährliche Orte, und letzt wärt Ihr im Mondschein noch um die Tore gegangen mit dem Domherrn von Hohenfeld, und da seist Du oben auf dem Glacis gelaufen bald hin, bald her Dich wendend, ohne nur ein einzig Mal zu fallen, und der Hohenfeld auch habe gesagt, das ging nicht mit natürlichen Dingen zu. Kaum hatte Lotte ihre Geschichte, wo immer der Refrain war, Mangel an historischem Sinn und keine Logik, geendet, so trat Ebel ein; er wurde auch konsultiert wegen der Fahrt nach Homburg (ach, hätt ich doch nicht in dies Wespennest geschlagen), der fing erst recht an zu perorieren, der wußte alles: »Um Gottes willen nicht«, Lotte saß im Sessel und sekundierte: »Nein, um Gottes willen nicht, man muß logisch sein.« Ebel sagte: »Wahnsinn steckt an.« – »Ja«, sagt L., »besonders wenn man so viel Anlage hat.« Nun, Lotte, du machst's zu arg, sie kann wohl dumm sein, und das ist noch die Frage, denn sie ist eigentlich weder dumm noch gescheut, oder vielmehr ist sie beides,

dumm und gescheut. – Ebel aber sagte: »Ich muß hier als Naturphilo-
soph sprechen; sie ist ein ganz apartes Wesen, das von der Natur zu viel
elektrischen Stoff mitbekommen, sie ist wie ein Blitzableiter, wer ihr
nahe ist beim Gewitter, der kann's empfinden«; er war nämlich letzt auf
der Spazierfahrt mitten im Gewitter unter Donner und Blitz im stärksten
Platzregen trotz Schuh und Strümpfen bloß wegen Dir aus dem Wagen
und im kurzärmeligen Rock querfeldein nach Hause gesprungen. Die
Tonie sagte ihm dies, und er gestand es ein, es sei Furcht gewesen, das
Gewitter könne durch Deine elektrische Natur angezogen werden; er
glaubt steif und fest, der Schlag sei so dicht vor den Pferden niedergefah-
ren, weil Du in Deiner Begeistrung zu viel Elektrizität ausströmtest. –
Der arme Freund, seine Rockärmel sind vom Regen noch mehr verkürzt. – Lotte behauptete, es sei unlogisch von Ebel, zu sagen
Begeisterung, denn dazu müsse ein logischer Grund sein, und der sei in
Deiner Seele nicht zu finden. – Dabei kam St. Clair auch zur Teestunde;
ich hatte ihn hinbestellt, um zu hören, wie der Versuch ausfallen werde;
wär's gelungen, so hätten wir Dich heute überrascht und Dich gleich mit
dem Wagen abgeholt, aber Franz kam herauf und George, denen wurde
es vorgetragen. Lotte behauptete fort und fort, es würde das Unlogischste
der Welt sein, Dich hingehen zu lassen, denn trotz Deiner Unweisheit,
Faselei und gänzlichem Mangel etc. seist Du doch sehr exzentrisch, und
es wurde einmütig beschlossen, Du sollest nicht mit; Tonie behauptete
noch, Du seist ihr von Clemens noch mehr auf die Seele gebunden, und
der würde ihr ein unangenehmes Konzert machen, wenn sie ihren Beifall
dazu gäbe. – Ich weiß einen, der ihnen allen gern die Hälse herumgedreht
hätte, das war St. Clair; er war so ernst, er tat den Mund nicht auf, aber ich
sah seine Lippen beben, kein Mensch wußte, welchen Anteil er daran
nahm; er nahm, ohne ein Wort zu sagen, seinen Hut und ging, und ich
sah, daß ihm die Tränen in den Augen standen, Deinem Ritter.

An Clemens

Die Hirten lagen auf der Erde
Und schlummerten um Mitternacht,
Da kam mit freundlicher Gebärde
Ein Engel in der Himmelspracht.

Mit Sonnenglanz war er umgeben,
Und zu den Hirten neigt er sich,
Er sprach: geboren ist das Leben,
Euch offenbart der Himmel sich. –
Auch ich lag träumend auf der Erde,
Ihr dunkler Geist war schwer auf mir,
Da trat mit freundlicher Gebärde
Die heilge Poesie zu mir,
In ihrem Glanz warst Du verkläret,
Vertrauet mit der Geisterwelt,
Den Becher hattest Du geleeret,
Der Dich zu ihrem Chor gesellt.
Dein Lied war eine Strahlenkrone,
Die sich um Deine Stirne wand,
Die Töne eine Lebenssonne,
Erleuchtend der Verheißung Land.
Der Liebe Reich hab ich gesehen
In Deiner Dichtung Abendrot,
Wie Moses auf des Berges Höhen,
Als ihm der Herr zu schaun gebot;
Er sah das Ziel der Erdenwallen
Und mochte fürder nichts mehr sehn,
Wohin, wohin soll ich noch wallen,
Da ich das Heilige gesehn? –

An die Günderode

Ich hab mir's nicht gedacht, daß ich so sein könnt in diesen schönen
Tagen. In Deinem Brief, Zeile für Zeile, lese ich nichts Trauriges, und
doch macht er mich schwer. – Du redest von Dir, als seist Du anders wie
ich, ganz anders, ach, und stehst mir doch allein unter allen Menschen
gegenüber, und alles, was wir miteinander besprachen, da waren wir
nicht eins, Du warst anders gesinnt und ich anders, und doch hast Du
mich immer vertreten; ja gewißlich, ich bin anders wie Du, ich fühl's auch
heut aus jeder Zeile Deines Briefs, die mir doch so wahr sind und den
tiefen Grund Deiner Seele beleuchten. Wie ist doch jeder Mensch ein

groß Geheimnis, und bis alles ins Himmlische sich verwandelt, wieviel bleibt da unverstanden. Aber ganz verstanden sein, das deucht mir die wahre alleinige Metamorphose, die einzige Himmelfahrt. – Im Gartenhäuschen, wo wir vorm Jahr um die Zeit uns zum erstenmal gesehen haben – also ein ganz Jahr sind wir schon gut Freund miteinander???!!! – – – und so könnt ich fortfahren, Zeichen zu machen der Verwunderung, des Stummseins, des Denkens – Seufzens; ja, wenn ich ein Zeichen des Schauderns, der Tränen zu machen wüßte, so könnte ich die Blätter voll der merkwürdigsten Gefühle bezeichnen, denen ich keine Namen zu geben weiß. – Das Geißblatt, das da herabschwankt über die Latten, blüht dies Jahr viel üppiger. Weißt Du, das war unser erst Wort; ich sagte zu Dir: »Es war ein recht kalter Winter dies Jahr, der Hahnenfuß hat seine meisten Zweige erfroren; die Laube gibt wenig Schatten«; da sagtest Du: »Die Sonne gibt, und die Laube nimmt; was sie nicht fassen kann vom Licht, das muß sie durchlassen zu uns«, und dann sagtest Du, diese Pflanze sei schöner benannt Geißblatt als Hahnenfuß, weil man dabei eine schöne Ziege sich denke, die mit Anmut gewürzige Blumen fresse, und daß die Natur für jedes Geschöpf ein idealisch Leben darbiete. – Und wie die Elemente in ungestörter Wirkung das Leben erzeugen, tragen, nähren und vollenden, so bereite sich im Genuß einer ungestörten Entwicklung abermal ein Element, in dem das Ideal des Geistes blühen, gedeihen und sich vollenden könne. – Und dann sagtest Du, ich solle mich doch weiß kleiden der Natur zulieb, die rund um uns her so herrliche Blumen aussprieße; dabei ein Kleid tragen zu wollen mit gedruckten Blumen, das sei geschmacklos, und man müsse im Einklang leben wollen mit der Natur, sonst könne die Knospe des Menschengeistes nicht aufblühen. – Ich dachte ein Weilchen über Deine Reden, so waren wir beide still – die Antwort war an mir – ich getraute mich gar nicht, Du kamst mir so weisheitsvoll vor; es schien mir Dein Denken wirklich mit der Natur übereinzustimmen, und Dein Geist rage über die Menschen hinaus, wie die Wipfel voll duftiger Blüten im Sonnenschein, im Regen und Wind, Nacht und Tag immer fortstreben in die Lüfte. Ja, Du kamst mir vor wie ein hoher Baum, von den Naturgeistern bewohnt und genährt. Und wie ich meine Stimme hörte, die Dir antworten wollte, da schämte ich mich, als sei ihr Ton nicht edel genug für Dich. – Ich konnt's nicht heraussagen, Du wolltst mir helfen und sagtest: »Der Geist strömt in die Empfindung, und die geht aus allem hervor, was die Natur erzeugt; der Mensch habe Ehrfurcht vor der Natur, weil sie die Mutter ist, die den Geist nährt mit dem, was sie ihm zu empfinden gibt.« – Wie sehr hab ich an Dich gedacht und Deine Worte und an Deine schwarzen Augenwimpern, die Dein blau Aug decken, wie ich Dich gesehen hatt zum allerersten Mal, und Dein freundlich Mienenspiel und Deine Hand, die mein Haar streichelte. Ich schrieb auf: Heut hab ich die Günderode gesehen, es war ein Geschenk von Gott. – Heut lese ich das wieder, und ich möcht Dir alles zulieb tun, und sag mir's lieber nicht, wenn Du mit andern Menschen auch gut bist. Das heißt: sei mit andern, was Du willst; nur laß das uns nichts angehen. Wir müssen uns miteinander abschließen; in der Natur, da müssen wir Hand in Hand gehen und miteinander sprechen nicht von Dingen, sondern eine große Sprache. Mit dem Lernen wird nichts, ich kann's nicht brauchen, was soll ich lernen, was andere schon wissen, das geht ja doch nicht verloren, aber das, was grad nur uns zulieb geschieht, das möcht ich nicht versäumen, mit Dir auch zu erleben, und dann möcht ich auch mit Dir all das überflüssige Weltzeugs abstreifen, denn eigentlich ist doch nur alles comme il faut eine himmelschreiende Ungerechtigkeit gegen die große Stimme der Poesie in uns, die weist die Seele auf alles Rechte an. Einmal ist mir die Höflichkeit zuwider, die sich immer neigt vor andern und doch keinen Verkehr mit einem hat; als ob das unhöflich wär, dem auszuweichen, der einem nichts angeht; – wär die Natur so verkehrt, so intrigant und unsinnig wie die Menschen sind, es könnt kein Erdapfel reifen, viel weniger denn ein Baum blühen; alles ist die reine Folge der Großmut in der Natur, jede Kornähre, die den Samen doppelt spendet, gibt Zeugnis. Engherzigkeit wird nimmer ihren Samen spalten zum Licht, sie verkeimt. Jetzt fang ich an zu fühlen, zu was ich da bin. Alle Morgen bet ich, wenn ich aufwache: »Lieber Gott, warum bin ich geboren«, und jetzt weiß ich's – darum daß ich nicht so unsinnig sein soll, wie die andern sind, daß ich den reinen Pfad wandle in meinem Herzen bezeichnet, für was hätt ihn der Finger Gottes mir eingeprägt und meine fünf Sinne in die Schule genommen, daß ein jeder ihn buchstabieren lerne, wenn es nicht wär, diesen Weg zu bekennen. – Ja, man muß dem Menschen Weisheit zumuten und sie ihm als den einfachen Weg der Natur vorschreiben, aber das Verleugnen eines großen mächtigen Weltsinnes in uns ist immer Folge unseres Sittenlebens mit andern; das hängt sich einem an, daß man keinen freien Atemzug mehr tun kann, nicht groß denken, nicht groß fühlen aus lauter Höflichkeit und Sittlichkeit. Groß handeln, das dank einem der Teufel, das müßte von selbst geschehen, wenn alles natürlich im Leben zuging. Es ist eine Schande, was die Menschen alles mit dem Namen Großmut belegen, als ob nicht ein rasches selbsttätiges Leben immer das als elektrisches Feuer ausströmen müsse, was man große Handlung nennt. – Das mühselige Menschengeschlecht plappert wie die Elstern, es versteht nicht das Stöhnen der Liebe, das muß ich sagen, weil die Nachtigallen so süß stöhnen über mir. Vier Nachtigallen sind's, auch im vorigen Jahr waren's vier. Ja, lieben werd ich wohl nie, ich müßt mich vor den Nachtigallen schämen, daß ich's nicht könnt wie die. – Wie hauchen sie doch ihre Seel in die Kunst der Wollust, in die Musik – und in einen Ton hinein, so rein, so unschuldig – so wahr und tief – was keine Menschenseele weder durch die Stimme noch durch das Instrument hervorbringen kann. Warum doch der Mensch erst singen lernen muß, während die Nachtigall es so rein, so ganz ohne Fehl versteht, tief ins Herz zu singen; ich hab noch gar keinen Gesang gehört von Menschen, der mich so berührt wie die Nachtigall – eben dacht ich, weil ich ihnen so tief zuhör, ob sie mir wohl auch zuhören wollten, wie sie eine Pause machten; kaum heb ich die Stimm, da schmettern sie alle vier zusammen los, als wollten sie sagen, lasse uns unser Reich. Arien, Operngesänge sind wie lauter falsche Tendenzen der sittlichen Welt, es ist die Deklamation einer falschen Begeisterung. Doch ist der Mensch hingerissen von erhabner Musik; warum nur, wenn er nicht selbst erhaben ist? – Ja, es ist doch ein geheimer Wille in der Seele, groß zu sein. Das erquickt wie Tau, den eignen Genius die Ursprache führen zu hören – nicht wahr? – Oh, wir möchten auch so sein wie diese Töne, die rasch ihrem Ziel zuschreiten, ohne zu wanken. Da umfassen sie die Fülle, und dann in jedem Rhythmus ein tief Geheimnis innerlicher Gestaltung, aber der Mensch nicht. Gewiß, Melodien sind gottgeschaffne Wesen, die in sich fortleben, jeder Gedanke aus der Seele hervor lebendig; der Mensch erzeugt die Gedanken nicht, sie erzeugen den Menschen. – Ach! Ach! Ach! – da fällt mir ein Lindenblütchen auf die Nas – und da regnet's ein bißchen; was schreib ich doch hier dumm Zeug hin und kann's kaum mehr lesen, jetzt dämmert's schon stark – wie schön doch die Natur ihren Schleier ausbreitet – so licht, so durchsichtig – jetzt fangen die Pflanzenseelen an umherzuschweifen und die Orangen im Boskett. Und der Lindenduft – es kommt Well auf Well herübergeströmt – es wird schon dunkel – Nachtigallen werden so eifrig – sie schmettern recht in die Mondstille; – ach, wir wollen was recht Großes tun – wir wollen nicht umsonst zusammengetroffen haben in dieser Welt – laß uns eine Religion stiften für die Menschheit, bei der's ihr wieder wohl wird – ein Sein mit Gott – dein Mahomed hat's mit ein paar Ritt in den Himmel auch zuwege gebracht. – Ein bißchen Spazierenreiten in den Himmel.

An die Günderode

Gestern hab ich vergessen, Dir zu schreiben, daß ich Dein Gedicht an den Clemens geschickt hab nach Marburg; ich hab mir's aber erst abgeschrieben, ich wollt Dir auch sagen, wie schön ich's find. Aber vor Dankbarkeit, daß ich Dich als Freundin hab, hab ich's versäumt. Aber Du siehst's doch im Brief gespiegelt, daß es Dein groß Herz ist, das mich rührt, und daß ich mich unwert halt, Deine Schuhriemen zu lösen. – Du wählst Dir einen schönen Gedanken und fügst ihn in Reime zu einem Ehrenmantel für den Clemens; ach, was hast Du da für eine schöne Tugend, hebst den Geist heraus aus dem Erdenleben. – Gott schuf die Welt aus nichts, predigten immer die Nonnen – da wollt ich immer wissen, wie das war – das konnten sie mir nicht sagen und hießen mich schweigen; aber ich ging umher und schaute alle Kräuter an, als müßt ich finden, aus was sie geschaffen seien. – Jetzt weiß ich's, er hat sie nicht aus nichts geschaffen, er hat sie aus dem Geist geschaffen, das lern ich vom Dichter, von Dir; Gott ist Poet – ja – so begreif ich ihn – heut las ich bei der Großmama aus dem Hemsterhuis vor: der Choiseil sagte, il faut que Dieu ait la figure de l'homme comme il l'a créé d'après son immage, der d'Allaris meinte: C'est fort singulier monsieur de se figurer la figure de Dieu avec un visage humain, comme celui-la est fait pour des besoins et des fonctions terrestres au quelles dieu ne doit avoir aucun rapport, en raison de sa force et de son grand courage le monde entier devrait s'en aller en poussière si par exemple le bon Dieu s'amusait une seule fois à eternuer de bon coeur. – Wenn Gott den Menschen nach seinem Ebenbild geschaffen, so begreife ich dies so, Gott hat eine Persönlichkeit, die kann aber er selbst nur fassen, denn er steht sich selbst allein gegenüber, aber als Poet verschwindet ihm seine Persönlichkeit, sie löst sich auf in die Erfindung seiner Erzeugung. So ist Gott persönlich und auch nicht. Der Dichter stellt dies dar – der ist persönlich und auch nicht, eben ganz nach Gottes Ebenbild, denn er erschafft mit dem Geist, was ganz außer dem sinnlichen Dasein liegt, und doch ist es sinnlich, da es die Sinne fassen und sich hierdurch gewiegt fühlen und genährt, und da doch Nahrung der Sinne nur ihre höhere Entwicklung ist, so löst der Dichter, wie Gott, seine Persönlichkeit auf, durch sein Denken in eine höhere Form und bildet sich selbst in eine höhere Entwicklung hinüber. – Was sag ich Dir da? – Ach, ich hab's einen Augenblick verstanden, was Gott ist, als könnt ich's in den Wolken lesen, und da sah ich am Himmel, wie der Mond hervorschwippt und zerstreut mir die Gedanken, daß ich eben gar nicht mehr lesen kann; alles ist zerflossen, und die Worte da oben, in denen ich's festhalten wollt, die sind verschwommen; ich hab's mit andern Worten müssen reden, es ist nicht recht, wie ich's gemeint hab. Ja, Gott läßt sich nicht fangen; ich dacht, ich hätt ihn schon. – Aber das eine hab ich behalten, daß Gott die Poesie ist, daß der Mensch nach seinem Ebenbild geschaffen ist, daß er also geborner Dichter ist; daß aber alle berufen sind und wenige auserwählt, das muß ich leider an mir selber erfahren; aber doch bin ich Dichter, obschon ich keinen Reim machen kann; ich fühl's, wenn ich gehe in der freien Luft, im Wald oder an den Bergen hinauf, da liegt ein Rhythmus in meiner Seele, nach dem muß ich denken, und meine Stimmung ändert sich im Takt. – Und denn, wenn ich unter Menschen bin und lasse mich von ihrem Takt oder Metrum, was ganz auf den gemeinen Gassenhauer geht, mit fortreißen, da fühl ich mich erbärmlich und weiß nichts mehr als lauter dumm Zeug; fühlst Du das auch, daß dumme Menschen einen noch viel dummer machen als sie selber sind, – die haben nicht so unrecht, wenn sie sagen, ich sei dumm. Aber, Herz, was mich versteht, komme nur, und ich will Dir ein Gastmahl geben, was Dich ehrt. – Aber hör doch nur weiter: – Alle große Handlung ist Dichtung, ist Verwandlung der Persönlichkeit in Gottheit, und welche Handlung nicht Dichtung ist, die ist nicht groß; aber groß ist alles, was mit dem Licht der Vernunft gefaßt wird – das heißt: alles, was Du in seinem wahren Sinn fassest, das muß groß sein, und gewiß ist es, daß jeder solcher Gedanke eine Wurzel muß haben, die in den Boden der Weisheit gepflanzt ist, und eine Blume, die blüht im göttlichen Licht. Hervorgehen aus dem Seelengrund, nach Gottes Ebenbild, hinüber, hinauf in unsern Ursprung. Gelt, ich hab recht; – Und wenn es wahr ist, daß der Mensch so sein kann, warum soll er anders sein? – ich begreif's nicht, alle Menschen sind anders, als wie es so leicht wär zu sein; – sie hängen an dem, was sie nicht achten sollten, und verachten das, an dem sie hängen sollten.

Ach, ich hab eine Sehnsucht, rein zu sein von diesen Fehlen. Ins Bad steigen und mich abwaschen von allen Verkehrtheiten. Die ganze Welt kommt mir vor wie verrückt, und ich schußbartele immer so mit, und doch ist mir eine Stimme, die mich besser belehrt. – Lasse uns doch eine Religion stiften, ich und Du, und lasse uns einstweilen Priester und Laie darin sein, ganz im stillen, und streng danach leben und ihre Gesetze entwickeln, wie sich ein junger Königssohn entwickelt, der einst der größte Herrscher sollt werden der ganzen Welt. – So muß es sein, daß er ein Held sei und durch seinen Willen alle Gebrechen abweise und die ganze Welt umfasse und daß sie müsse sich bessern. Ich glaub auch, daß Gott nur hat Königsstämme werden lassen, damit sie dem Auge den Menschen so erhaben hinstellen, um ihn nach allen Seiten zu erkennen. Der König hat Macht über alles, also erkennt der Mensch, der seinem öffentlichen Tun zusieht, wie schlecht er es anfängt, oder auch, wenn er's gut macht, wie groß er selber sein könne. Dann steht grade der König so, daß ihm allein gelinge, was kein andrer vermag; ein genialer Herrscher reißt mit Gewalt kein Volk auf die Stufe, wohin es nie ohne ihn kommen würde. Also müssen wir unsere Religion ganz für den jungen Herrscher bilden. – Oh, wart nur, das hat mich ganz orientiert, jetzt will ich schon fertig werden. Ach, ich bitt Dich, nehm ein bißchen Herzensanteil dran; das macht mich frisch, so aus reinem Nichts alles zu erdenken, wie Gott, dann bin ich auch Dichter. Ich denke mir's so schön, alles mit Dir zu überlegen; wir gehen dann zusammen hier in der Großmama ihrem Garten auf und ab in den herrlichen Sommertagen oder im Boskett, wo's so dunkle Laubgänge gibt; wenn wir simulieren, so gehen wir dorthin und entfalten alles im Gespräch, dann schreib ich's abends alles auf und schick Dir's mit dem Jud in die Stadt, und Du bringst es nachher in eine dichterische Form, damit, wenn's die Menschen einst finden, sie um so mehr Ehrfurcht und Glauben dran haben; es ist ein schöner Scherz, aber nehm's nur nicht für Scherz, es ist mein Ernst, denn warum sollten wir nicht zusammen denken über das Wohl und Bedürfnis der Menschheit. Warum haben wir denn so manches zusammen schon bedacht, was andre nicht überlegen, als weil's der Menschheit fruchten soll; denn alles, was als Keim hervortreibt aus der Erde wie aus dem Geist, von dem steht zu erwarten, daß es endlich Frucht bringe; ich wüßte also daher nicht, warum wir nicht mit ziemlicher Gewißheit auf eine gute Ernte rechnen könnten, die der Menschheit gedeihen soll. Die Menschheit, die arme Menschheit, sie ist wie ein Irrlicht in einem Netz gefangen, sie ist ganz matt und schlammig. – Ach Gott, ich schlaf gar nicht mehr, gute Nacht; alleweil fällt mir ein, unsre Religion muß die Schwebe-Religion heißen, das sag ich Dir morgen.

Aber ein Gesetz in unserer Religion muß ich Dir hier gleich zur Beurteilung vorschlagen, und zwar ein erstes Grundgesetz. Nämlich: Der Mensch soll immer die größte Handlung tun und nie eine andre, und da will ich Dir gleich zuvorkommen und sagen, daß jede Handlung eine größte sein kann und soll. – Ach hör! – ich seh's schon im Geist, wenn wir erst ins Radschlagen kommen, was wird das für Staubwolken geben. –
Wer nit bet, kann nit denken,
das laß ich auf eine erdne Schüssel malen, und da essen unsre Jünger Suppe draus. – Oder wir könnten auch auf die andre Schüssel malen: Wer nit denkt, lernt nit beten. Der Jud kommt, ich muß ihm eilig unsere Weltumwälzung in den Sack schieben; auch wir werden einst sagen können, was doch Gott für wunderbare Werkzeuge zum Mittel seiner Zwecke macht, wie die alt Nonn in Fritzlar. Siehst Du den St. Clair? – grüß ihn.

An die Bettine

Oder am besten können wir sagen: *Denken ist beten,* damit ist gleich was Gutes ausgerichtet, wir gewinnen Zeit, das Denken mit dem Beten und das Beten mit dem Denken. Du willst ungereimtes Zeug vorbringen, Du bist ungeheuer listig und meinst, ich soll es reimen. Deine Projekte sind immer ungemein waghalsig wie eines Seiltänzers, der sich darauf verläßt, daß er balancieren kann, oder einer, der Flügel hat und weiß, er kann sie ausbreiten, wenn der Windsturm ihn von der Höh mit fortnimmt. Übrigens hab ich Dich wohl verstanden, trotz der vielen süßen Lobe, die Du einstreust wie Opfergras, daß ich das Opfer bin, was Du geschächtet hast, um mit dem Jud zu reden. Ich fühl's, daß Du recht hast, und weiß, daß ich zu furchtsam bin, und kann nicht, was ich innerlich für recht halte, äußerlich gegen die aus der Lüge hergehalten Gründe verteidigen; ich verstumme und bin beschämt, grade wo andre sich schämen müßten, und das geht so weit in mir, daß ich die Leute um Verzeihung bitte, die mir unrecht getan haben, aus Furcht, sie möchten's merken. So kann ich

durchaus nicht ertragen, daß einer glaube, ich könne Zweifel in ihn setzen; ich lache lieber kindisch zu allem, was man mir entgegnet, ich mag
nicht dulden, daß die, welche ich doch nicht eines Bessern überzeugen
kann, noch den Wahn von mir hegen, ich sei gescheuter als sie. Wenn sich
zwei verstehen sollen, dazu gehört lebensvolles Wirken von einem dritten
Göttlichen. So nehm ich auch unser Sein an, als ein Geschenk von den
Göttern, in dem sie selber die vergnüglichste Rolle spielen; aber meine
innere Fühlungen folgelosen Behauptungen ausstellen, dazu leiht mir
weder die blauäugige Minerva noch Areus der Streitbare[3] Beistand. Ich
gebe Dir aber recht, es wäre besser, ich könnte mich mannhafter betra-
gen und dürfte diesen großmächtigen Weltsinn in dem Sittenleben mit
andern nicht mir untergehen lassen. Aber was willst Du mit einer so Zag-
haften aufstellen, die sich immer noch fürchtet, im Stift das Tischgebet
laut genug herzusagen. – Lasse mich und vertrage mich, wie ich bin; hab
ich das Herz nicht, meine Stimme zu erheben gegen allen Unsinn, so hab
ich auch dafür an diesem harten Fels keine kleinste Welle Deiner brausenden Lebensfluten sich brechen lassen. Er steht trocken und unbeschämt
von Deinen heiligen Begeisterungen, so kannst Du auch unbekümmert
darum Dein Leben dahinfließen. – Ich weiß, daß es Dir weh tut, weil wir
den Hölderlin nicht besuchten. St. Clair ist gestern abgereist; er war noch
vorher bei mir, er sah Deinen dicken Brief, er war so sehnsüchtig, etwas
daraus zu vernehmen, und die Zaghafte war kühn genug auf ihr richti-
ges Gefühl hin, ihm die Stelle zu lesen, wo die Bettine über den Ödipus
spricht. – Er wollte es abschreiben, er mußte es abschreiben, seine Seele
wär sonst vergangen, und die Zaghafte war zu mutlos, es ihm abzuschla-
gen. Er sagte, »Ich lese es ihm vor, vielleicht wirkt es wie Balsam auf seine
Seele, und wo nicht, so muß es doch so sein, daß die höchste Erregung,
durch seine Dichternatur erzeugt, auch wieder an ihm verhalle, so wie
er verhallte. Ich muß es ihm lesen, es wird doch zum wenigsten ihm ein
Lächeln abgewinnen.« – Nun sieh mich schon wieder voll Zagheit, daß
Dir meine Kühnheit mißfalle, aber doch – betrog mich mein Ohr nicht,
so war jener Hymnus auf dem Taubenschlag dem armen Dichter gesungen, daß er solle dort mit in sein zerrißnes Saitenspiel eintönen.

Ich hab jetzt so viele Gesellschaftsnot, ich muß diese Woche schon
zum zweitenmal in den schwarzen Stiftstalar kriechen; auch dahinein

---

3   Dem die Jungfrauen einen Widder opferten, wenn sie öffentlich einen Wettlauf hielten.

verfolgt mich meine närrische Feigheit, ich komme mir so fremd drin vor, es ist mir so ungewöhnlich, eine angelehnte Würde öffentlich zu behaupten, daß ich immer den Kopf hängen muß und muß auf die Seite sehen, wenn ich angeredet werde. Gestern haben wir in corpore beim Primas zu Mittag gespeist; da verlor ich mein Ordenskreuz, es lag unterm Stuhl, ich fühlte es mit der Fußspitze; das machte mich so konfus, und denk nur, der Primas selbst hat es aufgehoben und bat um Erlaubnis, es anzuheften auf die Schulter; dazu kam unsere Duenna und nahm die Mühe auf sich, Gott sei Dank – ich konnte doch die ganze Nacht nicht vor der Geschichte schlafen, ich muß rot werden, wenn ich dran denke – dann war ich bei der Haiden – der Moritz im Kabriolett ist mir begegnet, von da in der Komödie in Eurer Loge, George führte mich hinein. Die Geschwister. – Es war sehr leer wegen der Hitze, George war fortgegangen, die Frau Rath saß ganz allein auf meiner Seite, sie rief aufs Theater: »Herr Verdy, spielen Sie nur tüchtig, ich bin da«; es machte mich recht verlegen; hätte er geantwortet, so wär ein Gespräch draus geworden, in dem ich am Ende noch eine Rolle hätte übernehmen müssen. – Im Parterre saßen keine fünfzig Menschen, Verdy spielte recht gut, und die Rath klatschte bei jeder Szene, daß es widerhallte; Verdy verbeugte sich tief gegen sie; es war gar wunderlich, das leere Haus und die offnen Logentüren wegen der Hitze, durch die der Tag hereinschien; dann kam Zugwind und spielte mit den lumpichten Dekorationen, da rief die Goethe dem Verdy zu: »Ah, das Windchen ist herrlich«, und fächelte sich, es war doch grad, als spiele sie mit, und die zwei auf dem Theater so gut, als wären sie allein in vertraulich häuslichem Gespräch; dabei muß ich an den größten Dichter denken, der nicht verschmähte, so prunklos seine tiefe Natur auszusprechen. – Ja, Du magst recht haben, es ist was Großes darin, und es ist schauerlich und daher tragisch gewesen diese Leere, diese Stille, die offnen Türen, die einzige Mutter voll Ergötzen, als habe ihr der Sohn den Thron gebaut, auf dem sie weit erhaben über den Erdenstaub sich die Huldigung der Kunst gefallen läßt. – Sie spielten auch recht brav, ja begeistert, bloß wegen der Fr. Rath; sie weiß einen in Respekt zu setzen. Sie schrie auch am Ende ganz laut, sie bedanke sich und wolle es ihrem Sohn schreiben. Darüber fing eine Unterhaltung an, wobei das Publikum ebenso aufmerksam war, die ich aber nicht mit anhörte, weil ich abgeholt wurde. Morgen wird sie wohl in der ganzen Stadt herumkommen.

Ich bin nicht wohl, sonst wär ich heut hinausgekommen – so sehr interessiert mich Dein Brief; Du hängst Dich an die Gipfel der Lebenshöhen wie das junge Gefieder und siehst Dich gleich um, wie am besten nach der Sonne zu steuern sei, dann zerstreust Du Dich ebenso leicht wieder. Wenn ich wohl bin, so komme ich die Woche noch; ich glaube, die Angst vor dem Aderlassen macht mich krank, ich kann mich nicht dreinfinden; wenn ich denk, daß ich Blut vergießen soll, so wird mir übel. – Schreibe mir doch heute noch von der Schwebe-Religion, was das heißen soll, daß ich was zu denken und zu faseln hab, weil ich nichts anfangen kann und das Zimmer hüten muß.

Karoline

An die Günderode

Ach, lasse doch ja nicht zur Ader, aus tausend Gründen, denn (vielleicht): wenn einer nur einmal zur Ader gelassen hat, so kann er kein Soldat mehr sein, kein Held! man kann gar nicht wissen, was so ein Eingriff in die Natur für Veränderung im menschlichen Geist macht und wozu er als die Fähigkeit verlieren kann. Ich bitte Dich, lasse nicht zur Ader; im Kloster, da, wenn der Tag kam, wo das Aderlaßmännchen im Kalender steht, ich glaub, es war grad in der heißen Zeit wie jetzt, da ließen die Nonnen alle am linken Fuß zur Ader, da kam ein Chirurg, ich war immer im Anstaunen seiner Häßlichkeit verloren, er hieß Herr Has. – Eine alte Nonne sagte einmal, man könne in seine Pockengruben, in denen sehr viel erdiger Schmutz war, Kresse säen, so würde er einen grünen Bart bekommen; ich hielt also immer Kresse bereit und paßte auf die Gelegenheit, ihm den Samen einzustreuen, und habe auch einen Augenblick, wo er über dem Warten auf die Nonnen eingeschlafen war, benutzt, und Du magst's glauben oder nicht, die Kresse hatte einen sehr günstigen Boden, sie begann mit Macht emporzuschießen, man brauchte, ihn nur mit Essig und Öl einzuseifen, so hatte man den trefflichsten Salat von seinem Bartschabsel. Aber gelt, du gläubest nicht? – Aber hör, da fällt mir ein, esse doch eine recht tüchtige Schüssel voll Salat, das kühlt das Blut ab; aber wenn Du bei einer Entzündung noch Blut verlierst, so wird natürlich diese verstärkt, denn wenn Du ein Dippen mit Wasser kochend hast und schüttst einen Teil davon weg, so kocht's viel stärker. – Die Hahnen krähen, es ist schon Mitternacht, und nun will ich Dir fortschreiben

bis morgen früh, daß Du recht viel zu lesen hast auf Deinem Krankenla-
gerchen; gleich fang ich von der neu Religion an, aber erst will ich Dir
noch was erzählen; wie der Jud kam mit Deinem Brief, das war vier Uhr,
da dacht ich auf was, was Dir recht gut wär, da dacht ich gleich, die Aprikosen in der Großmama ihrem Garten müßten Dir gesund sein; da ging
ich um die Bäume herum und erspähte die besten und lernte sie alle auswendig, wo sie hingen, und so spazierte ich in einem Wiederholen meiner Lektion, bis die Sonne unterging; denn bei Tag konnt ich sie nicht
stehlen, ich mußte warten, bis alles am Spieltisch saß; es war Dir das
schönste Pläsier, diese Aprikosen zu stehlen; erstens die Angst ist ein
wahrer Spaß, das Herz klopfte mir so, ich mußte so lachen vor Freud;
Herzklopfen ist so was Angenehmes, und denn war's grad, als ließen sie
sich recht gern stehlen, sie fielen mir in die Hand, ich hatte mir ein Tuch
um den Hals gebunden, da warf ich sie hinein, zwanzig! – ich war recht
froh, wie ich sie all hatte und glücklich auf meiner Stube war; da hab ich
sie alle in die jungen Weinblätter gepackt, die sind vom zweiten Schuß
und haben einen so weichen Samt auf der linken Seite. Da liegen sie in
der Schachtel und gucken mich an, als hätten sie Appetit auf einen Biß
von meinem Mund; aber da wird nichts draus, sie sind all für Dich, sie
müssen sich's vergehn lassen, von mir gespeist zu werden. Esse sie, Günderod, sie sind gut, Gott hat sie geschaffen für Entzündungen, damit die
aus dem Blut wieder in den Geist zurückgehen soll, aus dem sie eigentlich nur ausgetreten war ins Blut. Laß nur nicht zur Ader, denn, wie
gesagt, es ahnt mir, daß dadurch etwas im Menschen zugrunde gehen
könne, vielleicht das echte Heldentum; wer weiß, ob nicht einer, der einmal Ader gelassen hat, hierdurch nicht seine ganze Nachkommen um die
Tapferkeit gebracht hat, und daß diese Tugend eben darum jetzt so rar
ist. – Das Aderlaßmännchen ist der Teufel, der hat sich so ganz sachte in
den Kalender geschlichen, um die Menschen um das einzige zu betrü-
gen, was ihm Widerstand leisten kann, um den Stahl im Blut, der über-
geht in den Geist und den fest macht, daß er tun kann, was er will. Weisheit und Tapferkeit! der Mensch will immer die Weisheit, er hat aber den
Mut nicht, sie durchzusetzen. Eins bedingt das andere, denn wenn der
Mut dazu wäre, so wär auch die Weisheit da. Denn es ist nicht möglich,
daß, wenn Kraft in der Seele ist, das Höchste zu tun, daß in ihr nicht auch
der Same der Weisheit aufblühen sollte, der das höchste Tun lehrt. Wer
zum Beispiel Mut hat, das Geld zu verachten, der wird bald auch Weis-

heit haben, zu erkennen, welch fürchterlicher Wahnsinn aus diesem grausamen Vorurteil hervorschießt und wie Reichtum und Macht so sehr, sehr arm sind. Weisheit und Tapferkeit müssen einander unterstützen. Ach, in unsrer Religion soll die Tapferkeit obenan stehen – denn wenn wir nur darüber wachen, daß wir kühn genug sind, das Große zu tun und die Vorurteile nicht zu achten, so wird aus jeder Tat immer eine höhere Erkenntnis steigen, die uns zur nächsten Tat vorbereitet, und wir werden bald Dinge beweisen, die kein Mensch noch glaubt. Zum Beispiel: man kann nicht von der Luft leben! – Ei, das könnt doch sehr möglich sein, und es ist eine sehr dumme Behauptung, die der Teufel gemacht hat, um den Menschen an die Sklavenkette zu legen des Erwerbs, daß man nicht von der Luft leben könne, daß er nur recht viel habe. Wer viel hat, der kann vor lauter Arbeit nicht zur Hochzeit kommen; und von der Luft lebt man doch allein, denn alles, was uns nährt, ist durch die Luft genährt, und auch unsere erste Bedingung zum Leben ist das Atemholen. Und Gott sagt damit: du teilst die Luft mit allen, so teile auch das Leben mit allen, und wer weiß denn, wie sehr die Natur sich noch ändern kann, und kann sich dem Geist anschmiegen, wenn er einmal die Seele mehr regiert, ob dann der Leib nicht auch mehr Luft bedarf und weniger andere Nahrung. Alle alberne Gedanken, Begierden und verkehrte Einbildungen, die machen so hungrig nach tierischer Nahrung; ich weiß an mir, daß, wenn mir etwas durch den Geist fährt, dem ich nachgehen muß, aus Ahnung, daß es Lebensluft enthalte, so hab ich gar keinen Hunger, und die Franzosen, wenn sie witzig sind, so haben sie immer auf was Petillantes oder Gewürztes Appetit; es käme also sehr auf den Geist an, daß wir am End gern von der Luft leben. – Und unser Tischgebet soll heißen: Herr, ich esse im Vertrauen, daß es mich nähre, und die alten Küchenzettel und Bratspieß- und Backgeschichten all dem Teufel in die Garküch geschmissen, daß er den Hals drüber bricht; wir haben keine Zeit, uns dabei aufzuhalten, geh zum Nachbar und nehm Brot von ihm und nehme die Frucht vom Baum dazu und vom Opfermahl ein weniges und dulde nicht, daß sich Bedürfnisse des Mahls bei Dir einnisten zu dieser oder jener Stunde oder sonst Dinge, die den Leib abhängig machen. Da fällt mir noch etwas ein, mit dem verdammten Zugwind oder mit der Nachtluft, alle Augenblick heißt's: »Hier zieht's!« – und dann reißen die Leute aus, als ob ihnen der Tod im Nacken säß, oder der Nachtwind hindert sie, die nächtliche Natur zu genießen, oder der Abendtau ist ihnen gefährlich, und doch – hat man je bei einem Gefecht in der Schlacht gesehen, daß ein Held vor dem Nachttau ausreißt? – also auch, über die Verkältung hinweg im Nachtwind wie im Sonnenschein sein eigner Herr bleiben, das muß ein Gesetz unsrer schwebenden Religion sein. – Ich weiß nicht, es duftet mir ordentlich im Geist, als würden wir auf sehr wunderbare Entdeckungen kommen. Jetzt haben wir schon entdeckt, daß man nicht Aderlassen muß, damit der Stahl im Blute nicht abgelassen werde, der die Begeisterung der Tapferkeit erzeugt – da könnte einer sagen, durch eine Wunde im Krieg könne auch dieser Geist des Stahls entfliehen, so daß ein Tapferer könne zu einem Feigen werden – dem ist aber nicht so, denn bei einer Wunde, die in der Begeistrung selbst empfangen wird, da haucht das Blut selbst Unsterblichkeit aus. Wenn nämlich die Tugend (die Tapferkeit) wach ist in dem Menschen, das heißt: wenn der Genius in sein Blut gestiegen ist und kämpft, und er geht auf die Wunde los, die empfangen soll, da ist die Kühnheit so Herr, daß keine sklavische Entweichung stattfinden könne, denn dann ist grad aller Stahl im Blut in den Geist übergegangen – denn wie Gott immerdar in jedem Hauch erzeugt, weil er ganz Weisheit ist, so erzeugt auch das Genie, weil es mit Gottes elektrischer Kette verbunden ist, ewig seine Schläge empfängt und wieder einschlägt ins Blut. – Ich bitte Dich, wie willst Du denn die elektrische Kraft erklären, anders, als daß durch Gottes Geist die Natur zuckt und bis ins Blut geht, wo sie im Menschen wieder den Weg in die Begeistrung findet, weil der Geist hat. – Und siehe da! – die Kraft empfängt den Blitzstrahl, und so erzeugen Weisheit und Tapferkeit sich ineinander. – Was hab ich im vorigen Brief gesagt: – Gott sei die Poesie, und heute, daß er die Weisheit ist – das ist schon eine alte Geschichte, das haben, glaub ich, die Kirchenväter herausgestellt und haben deswegen großen Respekt vor Gott. Aber heute haben wir herausgekriegt, daß Gott die große elektrische Kraft ist, die durch die Natur fährt und ins Blut des Menschen und von da sich als Genius in den Geist des Menschen hinüberbildet. Der Genius steigt aus dem Stahl auf im Blut, und dort dringt er auch wieder ein, wenn er wirkend ist in den Sinnen. Wer keinen Stahl im Blut hat, kann auf die Weise Gott nicht empfangen. Es ist schon drei Uhr; wenn ich so fortschreib, ich glaub, ich brächt allerlei kuriose Sachen heraus, die mich selbst verwundern. – Ich wittre schon den Tag, mein Licht brennt ganz nüchtern. Ich sollt schlafen gehen, aber ich will Dir doch für einen ganzen Tag zu denken geben, weil Du allein bist. – Aber jetzt muß ich erst von der Religion abspringen und Dir was dazwischen erzählen. – Du schreibst, der Moritz hat Dich im Kabriolett begegnet, ich bedanke mich, aber ich hab grad auf vierzehn Tag, wo ich noch hier bin, ein Gelübd getan und kann also Deiner Mahnung kein Gehör geben; sag's ihm, wenn Du ihn siehst. – Der Bernhards Gärtner ist ein junger, schlanker Mann, er hat eine feingebogne Nase, blaue Augen, schwarze Wimpern, schwarze Haare und hat eine sanfte Stimme – zum wenigsten gegen mich, denn wie er letzt den Hund wollt zurückhalten, der mich anbellte, da hatte er eine sehr kräftige Stimme. – Dem Moritz wird das wunderlich vorkommen, aber mir ist es keine Scheidewand, weil er von der gebildeten Klasse übersehen wird. Ein Mensch von Rasse müßte seine Rasse auch unter der Sklaventracht wittern, aber das ist die Unechtheit des Adels; denn gewiß ist, daß das echte Blut zerstreut ist in der Welt und viel ungestempelt herumläuft, und doch will man nur das gelten lassen, was gestempelt ist, aber das sag ich Dir, ich halte alle Menschen für unadelig, die ihre Rasse nicht erkennen auch im Kittel. – Der Gärtner also, der mir immer Arbeit gibt morgens früh, Du weißt – ich hab ihm die abgeblühten Federnelken von den Rabatten geschnitten, ich hab die Erdbeeren umgesetzt, ich hab die Reben ausgelaubt, ich hab das Geißblatt binden helfen, ich hab die Pfirsich spaliert, ich hab die Nelken gestengelt, ich hab die Melonenräuber ausgebrochen, und noch mancherlei anders hab ich immer morgens früh tun helfen, wenn ich in der Früh zum Mainufer lief, weil ich schreiben wollt oder dichten für den Clemens, und es wollt nicht gehen, weil mir nicht einfiel, weil die Natur zu groß ist, als daß man in ihrer Gegenwart sich erlaubte zu denken; da hab ich denn mit dem Gärtner lieber Erbsen gepflückt, als auf der Lauer nach großen Gedanken – da hat mir der Gärtner als immer einen Strauß verehrt, erst recht schön voll und seltne Blumen, dann weniger und einfacher, ich denk, weil ich alle Tag kam, es wär ihm zuviel, aber zuletzt – es war grad am Tag, wo ich Zuckererbsen brach, da gab er mir bloß eine Rose und – – –

Morgens

Da hab ich so nachgedacht und bin drüber eingeschlafen. Die Rose hab ich mit ins Bett genommen. – Was soll sie im Glas langsam welken – überall sollt man ein Heiligtum der Natur mit herumtragen, das frei macht vom Bösen; wer kann in Gegenwart einer Rose nicht mit edlen Gedanken erfüllt sein, ich hab's lieb, das Röschen, mit dem ich geschlafen hab – es war matt; nun hab ich's ins Wasser gestellt, es erholt sich. – Ich bin so dumm, ich schreib so einfältig Zeug – der arme Gärtner. –

An die Günderode

Der Jud kommt heut um fünf Uhr und sagt, er hat den Brief heut morgen im Stift abgegeben und hat nichts von Dir gehört; der ungeheure Esel mußte heute wie ein Windspiel herumlaufen, er hätt müssen Paradiesäpfel zum Laubhüttenfest einkaufen, da hätt er nicht warten können. Der Kerl sah so närrisch aus; aus seinem Sack guckten lange Palmzweige über seinen Kopf, mit der einen Hand hielt er seinen langen Bart fest, mit der andern stellt er seinen langen Stab weit von sich und schwört immer bei seinem Bart und keuchte unter der Last. Ich ließ ihn eine Weile stehen, so gut gefiel's mir, ihn anzusehen, ein Bild, wer's verstünd zu malen. Diesmal haben also meine Religionsdepeschen wegen der Laubhüttenangelegenheit nicht können befördert werden; – wenn Du nur gesund bist, wieder. – Heut abend mußt ich mit der Großmama spazieren gehen am Kanal im Mondschein. Sie erzählte mir aus ihrer Jugendzeit, wie sie noch mit dem Großpapa in Warthausen beim alten Stadion wohnte und wie der den Großpapa weit lieber gehabt als die andern Söhne und wie der ihn erzogen hat, gar wunderlich mit großer Sorgfalt. Er ließ ihn als Jüngling von nicht achtzehn Jahren schon eine große und ausgebreitete politische Korrespondenz führen, er gab ihm Briefe von Kaiser und König, von allen Reichsverwesern und Staatsbeamten aller Art zu beantworten, es kamen Verhandlungen über alle mögliche Staatsangelegenheiten vor, Handel, Schiffahrt, alte Anrechte, neue Forderungen, Länderteilung, Verrätereien, Umtriebe, klösterliche Stiftungen, Geldangelegenheiten, kurz alles, was einem großen Staatsminister obliegt, zu untersuchen und zu ordnen, dies alles besprach der Stadion mit ihm, ließ ihn seine Meinung drüber darstellen – Aufsätze darüber machen; dann mit eignem Beifügen von Bemerkungen ließ er diese von ihm ins reine schreiben, Briefe an verschiedne Potentaten schreiben, namentlich führte er die Korrespondenz mit Maria Theresia, zuvörderst über Thronbesteigung, über Mitregentschaft ihres Gemahls, dann über die leere Schatzkammer, dann über die Heereskraft des Landes, über Mißvergnügen des Volks, über die Ansprüche von Bayern an die östreichischen Erblande, und wie die Kurfürsten wollten die Erbfolge der Theresia nicht anerkennen, über den Krieg mit Friedrich dem Zweiten, mit England, Anträge um Hilfsgelder; Briefe an einen französischen General Belle-Isle, dann einen Briefwechsel mit Karl von Lothringen, mit dem Kardinal Fleuri, mit dem östreichischen Feldherrn Fürsten Lobkowitz, dann endlich einen Briefwechsel mit der Marquise de Pompadour, immer im Interesse der Kaiserin; diese letzte Korrespondenz war erst ins Galante und endlich ganz ins Zärtliche übergegangen, es kamen Briefe mit Madrigalen als Antwort, worauf der Großpapa im Namen Stadions wieder in französischer Poesie antworten mußte. Da habe der Großpapa manche Feder zerkaut, und der Stadion habe ihm gelehrt, die Politik mit einfließen zu lassen, und hat Anspielungen machen müssen auf Reize, auf blonde und braune Locken – und dem Stadion ist's häufig nicht zärtlich genug gewesen. Die Antworten sind dann mit großer Freude vom Stadion ihm mitgeteilt worden, besonders wenn sie Empfindlichkeit für des Großpapas Galanterien hatten spüren lassen, da hat der Stadion so gelacht und ihn angewiesen, wie die feinste Delikatesse zu beobachten sei. – Und endlich einmal, als nach der Thronbesteigung der Maria Theresia und ihrer Krönung als Kaiserin die Gratulationen abgefertigt waren, an seinem einundzwanzigsten Geburtstage, da schenkte Stadion dem Laroche einen Schreibtisch, worin er alle seine Briefe, in drei Jahren geschrieben, die er über Land und Meer gegangen wähnte, noch versiegelt wiedergefunden und die Antworten, welche von Stadion selbst erfunden waren und von verschiedenen Sekretären abgeschrieben, dazu, und er sagte ihm, daß er ihn so habe zum Staatsmann bilden wollen. Dies hat den Großpapa erst sehr bestürzt gemacht, dann aber ihn tief gerührt, und hat diese Briefe als ein heilig Merkmal von Stadions großem, liebevollem Geist sich aufbewahrt. Die Großmama hat diese Briefe noch alle und will mir sie schenken. – Sie war gesprächig heut, sie wird alle Tage liebevoller zu mir, sie sagt, mir erzähle sie gern, obschon manches in die Erinnerung zu wecken ihr schwer werde. Sie sprach viel von der Mama, von ihrer Anmut und feinem Herzen, sie sagte: Alles, was ihr Kinder an Schönheit und Geist teilt, das hat eure Mutter in sich vereint; und dann hat sie zu sehr geweint, um von ihr weiter zu sprechen, die Tränen erstickten ihre Stimme. – Sie legte die Hand auf meinen Kopf, während sie sprach, und als der Mond hinter den Wolken hervorkam, da sagte sie – wie schön dich der Mond beleuchtet, das wär ein schönes Bild zum Malen. – Und ich hatte in demselben Augenblick auch den

Gedanken von der Großmama; es war gar wunderlich, wie sie unter einem großen Kastanienbaum mir gegenüberstand am Kanal, in dem der Mond sich spiegelte, mit ihren großen silberweißen Locken ihr ums Gesicht spielend, in dem langen schwarzen Gros-de-Tours-Kleid mit langer Schleppe, noch nach dem früheren Schnitt, der in ihrer Jugendzeit Mode war, lange Taille mit einem breiten Gurt. Ei, wie fein ist doch die Großmama, alle Menschen sehen gemein aus ihr gegenüber; die Leute werfen ihr vor, sie sei empfindsam, das stört mich nicht, im Gegenteil findet es Anklang in mir, und obschon ich manchmal über gar zu Seltsames hab mit den andern lachen müssen, so fühl ich doch eine Wahrheit meistens in allem. – Wenn sie im Garten geht, da biegt sie alle Ranken, wo sie gerne hinmöchten, sie kann keine Unordnung leiden, kein verdorbenes Blatt, ich muß ihr alle Tage die absterbenden Blumen ausschneiden. Gestern war sie lange bei der Geißblattlaube beschäftigt und sprach mit jedem Trieb: »Ei, kleins Ästele, wo willst du hin«, und da flocht sie alles zart ineinander und band's mit roten Seidenfaden ganz lose zusammen, und da darf kein Blatt gedrückt sein, »alles muß fein schnaufen können«, sagte sie – und da brachte ich ihr heute morgen weiße Bohnenblüten und rote, weil ich ihr gestern eine Szene aus ihrem Roman vorgelesen hatte, worin die eine Rolle spielen, sie fand sie auf ihrer Frühstückstasse. Sie ließ sich aus über das frische Rubinrot der Blüte, hielt's gegen's Licht und war ergötzt über die Glut – mir ist's lieb, wenn sie so schwätzt – ich sagt ihr, sie komme mir vor wie ein Kind, das alles zum erstenmal sehe. – »Was soll ich anders als nur ein Kind werden, sind doch alle Lebenszerstreuungen jetzt entschwunden, die dem Kindersinn früher in den Weg traten, so beschreibt das Menschenleben einen Kreis und bezeichnet schon hier, daß es auf die Ewigkeit angewiesen ist«, sagte sie, »jetzt, wo mein Leben vollendet, so gut als mir's der Himmel hat werden lassen – so viel der schönen Blüten sind mir abgeblüht, so viel Früchte gereift, jetzt, wo das Laub abfällt, da bereitet sich der Geist vor auf frische Triebe im nächsten Lebenskreislauf, und da magst du ganz recht ahnen.« – Ach, Günderode, ich will auch erst wieder ein Kind werden, eh ich sterb, ich will einen Kreis bilden, nicht, wie Du willst, recht früh sterben, nein, das will ich nicht, wo ist's schöner als auf der schönen Erde, und dann als Kind, wo's am schönsten ist, wieder hinüber, wo die Sonne untergeht. Die Großmama erzählte auch noch eine schöne Geschichte, die ich Dir hierher schreiben will, weil ich sie nicht gern vergessen möchte, von dem Vater des Stadion, der habe einen Löwen gehabt, der sei zahm gewesen, der habe nachts an seinem Bett geschlafen, da sei er eines Morgens aufgewacht, weil ihn der Löwe gar hart an der Hand leckte, da war er von seiner rauhen Zunge bis aufs Blut geleckt, und dem Löwen hat das Blut sehr gut geschmeckt; der Stadion hat sich nicht getraut, die Hand zurückzuziehen, und hat mit der andern Hand nach einer geladnen Pistol gegriffen, die am Bett hing, und dem Löwen vor dem Kopf abgedrückt. – Und als die Leut auf den Lärm hereingedrungen waren zu ihrem Herrn, da hat der Stadion über dem toten Löwen gelegen und ihn umhalst und ihn ganz starr angesehen und hat einen großen Schrei getan: »Ich hab meinen besten Freund gemordet«, und da hat er sich mehrere Tage in sein Zimmer eingeschlossen, weil es ihn so sehr gekränkt hatte. – Ach, ich hätte dies Tier lieber nicht umgebracht und hätt auf seine Großmut gebaut, ob der Löwe mich gefressen hätt, ich glaub's noch nicht, und mir wär lieber gewesen, die Geschichte wär nicht so ausgegangen. – Sie erzählte noch manches von ihm, was seine große Gegenwart des Geistes bewies, und sprach so weise über diese große Eigenschaft, daß ich ganz versunken war im Zuhören; sie sagte, daß die Menschen als lang sich abmühen, was Genie sei, sie kenne kein größeres Genie als in dieser Macht über sich selber, und daß die endlich über alles sich ausbreite, da man alles beherrschen könne, wenn man sich selber nicht mit Zaum und Gebiß durchgehe, »wie du, kleines Mädele«, sagte sie zu mir, »so steil hinansprengst mit den Füßen wie mit dem Geist und der Großmama Schwindel machst«; – und wenn je große Herrscher gewesen, so wären sie durch diese Geisteskraft allein hervorgebildet worden, die sie in einem früheren Leben genötigt waren zu üben. – Die Großmama glaubt, die Seele, das Wesen des Menschen gehe aus einem Geistessamen in ein ander Leben über, dieser Same sei, was er während einem Leben in sich reife und dann sich durch allmähliche Erkenntnis, durch geübtere Fähigkeiten immer in höhere Sphären zeuge. Dann erzählte sie mir von dem Ahnherrn unseres Großvaters, der im Dreißigjährigen Krieg sei auf dem Schlachtfeld gefunden, bei Tuttlingen, wo die Franzosen eine große Niederlage erlitten, als Fahnenjunker die Fahne um den Leib gewickelt und die Stange durch Brust und Leib gestoßen und eingehauen, und sein Bruder auch tot über ihm gelegen, der hat die Fahne schützen wollen und mit seinem Leben bezahlt; sie waren in französischen Diensten, das hat der große Condé gesehen und gesagt: ferme comme une roche, da sie sonst Frank von

Frankenstein geheißen, so haben sie jetzt sich genannt Laroche, weil der König der Witwe seines Bruders, der auch in jenem Gefecht geblieben, ein Landgut im Elsaß geschenkt hat und ihnen drei Fahnen zu dem Fels ins Wappen gegeben. Über diese letzte Geschichte hab ich meine eignen Betrachtungen angestellt; eine so einfache und doch große Handlung hab ich mir im Geist dargelegt, er war Fahnenjunker, dieser Ahne von mir, und haben eine unsterbliche Tat getan, beide Brüder, indem sie die Fahne, zu der sie geschworen, treu verteidigten, und ließen ihr Leben dafür. Da der Junker die Fahne sich um den Leib gebogen und so den Tod fand, so schützte sie sein Bruder, der Wachtmeister war, noch im Tod mit seinem Leib, und retteten dem Heer die Fahne des Condé, daß sie nicht als Siegeszeichen in die Hände des kaiserlichen Tilly komme, obschon sie von Geburt Deutsche waren. – Ein Schwur muß doch Erwecker einer großen Kraft im Menschen sein, und die gewaltiger ist wie das irdische Leben. – Ich glaub, alles, was gewaltiger ist wie das irdische Leben, macht den Geist unsterblich. – Ein Schwur ist wohl eine Verpflichtung, eine Gelobung, das Zeitliche ans Geistige, ans Unsterbliche zu setzen – da hab ich's gefunden, was ich mein, was der innerste Kern unserer schwebenden Religion sein müßt. – Ein jeder muß ein inneres Heiligtum haben, dem er schwört, und wie jener Fahnenjunker sich als Opfer in ihm unsterblich machen – denn Unsterblichkeit muß das Ziel sein, nicht der Himmel, den mag ich denken, wie ich will, so macht er mir Langeweile, und seine Herrlichkeit und Genuß lockt mich nicht, denn die wird man satt, aber Aufopferung und Not, die wird man nicht müde. – Und im Glück, im Genuß wird der Mensch nicht wachsen, in dem will er immer stille stehen. Und was ist denn das wahre, das einzige Fünklein Glück, was von dem großen Götterherd herübersprüht ins Leben? – Das ist Gefühl, daß Bedrängnis das Feuer aus dem Stahl im Blut schlägt, ja, das ist's allein; – die geheime innerliche Überzeugung der lebendigen Mitwirkung aller Kräfte, daß alles tätig und rasch sei in uns, einzugreifen mit dem Geist und die eigne irdische Natur wie ihr Besitztum und alles dranzusetzen. – Nun wohl, geistige Kraft, die die irdische zum eignen Dienst verwendet, die ist das einzige menschliche Glück. – Ja, ich glaub, Besitz ist nur insofern Glücksgüter zu nennen, als sie uns gegeben sind, damit wir sie verleugnen können um der höheren Bedürfnisse der inneren Menschheit willen. – Dies Verleugnen, dies Dahingeben, daß es durch jene Glücksgüter in die Hand gegeben ist, uns über sie hinauszuschwingen, das deucht mir göttliche

Gabe, ach! ach! die lassen wir aber fallen; wir lassen die Begeisterung, die im Göttertrank des Glücks unsre Sinne durchrauschen dürfte – und fürchten uns davor, und wenn wir schon lüstern wären, doch deucht es gefährlich, wie ein Gott trunken den Becher in die Weite hinzuschleudern, wenn er ausgetrunken ist. – Merk's, zu unserer schwebenden Religion gehört das auch, daß wir den Wein den Göttern trinken und trunken die Neige mitsamt dem Becher in den Strom der Zeiten schleudern. – So ist's, sonst weiß ich nichts, was glücklich wär zu preisen, als nur tatenfroh immer Neues schaffen und nimmer mit Argusaugen Altes bewachen. – Außerdem wüßt ich nichts, was mich anfechte, was ich möcht sein oder haben, als nur mit meinem Geist durchdringen. – Von mir soll niemand hören, ich sei unglücklich, mag's gehen wie's will, und was mir begegnet im Lebensweg, das nehm ich auf mich, als sei's von Gott mir auferlegt. Merk's wieder, das gehört auch noch zu unserer schwebenden Religion – und mein inneres Glück, das mach ich mit den Göttern ab. Diese Momente, wo ein Gefühl: Göttertriebe seien in uns wach, dem Stolz das Gefieder aufblättert, daß die Gedanken Respekt vor uns haben, die gemeinen – und uns aus dem Weg gehen. Ach, das ist's – dann steigt man allein auf die Berggipfel und atmet die Lüfte ein im Nachtwind, in denen der Genius uns anhaucht vor Lust und Dank, daß er ohne Sünde, ohne Verleugnung wiedergeboren ward in uns; und dann weiht man aufs sich ihm und verschwistert sich mit sich selber, alles zu tragen, zu dulden. Nichts ist zu klein, was solche große Seelenkräfte in Anspruch nimmt, denn eben diese zu üben ist ja das Große; und versäumen kann man nicht das Höhere um das Geringere, denn eben daß an das Geringe alle Seelenkraft gewendet werde, mit Fürsorge gleich der des Lebensspenders, das ist das wahre Opfer, was uns göttlich macht. ›Man muß alles dem lieben Gott überlassen‹, sagen die guten Christen – jawohl, von ihm nehme ich an, was er mir zuerst entgegensendet, wozu die erste Regung meines Geistes mich mahnt, und laß auf dem Zeitenstrom mich dahinschwimmen, den er mir geschenkt, und ob ich da Früheres versäume oder Größeres, das kann ich nicht wissen, und wenn's ein Bienchen wär, das ohne meine Hilfe ertrinken müßte, so reich ich erst den Zweig ihm, sich zu retten, das ist das Fundament von meinem innerlichen Glück; überhaupt, was sollt ich doch um irdisch Glück für Not haben, es ficht mich nicht an. Soll sich einer glücklich preisen, ich müßt ihn auslachen. – Sagt mir einer, dir geschieht nichts, die Tage gehen vorbei, und kannst dein Wirken nicht vereinen mit der Zeit, sie will nichts von dir und läuft ihren Weg, sie hat taube Ohren im Gebrause aller, deren jeder einer für sich sorgend seine Stimme will geltend machen und sich durchfechten. Nun, das ist mir nichts. – Ob handelnd oder fühlend, tiefempfindend mit dem Genius umgehen, das ist dasselbe, was ist denn Handeln anders, als fühlbar werden das Rechte und es tun. Handeln ist nur der Buchstabe des Geistes, es ist noch nicht so süße als die heimliche himmlische Schule des Geistes. Wo ich auch hinaus denk, mich deucht nichts glücklicher als im Schatten liegen jener großen Linde unter ihren fallenden Blüten und durch ihr rauschend Gezweig dem Geliebten entgegenlauschen, dem Heiligen Geist. Der ist mein Geliebter, der kommt und besucht mich jetzt in der heißen Jahreszeit, wenn ich im Boskett lunze, und es regnet Lindenblüten auf mich mit jedem leisen Lüftchen. Ach, er macht kein Wesen von der Weisheit, von Gottesgelahrtheit, von Tugend, von Religion. – Ich bin ihm recht, wie ich bin, er lacht mich aus, wenn ich belehrt sein will, und bläst mich an; – da hast du Weisheit, sagt er. – Dann spring ich auf und glüh im Gesicht von seinem Hauch – ich lauf ins Haus, ich denk, wie bin ich doch glücklich! – ich werf mich auf die Erd mit dem Angesicht und küß die Erde. Das ist mein Gebet – wie soll ich ihn umfassen als bloß, wenn ich die Erde küß? – Einsam – bin ich nicht – ist der Schatz überall – die dritte Person in der Gottheit überall; auch im Blumenstrauß vom Gärtner, der an meinem Bett steht, vom Mond beleuchtet in der Nacht, wenn's alles still ist und tief schläft alles und kein Licht mehr brennt in den Nachbarhäusern, da fangen diese bunten Farben das Mondlicht auf; – wenn ich den anseh, dann sag ich: »Gelt, das ist deine Rede zu mir, Heiliger Geist, dies Farbenspiel in den Blumen?« – das leugnet er nicht, daß ich ihn versteh. Dir kann ich's alles sagen, denn durch Dich hab ich ihn fassen gelernt, wenn ich Dir gegenübersaß, und Du lasest mir vor am Morgen, was Du am Abend gedichtet hattest; da sah ich mich immer nach dem um, der Dir's wohl vorbuchstabiert hätt, der Klang, der riß mich hin, ich ahnte, es war der Geist, der auch mir begegnet draus, wenn ich auf der Höhe steh, und er braust von ferne daher, beugt die Wipfel auf und nieder und kommt näher und näher und fährt grad auf mich zu – umschlingt mich! wer soll's sein? – wer kann's wehren? – ich fühl seine Weisheit, seine Liebe ist Rhythmus. – Was ist Rhythmus? – Widerhall der Gefühle am großen Himmelsbogen, daß es schallt! – zurück! macht sich uns hörbar, was wir fühlten, daß es zärtlich anschlägt ans Ohr der Seele bis tief ins Herz, das

143

ist Rhythmus, das ist der Heilige Geist; aus der eignen Gedankenkelter gibt er uns zu trinken, süßen Most, der süße Heilige Geist.

Am Mittag

Ach, Günderode, ich weiß, was das ist, die Weltseele, ich hab oft gedacht, was doch so braust, wenn ich ganz allein sitze in der Mittagssonne, denn da ist das Brausen am stärksten; das ist mein Geliebter, der unter der Linde mit mir ist und im Abendwind. – Der Heilige Geist ist die Weltseele. – Er berührt alles, er weckt von den Toten auf, und hätt ich ihn nicht, so wär alles tot. – Und Leben ist Leben wecken, ich war verwundert, als der Geist mir's sagte. – Ich besann mich, ob ich Leben wecke oder ob ich tot sei. – Und da fiel mir ein, daß Gott sprach: Es werde, und daß die Sprach Gottes ein Erschaffen sei; – und das wollt ich nachahmen. Ich ging am Mainufer am Abend, ich sah in der Ferne den blauen Taunus und sah ihn drauf an, daß er lebendig solle werden. Wie bald war mein Wille erfüllt! Du hättest sehen sollen und fühlen den Strom lebendigen Atems, der herüberwallte von ihm auf mich, wo ich saß. – Die Schwalben kamen vorausgeflogen, die Nebel stiegen herab, die Abendstrahlen überleuchteten ihn flüchtig, und die Wiesen am Abhang, die Blumengärten, alles strömte er hinab aus seinem Talschoß mir zu und enthüllte sich vor mir, daß der Blick ihn deutlich fassen konnt; wie sah mein Aug gewaltig. – Aha! – sonst hab ich weiter nichts gedacht, er war mir der langerwartete, innigbekannte Geliebte! – so wandelt sich denn der Geist in alles, was ich mit lebenweckendem Blick anseh. Und keiner wird mir begegnen, mich zu lieben, es ist der Heilige Geist, der aus ihm zu mir spricht. – Ach ja! – ich kann von Glück sagen! – Seelenlauschen! himmlische Grazie! Du trägst mich ins Liebesbett, auf den grünen Rasen! Was du weckst, das weckt dich wieder – und was uns weckt, das ist der Heilige Geist, der an ferne Gipfel über den Nebeln mir aufstieg, denn weil ich gern mit Augen ihn sehen wollt. – Wie vertiefte sich doch mein Blick in ihn und merkte nichts vom Abenddunkel und daß er mich im Schleier fing der Nacht und ganz drin einwickelte. Ja, wecke Du das Leben, so ist's gleich selbständig und überrumpelt Dich. Und Du gehörst ihm, statt es Dein gehöre. – Ich hab aber noch was ganz anders im Schild, das will ich Dir hier sagen: je stärker die Gewalt, je lebendiger ist sie; drum ist Schönheit der lebendige Geist, denn sie weckt allein Leben – alles andre weckt den Geist nicht. Ach, wie schmachtet doch die Seele nach Schönheit, nach Leben – die

Schönheit ist Lebensnahrung der Seele. Das ganze Unglück ist, wenn nicht alles Schönheit um uns ist, da stirbt alles ab, und auch für die Ewigkeit ist alles verloren, was nicht Keim der Schönheit ist. Sehnsucht ist Schönheitskeim, der sich entfaltet. – Sehnsucht ist inbrünstige Schönheitsliebe. Heute nachmittag brachte der Büri der Großmama ein Buch für mich – Schillers Ästhetik – ich sollt's lesen, meinen Geist zu bilden; ich war ganz erschrocken, wie er mir's in die Hand gab, als könnt's mir schaden, ich schleudert's von mir – meinen Geist bilden! – ich hab keinen Geist – ich will keinen eignen Geist; – am Ende könnt ich den Heiligen Geist nicht mehr verstehen – wer kann mich bilden außer ihm! – Was ist alle Politik gegen den Silberblick der Natur! – Nicht wahr, das soll auch ein Hauptprinzip der schwebenden Religion sein, daß wir keine Bildung gestatten – das heißt, kein angebildet Wesen, jeder soll neugierig sein auf sich selber und soll sich zutage fördern wie aus der Tiefe ein Stück Erz oder ein Quell, die ganze Bildung soll darauf ausgehen, daß wir den Geist ans Licht hervorlassen. Mir deucht, mit den fünf Sinnen, die uns Gott gegeben hat, könnten wir alles erreichen, ohne dem Witz durch Bildung zu nahe zu kommen. Gebildete Menschen sind die witzloseste Erscheinung unter der Sonne. Echte Bildung geht hervor aus Übung der Kräfte, die in uns liegen, nicht wahr? – Ach, könnt ich doch alle Ketten sprengen, die uns daran hindern, jeder innern Forderung Genüge zu leisten; – denn dadurch allein würden die Sinne in ihre volle Blüte aufbrechen. –

Ich lese eben meinen Brief durch und wundre mich über den Paradegaul von prahlerischen Gedanken, der drin an der Leine im Kreis läuft. – Ein philosophischer Harttraber, ich fühl mich nicht bequem, wenn ich ihn reite, was kommt mir doch so viel in den Kopf, was ich selbst gar nicht wissen mag – könnt ich nur immer von der Himmelsleiter des Übermuts herab unter die Philister speien. – Gute Nacht – das ist der vierte Tag, wo ich nichts von Dir weiß, jetzt wenn morgen kein Brief kommt, so frag Dich doch selber, was ich dann denken soll. –

An die Bettine

Gestern abend kam ich von Hanau, wo ich drei Tage in prosaischen Geschäftsaufträgen verbrachte. Deine zwei Briefe lagen auf meinen Kopfkissen und einer von Clemens, der nach Dir frägt, weil er die ganze

Zeit nichts von Dir gehört habe, keine Antwort auf mehrere Briefe. Er meint, Du könntest krank sein; hast Du ihm denn gar nicht geschrieben? – Versäume doch nicht, gleich zu schreiben; er frägt nach Deinen Studien und meint, Dein Generalbaßeifer, von dem Du mit so viel Begeistrung ihm geschrieben, sei wohl auch wieder ins Stocken geraten. Ich soll Dein faselig Wesen zur Besonnenheit bringen, und schilt mich einen Faselhans und klagt mich an, ich versäume Dich; ich mache mir selber Vorwürfe und kann doch nach allem Überlegen zu keinem besseren Resultat kommen, als eben Dich ganz Dir selber überlassen. – Der Clemens meint, Du habest ein enormes Talent zu jeder Kunst, und es müsse die Steine am Wege erbarmen, Dich so dahinschlampen zu lassen; Deine Selbstzufriedenheit hänge davon ab, daß Du Dich mit Leib und Seel einmal drangebest, es sei der Schlüssel Deines ganzen Lebens. – Ich darf ihm nicht sagen, daß Du ein Religionsstifter bist und die ganze Menschheit auf Dich genommen hast und willst sie lassen von der Luft leben und bildungslos dahertappen und willst nichts Gekochtes mehr essen, von lauter rohen Mohrrüben und Zwiebel leben und die Bratspieße alle zum Teufel werfen und Dir das ganze Taunusgebirg zur Gesellschaft bitten und daß Deine Religion schweben solle und daß Du in dem Gärtner einen adeligen Herrn entdeckt hast, das darf ich ihm doch alles nicht sagen. Was soll ich ihm denn sagen? – Da helf mir doch einmal ein bißchen drauf. – Der rasche Wechsel von Anregungen in Deinen Briefen würden dem Clemens die Haare zu Berge stehen machen, und Dein zärtlicher Umgang mit dem Heiligen Geist, wie Du das nennst, den Du gleich einem Jagdhund witterst, das würde ihm unsägliche Sorgen machen. Er frägt mich, was Du mir schreibst, denn er wisse, daß ich enorm lange Briefe von Dir bekomme. Wo er das her weiß, das ist mir ein Rätsel; ich hab mit niemand davon gesprochen. Ich mein, daß der Clemens recht hat, denn wenn Du auch ein neues Leben ausgefunden hast, indem Du mit Dir selber zusammentriffst, wie Du sagst, so mußt Du doch auch fühlen: so gut wie in jenen Naturerscheinungen, die Dein Genius, wie Du meinst, benutzt, um zu Dir zu gelangen, so würde er jede Kunst wohl auch benutzen dazu, wenn Du ihm nur die Pforte öffnen wolltest, aber der Arme! ich glaube, Du würdest ihn eher zerquetschen, ehe Du ihn da durchließest. – Was Dich einen Augenblick anregt, wozu sich wirklich Dein Feuer sammelt, das zerstreust Du mit allem Fleiß wieder und gibst es den vier Winden preis. Du kannst nicht leugnen, daß die Musik mit allem, was Anregung in Dir bedurfte, übereinstimmt. Du hast mir selber geschrieben, Dein eigner Lebensgeist rufe Dir immer zu, eine Geige nimm und verstärke den Strom der Harmonien, sonst kannst Du nimmer glücklich werden. Dies war's oder doch was ganz Ähnliches, was Du mir vor vier Wochen geschrieben, und daß Du fühlest, die Musik sei der Urgeist aller Elemente, und sie allein wecke den Geist im Menschen, und Geist könne nur Musik sein, und was dergleichen prahlerische Gedanken mehr waren, die, wie ich sehe, aber gänzlich aus Deinem Kopf verschwunden sind. – Wo ist nun Dein musikalischer Urgeist jetzt hin? – ich will Deinem Lebensweg gar nicht in den Weg treten, aber daß Du dem Geist, der Dir auf geheimen Wegen entgegenkommt, den Du so liebst, daß Du meinst, in allem sei nur er es, den Du je lieben werdest, daß Du dem zulieb nicht einmal eine Kunst üben willst, Dich zu nichts anstrengen, kein Buch lesen, nur spazieren gehen, auf Dächer klettern und über die Hecken auf Nebelpfaden umherschweifen, schwebende Religionen zu erfinden, das ist ein wahrer Jammer! Wie gern wollte ich alles an Dir versuchen, was Clemens als meine Pflicht mir vorhält, aber Du stehst mir ja doch nicht Rede und haspelst wie ein Schmetterling über Dich selber hinaus. – Wie lang bleibst Du noch draußen? – Die Tonie läßt Dir sagen, sie werde Dich am Mittwoch abholen abends um halb neun Uhr auf einen Ball, den der Moritz in Niederrad gibt; sie konsultierte mit Marie und Claudine über Deine Kleidung, weil Du keinen Ballanzug in Offenbach hast, eine weiße Krepp-Tunika, eine breite blaue Schärpe und blaue Achselschärpe, meinte Claudine, und was auf den Kopf? – Du trügest nichts auf dem Kopf, meinte die Marie – ich will aber doch diesmal Dich auffordern, daß Du Dir einen Kranz von Aschenkraut aufsetzest, das muß gar gut stehen, der Moritz will Dir einen Strauß schicken. Heute haben wir Samstag; am Mittwoch also, wenn Du nicht abschreibst.

An die Günderode

Ich schreib nicht den Ball ab, ich freu mich recht drauf. Ich bin jetzt schon vier Wochen recht vergnügt hier und will auch durchaus noch bei der Großmama bleiben, bis die Tante aus dem Bad kommt; wir haben uns gar sehr ineinander gewöhnt, die Großmama und ich, ich hab sie um Erlaubnis gefragt, ob es ihr nicht unlieb sei, wenn ich auf den Ball gehe. Sie sagt:

Nein, gut Mäuschen, hast lang genug hier ausgehalten, wann kommst Du wieder? – Denn Du wirst doch wohl den andern Tag in Fr. bleiben? – ich sagte, ich wolle noch in der Nacht wieder herauskommen, denn ich sah ihr an, daß sie fürchtete, ich möchte in der Stadt bleiben, und das könnt leicht kommen, daß die Brüder mich dann nicht wieder herauslassen, und ich will doch nicht eher fort, bis die Großmama selber will und nicht mehr allein ist; richte es also mit Tonie und Marie so ein, daß die zusammen fahren und ich mit dem George seinem Gig herausfahren kann, denn ich fürcht mich nicht vor der Nachtluft, das weißt Du ja, daß das ein Gesetz ist in unserer schwebenden Religion. – Und Dein fürchterlich Gebrummel, davor fürcht ich mich gar nicht, denn ich weiß doch, daß es Dir grad so gefällt, und mach dem Clemens weis, was Du willst, aber sag ihm nichts wieder aus meinen Briefen; wer's ihm gesagt hat, daß ich Dir so lange Briefe schreib, das war der St. Clair, dem hast Du ein Stück aus meinem längsten Brief gezeigt und abgeschrieben; wenn er ihm nur nicht auch vom Inhalt gesprochen oder ihm gar mitgeteilt hat, dann weiß ich gewiß, daß mich der Clemens lang ansehen wird und wird mit Fragen hintenherum kommen; ich weiß gewiß, er wird allerlei Kuriosigkeiten fragen und so lang über mich hinausfahren ins Kreuz mit Segensprüchen, um mich von der Behexung loszumachen. Wie ich Dir sag, mit dem Clemens führ ich ein ganz ander Leben, es ist ein ander Register, das da aufgezogen ist, wenn ich an ihn schreib, es hat gar denselben Ton nicht wie mit Dir.

Es ist noch nicht aus mit der Musik, es sind noch keine erstarrten Grillen. Ich bin aufrichtig, und die einzige Tugend der Wahrheit geht durch mein Nervensystem, alles ist in ihr aneinandergereiht wie's menschliche häusliche Leben in meinem Geist. Wenn ich Dir den großen Einfluß, den die Musik auf mich hat, zu verschiedenen Malen mitgeteilt hab, so kannst Du denken, daß ich dabei nicht stehenblieb; allein wenn man Wege betritt, die noch zu keinem Ziel geführt haben, wo alles noch wüste ist, noch keine Lösung hat, noch selber mir nicht einleuchtet, was kann ich da viel sprechen. – Die Bekanntschaft mit dem innern Leben einer Musik wird von den Virtuosen ganz auf eine Weise gemacht, die bloß auf Auseinandersetzung ihrer einzelnen Teile geht, und sie wissen sich recht viel mit ihrer gelehrten Unterhaltung darüber; sie wirbelt mir auch nicht wie ein blauer Dunst durch den Kopf – mir geht noch zugleich ein romantisch oder geistig Bild dabei auf, das eine gibt mir Stimmungen, das andere wohl Offenbarungen – erst gestern wurde im Boskett unter verschiedner neuer Musik, die mich gar nicht anregte, eine Symphonie aufgeführt von Friedrich dem Zweiten. Gleich vorne steigt er mit klirrenden Sporen in Steifstiefeln mutig auf; von allen Seiten her tönt's ihm wieder, er müsse keck über die schüchterne Menschheit weggaloppieren, und bald macht er sich kein Gewissen mehr draus; nur die einzige Muse, die Tonkunst, tritt ihm fest entgegen, sein Roß hat ihn in die einsamste Öde getragen, fern von den Menschen, die er wie eine Koppel Hunde mit einem Pfiff lenkt. Hier sinkt er vor der einzig Übermächtigen nieder, hier bekennt er die weite Leere seines Gemüts, hier will er Balsam auf alle Wunden gelegt haben, ungeduldig und zärtlich, demutsvoll küßt er die Spuren ihres Wandels, und mit Vertrauen beugt das gekrönte Haupt sich unter ihrem Segen. – Gereinigt, getröstet, wie wenn nichts geschehen wär mit ihm, kehrt er aus diesem Flöten-Adagio wieder zu den Seinigen in das brillante Geklirre der Violinen und Hoboen zurück. – Ich aber spür's, was die Kunst für Weisheit übt. Wo keine Hand hinreicht, wo keine Lippe sich öffnet, kein Gedanke sich hinwagt, da tritt sie als Priesterin auf, und das Herz bricht vor ihr, legt flehend seine Bekenntnisse dar, will jedes Fehls sich zeihen, will ganz im Busen ihr aufgenommen sein. Ja, Musik – sie schrotet Gold und Stahl, kein Helm sitzt so fest auf dem Haupt und kein Harnisch auf der Brust, sie dringt durch, und es gelobet sich ihr der König wie der Vasall.

Wie aber ist's mit der Symphonie von Beethoven, die gleich drauf folgte? Willst Du mit hinüber unter jenes Ölwalds gleiche Stämme mit Laub wie Samt, schwimmend im Wind, der Wellen schlägt in ihren grünen Schleiern und sanft auf fleckigem Rasen den einsam lautlosen Tritt Dir umflüstert! – Komm! – schau die Sonne im Feuerpanzer, ihre Pfeilstrahlen vom Bogen strömend ins ewige Blau. – Bald vom Wechsel der Wogen getragen schwankt unter Dir das unendliche Meer. Der Wind fährt daher zwischen türmenden Wellen – bahnt Weg silbernen Göttern, die aufrauschend sich umschlingen mit Dir nach himmlischen Rhythmen, Dir aus der Brust geboren. So nah ist alles verwandt Dir. – Doch ohne End wechselnd dies Meer, fährt es dahin, in seiner Launenverzückung durchschlüpft Färbung auf Färbung sein Wellenspiel, fesselt Dein Schauen – durchdringt Deine Sinne, schmachtend und dann feurig, lächelnd, weinend, blendend und verhüllt wieder – so rasch vorüber streift's wie von geliebten Augen der Begeistrung Blick; kannst ihn nicht fassen, nicht lassen von ihm. – – Rein von Gewölk der Himmel, sein

Hauch sanft jagt vor sich her Wellchen – unzählige – eins ums andere, und sterben am Ufer alle mit leisem Geseufz. – Ach! – süßer Moment, herrschend über der Leidenschaften Meer! – Da stockt Dein Atem, und möchtest halten – ganz und immer, was jeden Augenblick ohne Aufhören Dir alles entschwindet. –

Was ist's, die Seele im Meer der Musik? – fühlt sie Schmerzen? – hat sie Wonnen, die wunderbar bewegliche? – Kein Gedanke mag ihr folgen – fühlt sie mit durch Rückwirkung alle Regungen? – Liebt sie, wenn wir lieben? – Schmeichelt's ihrem Schäumen, wenn unsre Tränen hinein sich mischen? – Oh, ich möcht hinein mich werfen in die smaragdnen Lagunen, über die leise hingetragen durchs ungeheure Meer bis zu seiner Höhe uns zwei verwandte Seelen harmonisch der Kahn wiegt bis zum letzten Ton – und dann – dieselbe Luftstille, dieselbe Himmelsreinheit, derselbe Atem, süß – unberührt – dasselbe Sonnenlicht im Geist – trunken von süßem Schwanken der Töne, die durch den Busen wühlen. Doch bald erhebt sich's! Der große Geist des Erschaffens – Du hörst im Brausen seine Stimme, der alles sich schmiegt, veratmen – dann hebt im Schauer Deiner Brust ihr Hauch sich wieder – und jetzt – gewaltig – in unermüdlichem Steigen und Sinken strömt sie schäumend den Winden entgegen, die dröhnen – in Abgrund sich wühlend – sie zurück. – Ja, das ist Beethovens Meer der Musik, von Himmel zu Himmel steigen die Töne und kühner, je öfter hinab sie wieder strömen, und fühlst hoch über diesem Doppelschall Dich geborgen auf freiem Fels, umkreist von jenen wütenden Orkanen, jenen Wogen, die ohne Ende Dir ans Herz steigen und ohne End zurückgeworfen, ohne Aufhören wiederkehren mit erneuter Macht, Dich umschmettern einander überwogend und doch sich wieder teilend im Sonnenozean der Harmonie. Und endlich die sehnenden Stimmen all, tummelnd in fröhlicher Verwirrung des Jauchzens der Wehmut und der tausend Gefühle, die von seiner Meisterhand ein einzig leises Zeichen – alle zugleich einstimmen: jetzt ist's genug! –

Ach, wie ist's doch da in der Brust? – ja, gesteh! – ist sie nicht das Meer, die Musik? – und er, der Beethoven, ist er es nicht, der ihm gebietet? – Und fühlst nicht auch hier: das Göttliche, was den Geist des Erschaffens gibt, sei die ungebändigte Leidenschaft? – Und glaubst nicht, daß Gottes Geist sei nur lauter Leidenschaft? – Was ist Leidenschaft als erhöhtes Leben durchs Gefühl, das Göttliche sei Dir nah, Du könnest es erreichen. Du könnest zusammenströmen mit ihm? – Was ist Dein Glück,

Dein Seelenleben, als Leidenschaft, und wie erhöht sich Deines Wirkens Kraft, welche Offenbarungen tun sich auf in Deiner Brust, von denen Du vorher noch nicht geträumt hattest? Was ist Dir zu schwer? – welches Deiner Glieder würde sich nicht regen in ihrem Dienst – wo bleibt Dein Durst, Dein Hunger? – siehst Du wohl, da fängst Du schon an, von der Luft zu leben; leicht wie ein Vogel übersteigst Du Unersteigliches, und in die Ferne hinüber sendest Du Deiner Unsterblichkeit Flammen, und die entzünden Ewiges, und es weiht sich Deinem Dienst, ergießt sich auch in Leidenschaftsströmen in den großen Ozean, über dem die ewigen Sterne Dir leuchten und die Nacht in ihrem Glanz erbleicht und die Morgenröten freudig aufwachen. – Ja, drum! – der Irrtum der Kirchenväter, Gott sei die Weisheit, hat gar manchen Anstoß gegeben; denn Gott ist die Leidenschaft. – Groß, allumfassend im Busen, der alles Leben spiegelt wie der Ozean, und alle Leidenschaft ergießt sich in ihn wie Lebensströme. Und sie alle umfassend ist Leidenschaft die höchste Ruhe.

Jetzt will ich Dir was sagen: ich will nicht mehr haben, daß Du voll Angst seufzest um mein Nichtstun! ich weiß wohl – und wenn ich's beim Licht betrachte, so konnt ich meine Zeit besser zubringen als sie zu dem verdammen, was mein Herz nicht erfüllt; so hätt ich mir selbst mehr gewonnen, und meine Liebe zum Besten, zum Höchsten hätt die Ungerechtigkeit nicht zur Stütze gehabt; ich weiß wohl, daß ich im Eifer allem, was mir nicht unmittelbar Lebensnahrung war, unrecht getan hab. Ich hab mich immer im voraus gewaffnet, da ich nicht wußt, ob es Streit geben werde; ich hab hundertmal die Wahrheit selbst über die Klinge springen lassen, wenn ich sagte, dieses oder jenes rege meinen Geist nicht an, denn alles regt ihn an, ja alles, und ich fühle Deinen Beruf, mich zu leiten, mich zu lehren, mit einer innern Stimme zusammentönend, die mich eben mahnt wie Du; aber der Drang, mich meiner Leidenschaft zu überlassen, ist so mächtig in mir, daß ich glaub, eine so starke Stimme überwinden zu wollen, ist Unsinn! Nicht möglich – nein, nicht möglich ist mir's, auf irgend etwas auch nur mehr acht zu geben als nur im Vorüberschiffen, so wie man die Ufer kommen und schwinden sieht; – mein Blick fängt sie auf und fasset sie scharf, daß ich sie fest mir einpräge, aber im innern Gefühl nur vorüberstreifend. Das Weiterziehen liegt mir im Herzen, das Abschiednehmen, wo ich kaum anlange, liegt schon im Willkomm; und das Geringste, was meine Fahrt belangt, sei's nur ein Schiffsseil teeren, tu ich mit mehr Genuß, als an jenen Ufern der Kunst und des Wissens mich aufhalten, sollte ihr Sand auch lauter Gold sein, ihre Felsen Diamant und ihr Tau Perlen. – Und wo will ich hin? – auf die Insel, wo's Äpfel und Birn gibt, hätt ich bald gesagt. – Aber ja, freilich – dorthin, wo's Moos duftet, wo's Blüten regnet, wo die Himmelslüfte sprechen, wo der Sommerwind die Äste schüttelt, wo die Wälder die Nacht in ihren Schatten hüten, daß sie sich gefangen gibt, solange der Tag weilt, wo auf blühender Wiese die Adler niederfahren und holen die Jünglinge hinan zum Allvater, daß er ihnen kose einen Augenblick und wieder sie entlasse zum Spiel am Bach. – Wo die Bienenscharen von Dichterlippen und in seinen blumensprossenden Tritten Honig sammeln und wo Geister lichte Berggipfel umtanzen, wo die Seele sich aufschließt leis wie eine Knospe und des Geistes Strahlen, in ihrem Kelch eingebettet wie die goldnen Staubfäden in der Rose, ihr Leben entwickeln und auch beenden. Dort will ich hin, das liegt mir im Sinn, nichts wie Blütenmeer, Duft einatmen, Birn speisen und reife Trauben und süße Pfirsich, geteilt mit mir von Doppellippen, ich die Hälfte und die er, der heute noch am Scheideweg meiner harrte, als die Sonne hinunter war. Was ist's? – es wird mich schon erziehen, Tränen wird's geben, das weiß ich, aber auch Lust, so ist's immer, wo Schönheit reifen soll, und das ist alles, was ich verlang vom Schicksal, es soll mich scheiden vom Schlechten, es soll keine Sünde in mir dulden – in meinen unaufhörlichen Träumen nur möcht ich eine Vollendung empfinden – der Liebe, der Schönheit – das ist mein Ziel, und mein Geist strebt, eine Natur da herauszufinden, in dem ich dem Schönen fortwährend begegne. Das ist's und nichts anders. Und alles, was ich erfahre von der Kunst, von Poesie und Wissen, das schlägt an wie Echo in den unbekannten Tiefen meiner Brust, da erschreck ich, daß es doch wohl wahr sein möge, was manchmal nur wie Traum in mir wogt, da toben alle Pulse vor Hoffnung, es sei ein Doppelleben, was wirklich auch Doppelliebe kann haben, und daß, wenn ich heiß mich sehne, verstanden zu sein, daß ich dann verstanden sei, wo? – wie – ach, was weiß ich's! – vom Nebel, der dort flattert, vom Wind in der Ferne, vom letzten Lichtstreif, wenn die Nachtkuppel schon sich senkt über mir – kurz, ich weiß nicht, alles, was ich anseh, das müßte Geist haben, liebenden Geist – wahrlich, sonst tut mir's unrecht. Welche Wege übernehme ich doch? – Welche Gefahren besteh ich im Geist? – – da schwimm ich im Dunkel in uferlosen Fluten, eine Woge stürzt mich auf die andre, aber ich vertrau, und eine Stimme in mir, daß ich dem Genius zulieb so kühn bin! – oh, das lebendige Feuer, und trotz dem Stürmen halt ich die Palme hoch und eile dem leisen Schein des Morgenrots entgegen, weil das Er selber ist. –

Gott sei die Poesie, hab ich in meinem letzten Brief gesagt, und die Weisheit, sagen die Kirchenväter, ich hab's geleugnet und gesagt, Gott sei die Leidenschaft, die Weisheit, die kommt ihm zugut, das Leidenschaftsall zu bestehen, aber sie ist nicht er selber; meine Gründe: was sollte Gott mit aller Weisheit, wenn er sie nicht anbringen kann? Wenn aus allem, was geschaffen ist, sich Neues erzeugt, wenn keine Gewalt, keine Kraft überflüssig ist, sondern grad um ihrer höchsten Entwickelung willen sich ewig selbst anregend steigern muß, so kann die Weisheit Gottes nicht selbst die Hände in den Schoß legen wollen. – Himmel und Erde regieren, wo Sonn und Mond und alle Stern schon für die Ewigkeit angepappt sind, das kann der Weisheit kein Reiz sein; sich in Menschenangelegenheit mischen, ihre Gebete erhören, die alle verkehrt sind, das muß bei himmlischer Hofhaltung doch wohl von selber gehen. Sollte Gott sich des Dings selber annehmen – es wäre unweise – denn der Hauch Gottes überwiegt alles geistige Wehen der Menschheit, wo würde diese denn nimmer der eignen Weisheit Keim lösen können in sich. Unser Geist ist feuermächtig, er soll sich selbst anfachen; wir haben die Leidenschaft, sie soll im Geistesfeuer gen Himmel steigen zum ewigen Erzeuger, in seiner Leidenschaften Glut mit allem übergehen; nicht umsonst steigt in der Leidenschaft der mächtige Geist der Unsterblichkeit auf, jeder Hauch, jeder Blick soll ewig währen, das sagt eine innere Stimme. Alles, was mich entzückt in der Natur, dem schwör ich ewige Treue, der Lüfte Liebkosungen, wie könnt ich ihnen den heißen Atem weigern, der heiß nur ist, um in der Lüfte Liebe sich zu kühlen. Die klaren schwankenden Wässer, wie sollt ich ihnen nicht vertrauen, die mich tragen, ruhig gebettet, auf ewig regem Leben, wie die Liebe das Geliebte trägt, und die sanfte, weiche Erde, wie sollten die Sinne ihr sich abwenden, die keine Regung ungeboren lässet, jeden Keim in die Lüfte trägt und Flügel gibt, heimlich in die Wiege alles Geschaffnen, die der Geist mächtig zum Himmel einst entfalte, wenn er gereift ist durch ihre Spende – sie, die himmlische Erde – auf der frohlockend sich alles Leben tummelt und alles trägt im Busen und über ihm – die sie auf sich herumtrappeln läßt all die Lebendigen – und gibt ihnen die Milch ihrer Kräuter und Früchte, die in so großer Fülle aus dem Busen ihr springen – ja, wie sollt ich nicht mit heißer Liebe sie lieben, die Doppelliebige? – Und dann – das Licht, das niedersteigt ins

Dunkel, einsam drin zu spielen; – und der Einsamkeit Odem einbläset und der Erde Kräfte nährt und tränkt, die dann den Geist umspielen, daß er im verschlossenen Dunkel seiner selbst, des Lichtes Leidenschaft für ihn sich erinnere und auch ihm zuwachse, sich mit ihm zu küssen. Wenn Ihr alle dichtet von jenen Wahrheiten, so mächtig, so selbstlebend, daß sie dem Dichter den Busen bewegen, daß er ihr Element werde und sie ewig ausspreche, oh, so lasset sie für mich geboren sein, daß ich ihnen traue, daß ich mich ihnen hingebe und sie genieße; für was drängten sie sich ewig in Euren Geist, für was rührten sie Eure Lippen, die Ihr sie aussprecht, wenn sie nicht wahrhaftig lebendig Leben wären, das durch Euch wiedergeboren soll werden in die Sinne der Menschen. Nun, meine Sinne sind fruchtbarer Acker, sie haben Euren Samen aufgenommen; oh, denket, daß nichts von Euch geahnet war, nichts, was Ihr nur in den Wolken gelesen, was mir nicht lebendig geworden. Das ist's! – Und was wollt ich doch sagen? – Ach, wie weit hab ich mich verlaufen und wollte doch nur sagen von dem Gott, und daß er nicht die Weisheit könne sein, sondern die Leidenschaft, die der Weisheit bedürfe, um kühn und tapfer zustande zu bringen, was in ihr gärt. – Wie sag ich Dir's doch, wenn Du's nicht von selbst verstehst, wenn Du nicht verstehst, daß alles Wesen durch Leidenschaft ausgesprochen sein wolle, ja selbst die Ruhe nichts anders sei als nur Leidenschaft, daß der Mensch nur mit einem Götterbusen geschaffen sei, in dem die Leidenschaften ihren Herd haben, dem Göttlichen ewig lebendige Glut zu opfern. – Wenn Du nicht dazu ja sagst, wie kann ich's Dir abdringen? – Drum komm und lasse uns Weisheit sammeln, um unserer Leidenschaften Glut damit zu schüren. –

Daß Gott die Weisheit sei, das haben wir protestiert, aber daß Weisheit und Tapferkeit ineinander verliebt seien – aber nicht die der Kirchenväter –, das ist unsere Lehre; sie sind der Herd, auf dem die Leidenschaften flammen; ohne sie kann Leidenschaft nicht atmen. – Und wenn es keine brennenden Leidenschaften zwischen der Kraft und dem Geist gäbe, wo sollt ihr Feuer herkommen? denn um nichts ist wieder nichts – wie würden sich schlafen legen und absterben, die Kräfte und der Geist – aber der heiße Trieb, ineinander zu schwelgen, einander zu besitzen, die schüren das Lebensfeuer in ihnen, da ist fortwährend innerlich Bewegen zueinander. Gefühl in jeder Regung, sie sei empfunden von der andern – das ist das innere lebendige Leben, und alles andre ist nicht lebendig in uns. Für was würde man sich vor sich selber schämen, wär nicht diese

innerliche Liebesdespotin, die das Gefühl zur Rechenschaft forderte, daß
man einem inneren Mächtigen die Treue gebrochen oder einer Schwäche sich hingegeben vor dem Geliebten. Was ist das Gewissen anders als
der Minnehof des Geistes mit den Sinnen – wo sie sich einander hingeben und Opfer, Heldentaten füreinander tun und innerlichen Minnesold
empfangen. Und dann jene Stimme, die jegliche Stimmung prüft; je tiefer und weiter sich dies Leben ausbildet, je fester gründet sie die Ansprüche und Berechtigungen, je leichter verletzbar. Ach, ich sag Dir, es liegt
ein Adel, ein steigender Trieb in der Seele, der auf die Außenseite des
Lebens zurückstrahlt, alles aus leidenschaftlicher Berührung der Sinne
mit dem Geist; wenn Du schreitest, wenn Du Dich wendest, wenn Du
die Stimme erhebst – was auch des geringsten nur Dich einen Augenblick aus der Gegenwart (Einwirkung) jener Lebensregungen entfernt,
fühlst Du nicht Vorwürfe? – ein Stocken, eine Ohnmacht in Dir? schlägt
nicht Dein Herz in Pein, als müsse es rückkehren? – dahin, wo die Sinne
sich geliebt wähnen vom Geist, sich zärtlich umarmen mit ihm. – Ach,
ich muß solchen Unsinn reden – mit Tränen, denn ich bin so tief bewegt
von etwas, wie soll ich Dir das sagen? Der edle Mensch ein Tummelplatz
von Leidenschaften, lauter Kräfte, die aufstreben ins Leben durch die
Liebe untereinander! – Die regt jene auf, zärtlich oder feurig alle mitsamt
glühen füreinander durch den Geist, und da glüht's und da sprüht's, und
da scheint endlich der Alletagstag so nüchtern hinein und reißt die Feuer
auseinander und löscht die Brände und macht den Alltagsmenschen aus
einem; das ist Eure Not um mich, und diese Schicksale schweben mir
in der Brust indessen und fordern Antwort jeden Augenblick. Ach, da
gibt's Streit, Versöhnung, heimlich Glückspenden, und dies alles ist wie
der laue Abendwind, der von selbst herübergeklettert kommt; ich hör
ihn schleichen, sacht an mich heran, und mir am Herzen flattern, und
dann bin ich schmerzzerrissen; von was? – ich kann's nicht sagen; – mein
Herz – zu schwach ist's. – Daß es geliebt wär von einer höhern Macht,
süß begehrend! es kann's nicht tragen. – Den Geist außer mir, in der Luft-
welle oder im Mondglanz oder sonst – spricht der mit mir, das ertrag ich
nicht – dann bitt ich, laß mich schlafen – Dir im Schoß. Denn ich kann
ihm nicht ins Antlitz schauen und sag ihm, ich wolle sterben, er soll mich
zudecken – mit grünen Zweigen, Er, der neben mir steht oder über mir
und mich ansieht so still. Was ist Vernichtendes in der Liebe? – daß ich
sag, ich wolle sterben? – denn ich hab nichts anders in der Seel als diese

Sprach ; denn meine Hände können nicht hinlangen. Wollt ich in die Luft reichen? – nein, ich darf nicht, er verschwindet, und mein Blick, der sieht nur auf, wenn's Nacht ist, nicht bei hellem Tag. – Aber in der Nacht im Finstern, da geh ich ihm entgegen, da treibt mich's oft eilig in die dunklen Laubgänge, und ganz am End da seh ich, wie wenn ich überzeugt sein dürfte, Er sei es. – Nicht freudig, nicht traurig – tiefe Stille in mir, manchmal schlägt's Herz bang, dann seh ich den Schatten vor ihm herstreifen über den Rasen. Dann ruf ich mich auf: laß mich doch denken können! – und sammle meine Sinne, und immer so vorwärts schreit ich, eilig und immer näher, dann am Baum leg ich mich nieder auf die Wurzeln, – die küß ich, diese Wurzeln – es sind die Füße des Dichtergeistes über mir. – Aber ich muß schlafen gehen, zu müde bin ich – schon zweimal eingeschlafen während dem Schreiben.

Heut seh ich, daß ich Dir von nichts geschrieben hab, was Du mich frägst, und bin aus Mangel an Logik ins Geschwärm geraten. Und doch will ich Dir nur sagen, ich studier noch Geschichte fort, nur wollt ich Dir keine trocknen Auszüge mehr davon in meinen Briefen machen, dafür zeichne ich Landkarten und hab andre Spekulationen; so studier ich die Woche zweimal mit Hofmann Musik, nicht mehr Generalbaß, er meint, ich werd den von selbst in mich kriegen, ich soll lieber meine Melodien aufschreiben, auf die er einen Wert legt und mir gern zuhört, wenn ich abends sing, auch hat er mehrere Gänge mir abgehört und sie aufgeschrieben, und letzt hat er im Konzert phantasiert bloß auf Thema, die er von mir erlauschte; drum, es war mir auch so wunderlich, es stand mir die ganze Musik so spöttisch gegenüber, ich wußt gar nicht, was ich dazu sagen sollt, ich hatte es nicht erraten; am Morgen frug er, wie mir's gefallen hätte, ich sagt, es sei mir gewesen, als müsse ich ihm immer voranlaufen und wisse schon alles, wie's kommen werde; es sei gewesen, als haben seine Phantasien einen Verstand, den ich begreife. – »Ja, das war, weil es Ihre eignen Wege waren, die Sie gegangen sind«; und seitdem will er, daß ich aufschreiben lerne, das ist mir viel schwerer als alles andre, kein Gedanke hält eine Minute fest, und gelingt mir's, an einem Ende ihn zu fassen, dann reißt er mitten entzwei, und ich kann das andre nicht dazu finden, so wie es anfänglich aus meinem Geist hervorgegangen war; dann find ich wohl ein ander End, aber weil es nicht das erste war, was von selbst aus meinen Sinnen hervorgegangen, dann bin ich unruhig, als sei es falsch, und den Takt zu finden, das ist mir ganz unmöglich – der Hofmann will mir oft Taktteile zusammenrücken, das kann ich nicht wollen, oft geb ich's zu, dann will's mein Gefühl wieder anders; der Hofmann hat eine unsägliche Geduld mit mir und meint, dies alles werd sich finden, sowie ich erst gewohnt sei aufzuschreiben, da werde ich der Sache schon Meister werden; wenn er mir das sagt, das macht mich ganz traurig – ich mag nicht Meister werden, ich will mich bemeistern lassen von diesen Musikfluten, von denen ich nicht weiß, ob sie Wert haben können für ein ander Ohr, das schadet nicht, sie reden mit mir und sagen mir volle Lebensakkorde, die ich erkenne als eins mich machend mit der Natur, das ist's, was mich hindert. Es ist mir, als wolle ich in Weissagungen pfuschen. – – Ja, es wird schwer gehen mit dem Lernen. Und doch! – ich hab den Willen und tue das mögliche in dieser Einöde von Talentlosigkeit; – und von dem Geist, der Leben in mir ist, da muß ich Abschied nehmen, wenn ich lernen will; da sag ich mir, es sei nur auf Zeiten, er werde wiederkehren, der Geist, und dann fühl ich mich reif zum Abschied und sterb, wenn ich lernen will. Jetzt will ich Dir auch noch auf Deine letzte Frage antworten von der gemeinen Frau; das war, kurz ehe ich von Frankfurt hier herauskam, da war ich allein von dem Bockenheimer Tor aus dem Garten, wo die Tonie wohnt, hereingegangen in die Stadt. Da begegnete mir eine Frau, der war das Band aufgegangen am Schuh, und sie konnte sich nicht bücken, denn sie ging mit einem Kinde und seufzte sehr unter ihrer Last; ich ließ sie ihren Fuß auf meine Knie stellen, um das Schuhband ihr zuzubinden, dann aber führte ich sie nach ihrer Wohnung, weil sie so sehr jammerte über Schmerzen; es war schon dämmerig, als wir in die Stadt kamen, da begegnete mir eben auch die Frau Euler, welche unser beider böser Dämon zu sein scheint, ich machte ihr eine tiefe Verbeugung zu meinem Pläsier und schleppte die Frau weiter, die fing aber an mir bang zu machen, denn sie seufzte so schwer und ward so blaß, und der Schweiß trat ihr auf die Stirn; da kam der gute Doktor Neville, dem übergab ich die Frau, und als ich auf den Roßmarkt kam, da begegnete mir der Moritz, der sagte: »Ach, wie blaß sehen Sie aus, es fehlt Ihnen was.« – »Ich habe so großen Hunger«, sagte ich – und es war auch wahr, die Angst mit der Frau hatte mir Hunger gemacht; der Moritz griff in die Tasche, die hatte er voll getrockneter Oliven, die esse ich gern, er leerte seine Tasche in meinen Handschuh aus, den ich ausgezogen hatte, um sie hineinzufüllen, da führt der Kuckuck die Lotte vorbei; der Moritz ging, die Lotte kam an mich heran und fragte, wie kannst du nur

157

auf offner Straße mit dem Moritz Hand in Hand stehen, das ärgerte mich, ich ging ins Stift zu Dir herein, wo ich meine Oliven speiste und die Kerne alle in eine Reihe legte aufs Fensterbrett, Du standst neben mir und warst ganz still versunken in die Dämmerung, und endlich sagtest Du: »Warum bist du heute so schweigsam?« Ich sagte: »Ich esse meine Oliven, das beschäftigt mich, aber du bist doch auch stille, warum bist du still?« – »Es gibt ein Verstummen der Seele«, sagtest Du, »wo alles tot ist in der Brust.« – »Ist es so in dir?« fragte ich. – Du schwiegst eine Weile, dann sagtest Du: »Es ist grade so in mir, wie da draußen im Garten, die Dämmerung liegt auf meiner Seele wie auf jenen Büschen, sie ist farblos, aber sie erkennt sich – aber sie ist farblos«, sagtest Du noch einmal und dies letztemal so klanglos auch, daß ich Dich im Nachtschimmer ansah verwundert und verschüchtert, denn ich traute mich nicht mehr zu reden, ich sann auf Worte, wie ich mit Dir anheben sollt; – ich suchte in weiten Kreisen umher, nichts schien mir geeignet, diese Stille zu unterbrechen, die immer tiefer und tiefer sich wurzelte und mir wie ein Schlummer durch den Kopf strömte, dem ich nicht mehr widerstand – ich legte mich träumend auf die Fensterbank mit dem Kopf, und so wer weiß wieviel Zeit verging; da kam Licht ins Zimmer, und als ich aufsah, da standst Du über mir gebeugt und sahst auf mich, und als ich Dich fragend ansah, da gabst Du zur Antwort: »Ja, ich fühle oft wie eine Lücke hier in der Brust, die kann ich nicht berühren, sie schmerzt«; ich sagte: »Kann ich sie nicht ausfüllen, diese Lücke?« – »Auch das würde schmerzen«, sagtest Du; da reicht ich Dir die Hand und ging, und lang verfolgte mich Dein Blick, der so still war und so innerlich und doch nur wie über mir hinstreifte. Oh, ich hatte Dich im Heimgehen so lieb, ich schlang meine Arme um Dich so fest in Gedanken, ich dacht, ich wollte Dich tragen auf meinen Armen ans End der Welt und dort Dich an einen schönen moosreichen Platz niedersetzen, da wollt ich Dir dienen und nichts Dich berühren lassen, was Dir weh tun könne; ja, so war's in meinem kindischen Herzen, mit Gewalt wollt ich Dich fröhlich machen und dachte einen Augenblick, es solle mir gelingen, aber ich weiß wohl, daß mir so was nicht gelingen kann und daß es nur Verwechseln ist von meinen Sinnen, die wie Kinder Fernes und Nahes nicht unterscheiden können, die auch meinen, sie können den Mond heranlangen mit der Hand und können den Spielkamerad damit trösten, wenn er stumm und traurig ist. – Als ich nach Hause kam, da waren alle beim Tee versammelt, und ich war stumm, weil ich an Dich dachte, und setzte mich auf einen Schemel am Ofen, und da ging ich tief in mein Herz hinein, wie ich doch ein inneres Leben aus meinem Geist wecken wolle, das Dich ein bißchen berühre, da Du mir bisher alles allein gegeben hast, und ich hab nie die Stimme in meiner Brust können vor Dir laut werden lassen; da dacht ich, wenn ich fern von Dir wär, da würd ich in Briefen wohl eher zu mir selber kommen, weil das vielfältige, ja das tausendfältige Getümmel in mir mich verstummen macht, daß ich nicht zu Wort komme vor mir selber. – Und ich erinnerte mich, daß, wie wir einmal von den Monologen des Schleiermacher sprachen, die mir nicht gefielen, so warst Du andrer Meinung und sagtest zu mir: »Und wenn er auch nur das einzige Wort gesagt hätte: der Mensch solle alles Innerliche ans Taglicht fördern, was ihm im Geist innewohne, damit er sich selber kennenlerne, so wär Schleiermacher ewig göttlich und der erste größte Geist« – da dacht ich, wenn ich von Dir fern wär, da würd ich in Briefen Dir die ganze Tiefe meiner Natur offenbaren können – Dir und mir; und ganz in ihrer ungestörten Wahrheit, wie ich sie vielleicht noch nicht kenne, und wenn ich will, daß Du mich liebst, wie soll ich das anders anfangen als mit meinem innersten Selbst – sonst hab ich gar nichts anders – und von Stund an ging ich mir nach wie einem Geist, den ich Dir ins Netz locken wollt. Am Abend hatte mir der Franz noch ein paar freundliche, aber doch mahnende Worte darüber gesagt, daß ich mit dem Moritz auf der Straß gestanden hatte und geplaudert; – die Lotte hatte es der Schwägerin gesagt; – ich antwortete ihm nicht darauf, denn verteidigen schien mir nicht passend, wie denn das meiner Seele ohnedem nicht einverleibt ist, daß ich solche Irrtümer aufklären möchte, und am Ende schien mir der Moritz doch wert, daß man freundlich mit ihm Hand in Hand stehe, obschon er mir bei jener Vermahnung sehr schwarz gemacht wurde; er begegnete mir am andern Morgen auf dem Vorplatz, und ich sah mich um, ob niemand mich erspähen könne, und zog ihn in die Ecke, wo die Wendeltreppe hinaufführt zu meinem Zimmer; da küßte ich ihn auf seinen Mund, zwei-, dreimal, und daß er meine Tränen auf seinem Gesicht fühlte, denn er wischte sie mit der Hand ab und sagte: »Was ist das? – was fehlt dir, Kind, was ist dir?« Ich riß mich los und sprang hinauf auf die Altan hinter die Bohnen – und war sehr schnell oben, daß er's nicht sah; er glaubte mich in meinem Zimmer und kam herauf und klopfte an, und weil er keine Antwort bekam, so machte er leise auf und weilte einen Augenblick im Zimmer; als er herauskam, sah er nach der Altan; mir war recht bang, er würde mein weiß Kleid erblicken, denn das schimmerte durch das dünne Bohnenlaub. Ich weiß nicht, ob er mich sah und mein Verbergen achtete, aber ich glaub's, und das gefiel mir so wohl von ihm; als ich ins Zimmer kam, fand ich auf meinem Tisch im Kabinett am Bett ein Fläschchen in zierlichem Brasilienholz mit Rosenöl; am Abend auf dem Ball bei seiner Mutter sprach er nichts zu mir – wie sonst – aber er kam in meine Nähe, und weil das Fläschchen so süß duftete hinter dem Strauß von Aschenkraut und Rosen, da lächelte er mich an, und ich lächelte mit, aber ich fühlte, daß gleich mir die Tränen kommen wollten; ich mußte mich abwenden, er merkte es und ging zurück und stellte sich unter die andern, er mußte auch tanzen mit den Prinzessinnen und hatte viel Geschäfte sind mußte eine Weile mit dem König von Preußen sprechen, aber ich sah doch, daß er mich im Aug behielt den ganzen Abend, und selbst während er mit dem König sprach, sah er herüber, sehr ernsthaft immer, ich war heimlich vergnügt, aber doch hätt ich jeden Augenblick weinen mögen; als wir weggingen, flüsterte er mir ins Ohr: »Du gleichst der Sophie.« Was war das alles, was mir durch die Seele ging? – ich weiß es nicht. Am andern Tag, wo ich nicht wie gewöhnlich zu Dir kam, da hatte Moritz am Morgen seinen Gärtner geschickt mit einem Wagen voller schöner seltner Blumen, die stellte er ohne mein Wissen hinter der Bohnenwand auf und als ich sie sah, war ich erst gar erschrocken und verstand nicht, wie die Blumen dahergekommen waren; aber bald verstand ich, er mußte mich doch wohl gesehen haben hinter der Bohnenwand am vorigen Tag. – – Ach, ich war während diesen Stunden so wunderlich bewegt gewesen: von Dir, von Kränkungen, von Mitleid, daß er verleumdet war; von seinem feinen Wesen zu mir und dann, daß er mir gesagt hatte so leise: »Du gleichst der Sophie«, die ihm doch gestorben war – daß ich nicht mehr wußte, was ich wollte. Am Nachmittag kam Christian Schlosser, vom Neville geschickt, der der Frau beigestanden hatte bei der Geburt von einem kleinen Mädchen, denn das war gleich in der Stunde auf die Welt gekommen; der ließ mich fragen, ob ich nicht wolle zur armen Frau kommen, die sei sehr krank und auch das Kindchen, und ich solle es aus der Tauf heben, der Christian Schlosser wolle mit Taufzeuge sein; ich ging mit, da war der Pfarrer, der taufte das Kind, und die Frau war sehr krank; wie der Pfarrer weg war, so nahm die Wartfrau das Kindchen auf den Arm und sagte: »Es wird gleich sterben«, da war mir so bang, ich hatte niemals jemand sterben sehen, und die kranke Frau im Bett weinte so sehr ums Kind, die Hebamme sagte: »Eben stirbt's« und schüttelte es, da war's plötzlich tot. – Ach, wie ich nach Hause kam, war ich so traurig – der Franz sagte: »Du siehst seit einiger Zeit so blaß aus, deine Gesundheit scheint mir gar nicht fest«, und als am Abend wieder das Gespräch auf den Moritz kam, wobei er gar nicht geschont wurde, da schrieb ich an die Großmama, sie solle mich vom Franz zu sich begehren nach Offenbach. Das war allen recht und mir auch; so war ich ihrer Meinung nach dem Moritz aus dem Weg geschafft, und ich, meiner Meinung nach, brauchte doch nichts Böses von ihm zu hören, denn ich will nichts Böses von ihm hören, nein, nimmermehr will ich was Böses von ihm hören. Aber hier in Offenbach war ich gleich wieder ruhig, und da ward mir mein Gelübde gleich wieder klar, das ich an jenem Abend vor Deiner Tür noch aussprach, als Du so kalt warst und so traurig – daß ich eine Gabe Dir wollt geben von meiner Seele, daß ich mein Innerstes wollt Dir zulieb zutage fördern, weil Du das so hochschätzest wie jener Schleiermacher. Und da hab ich in meinem Innersten Wege geschritten und bin dahin geraten, wo Du jetzt stockst und willst nicht weiter und fürchtest Dich, mich anzuhören; denn ich hab's wohl gemerkt an Deinem Brief, Du fürchtest Dich vor meinen Abwegen. Oh, fürcht Dich nicht, ich gab Dir treulich wie's Echo, was widerhallte aus mir. Ach! – Ich bin jetzt glücklich, sei Du's auch! – schöne Träume hab ich, und das ist ein Zeichen, daß die Götter mit mir zufrieden sind. – Im Herzen ist mir's, wenn ich erwache am Morgen, als ob ich von Dichterlippen geküßt sei, ja, merk Dir's, von Dichterlippen. Nein, ich fürchte mich nicht mehr vor der Zukunft! – ich weiß, durch was ich sie mir zum Freund mache, ja, ich weiß es. Ich will auch wie die Großmama einen Ewigkeitskreis mit meinem Leben schließen, nicht, wie Du gesagt hast, jung sterben. Viel wissen, viel lernen, sagtest Du, und dann jung sterben, warum sagst Du das? – mit jedem Schritt im Leben begegnet Dir einer, der was zu fordern hat an Dich, wie willst Du sie alle befriedigen? – Ja, sage, willst Du einen ungespeist von Dir lassen, der von Deinem Brosamen fordert? – nein, das willst Du nicht! – Drum lebe mit mir, ich hab jeden Tag an Dich zu fordern. Ach! – wo sollt ich hin, wenn Du nicht mehr wärst? – Ja dann, gewiß vom Glück wollt ich die Spur nimmer suchen. Hingehen wollt ich mich lassen, ohne zu fragen nach mir, denn nur um Deinetwillen frag ich nach mir, und ich will alles tun, was Du willst. – Nur um Deinetwillen leb ich – hörst Du's? – Mir ist so bang – Du bist groß, ich weiß es – nicht Du bist's – nein, so laut will ich Dich nicht anreden – nein, Du bist's nicht, Du bist ein sanftes Kind, und weil's den Schmerz nicht tragen kann, so verleugnet es ihn ganz und gar – das weiß ich, so hast Du Dir gar manchen Verlust verschleiert. Aber in deiner Nähe, in Deiner Geistesatmosphäre deucht mir die Welt groß; Du nicht – fürchte Dich nicht – aber weil alles Leben so rein ist in Dir, jede Spur so einfach von Dir aufgenommen, da muß der Geist wohl Platz gewinnen, sich auszudehnen und groß zu werden. – Verzeih mir's heut, ein Spiegel ist vor meinen Augen, als hätte einer den Schleier vor ihm weggezogen, und so traurig ist mir's, lauter Gewölk seh ich im Spiegel und klagende Winde – als müßt ich ewig weinen, weil ich an Dich denk – ich war drauß heut abend am Main, da rauschte das Schilf so wunderlich – und weil ich in der Einsamkeit immer mit Dir allein bin, da fragt ich Dich in meinem Geist: »Was ist das? redet das Schilf mit Dir?« hab ich gefragt. Denn ich will Dir's gestehen, denn ich möchte nicht so angeredet sein, so klagvoll, so jammervoll, ich wollt's von mir wegschieben! – Ach, Günderode, so traurig bin ich, war das nicht feige von mir, daß ich die Klagen der Natur abwenden wollt von mir und schob's auf Dich – als hätte sie mit Dir geredet, wie sie so wehmutsvoll aufschrie im Schilf. – Ich will ja doch gern alles mit Dir teilen, es ist mir Genuß, großer Genuß, Deine Schmerzen auf mich zu nehmen, ich bin stark, ich bin hart, ich spür's nicht so leicht, mir sind Tränen zu ertragen, und dann sprießt die Hoffnung so leicht in mir auf, als könnt wieder alles werden und besser noch, als was die Seele verlangt. – Verlaß Dich auf mich! – wenn's Dich ergreift – als wollt es Dich in den Abgrund stoßen, ich werde Dich begleiten überallhin – kein Weg ist mir zu düster – wenn Dein Aug das Licht scheut, wenn es so traurig ist. – Ich bin gern im Dunkel, liebe Günderode ich bin da nicht allein, ich bin voll von Neuem, was in der Seele Tag schaffet – gerade im Dunkel da steigt mir der lichte, hellglänzende Friede auf. – Oh, verzweifle an mir nicht, denn ich war in meinen Briefen auf einsamen Wegen gegangen, ja zu sehr, als such ich nur mich selbst, das wollt ich doch nicht, ich wollte Dich suchen, ich wollt vertraut mit Dir werden, nur um mit Dir die Lebensquellen zu trinken, die da rieseln in unserm Weg. – Ich fühl's wohl an Deinem Brief, Du willst Dich mir entziehen – das kann ich nicht zugeben, die Feder kann ich nicht niederlegen – ich denk, Du müssest aus der Wand springen, ganz geharnischt, wie die Minerva und müßtest mir schwören, meiner

Freundschaft schwören, die nichts ist als nur in Dir. – Du wollest fortan im blauen Äther schwimmen, große Schritte tun, wie sie, behelmt im Sonnenlicht wie sie, und nicht mehr im Schatten traurig weilen. Adieu, ich geh zu Bett, ich geh von Dir, obschon ich könnt die ganze Nacht warten auf Dich, daß Du Dich mir zeigst, schön wie Du bist und im Frieden und Freiheit atmend, wie's Deinem Geist geziemt, der das Beste, das Schönste vermag. Eine Ruhestätte Dir auf Erden, das sei Dir meine Brust. – Gute Nacht! – sei mir gut – ein weniges nur. –

Montag

Jetzt hab ich schon drei Tage an diesem Brief geschrieben, und heute will ich ihn abschicken; ach, ich mag ihn nicht überlesen, geschrieben ist er, wahrheitsvoll ist er auch, wenn Du die augenblickliche Stimmung der Wahrheit würdigest, wie ich sie deren würdige und nur sie allein, obschon die Philister sagen, sie sei die Wahrheit nicht, nur was nach reiflichem Überlegen und wohlgeprüft vom Menschengeist sie angenommen, das sei Wahrheit. Ach, diese Stimmungen, sie bauen das Feld, und was uns zukommt, als sei die Seele mit im Abendrot zerschmolzen oder als löse sie sich frei vom Gewölk und tue sich auf im weiten Äther – das bringt uns auch wie das fruchtbare Wetter Gedeihen. Ist mir's doch, da ich meinen Brief schließen will, als ob das schönste Leben uns bevorstehe, wenn Du nur willst, und willst so viel mich würdigen, daß Du ruhig Deine Hand in der meinen liegen lässest, wenn ich sie fasse. – Ich war heut morgen drauß und hab mir den Aschenkranz zum Ball bestellt – wie Du's gesagt hast – aber gelt, der Moritz hat Dir's gesagt, ich soll den Kranz aufsetzen? – Ich kam hin zum Gärtner, er stand zwischen der Tür vom Boskett und dem Blumengarten gelehnt; gewiß, er hat auf mich gewartet, denn ich war schon zwei Tage nicht dagewesen. Aber gestern abend, wie ich schlafen ging, da hatt ich mir fest vorgenommen, ich wollt gewiß keinen Menschen unglücklich machen, oder besser, ich wollt gewiß jedem geben an Glück, was ich kann. – Und mir soll nichts zu gering sein, und was ist ehrender, als wenn Du mit einem Blick oder Wort wohltun kannst? – Nun hör nur mein lieb Gespräch mit dem Gärtner an. – Weil ich kam, so sagt ich: »Ich hätt wohl eine Bitte an den Anton. (Denn ich rede ihn nicht anders an, denn ich mag ihn nicht Gr. nennen.) Ich geh auf den Ball heut, und da möcht ich einen Kranz, und weil ich gar nicht vergnügt bin, daß ich zum Tanz soll gehen, so wollt ich einen traurigen Kranz gern haben

163

von Aschenkraut, und keine Blumen wollt ich gar nicht. Ist wohl so viel Aschenkraut da, daß wir einen Kranz können machen, ohne die Büsche zu verderben?« – da ging er voran und brach mir eins nach dem andern, und ich band's am Draht fest. Er hatte mir doch noch kein Wort gesagt und legte mir die Sprossen nacheinander auf den Schoß, ich saß auf der Blumenbank am Treibhaus, er rückte die Blumen über mir und um mich her zusammen, während ich meinen Kranz flocht, und holte noch mehrere aus dem Treibhaus, daß ich wohl merkt, ich war ganz eingerahmt, und da war eine große purpurrote Passionsblume, die hing herab an meiner Seite, der schnitt sie ab und legte sie schweigend an das Geflecht, ich band sie auch schweigend mit ein, ich probierte ihn auf, er war weit genug, er nahm ihn mir aus der Hand, streifte sich den Ärmel auf, maß am Arm die Länge vom Kranz und band ihn selber fest, schnitt die überflüssigen Stiele und Blätter ab und gab ihn mir. Das alles war schweigend geschehen. »Es ist heut so schönes Wetter«, sagte ich – »find ich Euch morgen im Garten – wenn ich früh komme?« – »Oh, das werden Sie wohl verschlafen, weil Sie die Nacht durchtanzen.« – »O nein, um halber zwölf fahr ich schon wieder zurück, und Ihr könnt mich heimfahren hören an Eurer Wohnung vorbei – ich fahr im Kabriolett, nur mit einem Pferd hier vorbei, da könnt Ihr hören, ob ich Euch nicht Wort halt, da! ich geb Euch meine Hand drauf.« – Er ward rot, der Gärtner, als ich ihm die Hand reichte und's Schnupftuch fallen ließ, das er mit der andern Hand auffing und mir reichte; ich sah es an, nahm's ihm aber nicht ab. – Ich sagte: »Der Kranz ist unbezahlbar, Ihr habt ihn aus der Mitte von jedem Busch geschnitten – wie werd ich's Euch lohnen, ich werd ihn Euch wiedergeben müssen!« – »Ja«, sagt er plötzlich – »der Kranz gehört mein« – »Nun«, sagt ich, »verlaßt Euch drauf, ich bring ihn wieder.«

Gestern um halb acht Uhr fuhr ich mit der Tonie auf den Ball; auf dem Weg nach dem Forsthaus waren die Leute vom Moritz mit Fackeln zu Pferd und begleiteten die Wagen; von weitem war's ergötzlich, all die Fackeln galoppierend durch den hochstämmigen Weg im Wald. Das Wäldchen war mit bunten Lampen erleuchtet. Ach, wie schön war's! – und dazu lächelten die unendlichen Sterne! – der Moritz empfing uns – ich sagte: »Ach, wie schön ist's hier!« – »Ja? – gefällt dir's? – du bist auch schön!« – und so ging er wieder. – Ach, ich war so vergnügt – ich mußte lächeln mit mir – es weckte mich aus dem Traum, als ich tanzen mußte, und der Traum war so schmeichelig selbstvergessen – mitten im

Getümmel ein Wonnegrab, da kamen die Grabesschauer mir nachgeflo-
gen und weckten Gedankenseelen, in der Brust begraben, die gaukelten
über mir im Blauen, und der Tag heut spiegelt die Nacht und die Nacht
wieder den Tag, die ist so hellglänzend, daß die Sterne erblassen, und der
Tag so schattig, so kühl, daß die Sonne nichts vermag. –

Beim Nachtessen kam der Moritz, wir saßen an kleinen Tischen, ich am
allerletzten mit der Pauline Chameau und Willig. Der Moritz setzte sich
neben mich, er fragte: »Wer hat heut Ihre Toilette besorgt, so einfach, so
originell? – die blaue Schärpe! was bedeuten die blauen Bänder? – und
der graue Kranz! – wer hat den aschgrauen Kranz besorgt?« – ich sagte:
»Der Widerhall.« – »Gris de cendre, joyeux et tendre, so muß denn
der Widerhall freudiger Zärtlichkeit an Ihr Ohr geschlagen haben?« –
er ging. – So ein Liebesgespräch, mitten an offener Tafel, von keinem
verstanden, nur von mir, so leicht – so luftig – wie nimmst Du's? – ist's
nicht Blütenstaub, vom lauten Westwind Dir ins Gesicht geweht! – ja,
alles müssen wir der Natur vergleichen, was voll heiteren Entzückens
uns durchdringt, nichts anders kann's aussprechen noch wiedergeben im
Bild. Will ich mir von jenen Worten die Regung im Herzen lebhaft wieder in die Sinne rufen, so muß ich doch an Blütenbäume denken, die ihre
Geschenke dem Morgenwind auf die Flügel laden für mich, und dann
schauert's mich so frühlingsmäßig, wenn ich das denke. – Als wir alle
wegfuhren, die Schwägerinnen im Stadtwagen zuerst und ich ins hohe
luftige Gig vom George, da ließ der Moritz seinen Mantel holen, mir auf
die Füße werfen, weil's kühl sei; er fragte, ob ich froh gewesen sei? – »Ja!«
sagte ich, alles war schön und stimmte ineinander, der Rasenteppich und
die bunten Lichter und die Sterne am Himmel, rauschende Bäume und
die Musik der Geigen und Flöten, und auch die der süßen Reden. – Er
drückte mich an sich und sagte: »Du warst die Königin vom Fest, dir hab
ich die Lichter angezündet und die Flöten rufen lassen, es schmeichelt
mir unendlich, daß du Gefallen hattest dran, und schenk mir was zum
Lohn und zur Erinnerung der schönen Nacht.« – »Ich hab nichts, was
soll ich Ihnen geben?« – »Der Kranz steht dir zu gut, den will ich nicht,
gib mir die blaue Schärpe, ich will sie heut nacht um den Hals schlin-
gen.« Ich gab sie ihm – er hob mich ins Gig, warf mir seinen Mantel
über, vier Reiter jagten mit Fackeln voran durch den Wald. Wie war mir's
doch? ein Zauber – so schnell die Schatten der Bäume – im Flammen-
schein verschwindend – und wieder da gleich, im stillen Nachthimmel;

165

ich freute mich – es dauerte so eine Weile, daß die Sterne mit den Fackeln um die Wette mich auffingen, und als wir vor den Wald kamen, da war der Mond aufgegangen, da waren die Reiter ebenso schnell wieder in den Wald zurück und jagten wie die Pfeile, ich sah ihnen nach, mein Blick war ganz trunken vom Flammenwind, der da durchbrauste. Schreib dir's ins Herze, sagt ich mir heimlich, das ist dein Leben, wie ein fliegender Feuerdrache ist dein Geist, er leuchtet die heilige Natur an, ihre dunklen Räume; mit heißer, durstiger Zunge leckt er an ihr hinauf, aber er versehrt sie nicht – der Drache ist nicht wild und giftig, nein! zahm und sanft auch; er schwingt sich in zärtlicher Unruh im Kreis und strömt seine Feuer in sanften Laven in die Bäche am Weg, und sein glühender Atem erlischt in den Nachtnebeln. Ja, der Drache ist zärtlich und liebend auch, nicht giftig und tötend; nur will ihn keiner verstehn, und alle fürchten sich vor ihm, aber nicht Du, meine Günderode, Du scheust den Drachen nicht, Du kosest ihn und legst seinen Flammenrachen zärtlich in Deinen Schoß. – Jetzt war ich aufgewacht aus meinen Träumen, nahm dem Reitknecht an meiner Seite die Zügel und jagte durch die breite Ebne, ganz im Mondlicht schwimmend. – Ach, wie lustig! – allerlei Glücksempfindung! – Mit Dir hab ich den Pindar gelesen, Du hast auf Deinen Lippen die Begeistrung aufgefangen und mir auf die Seele geträufelt. Wenn der Sänger mit sausenden Schwingen dahinflog, an uns vorüber! – Weißt Du's noch? – >dahin raste der heißbrausende Hymnensturm, Latonens Sohn zum Preis!< – Weißt Du's, Günderode, noch? – das Licht war ausgebrannt, Du lagst auf dem Bett, die Seele voll Klang, und wiederholtest die Verse in festerprägenden Rhythmen, wo ich das Versmaß sinken ließ, und bei der Nachtlampe las ich weiter:

>*Hört mich, ihr Söhne stolzer Helden und der Götter! –*
Denn ich verkünde diesem meergepeitschten Land,
Einst werde Epaphus Tochter eine Städtewurzel pflanzen
Auf des Hammoniers Boden, den Sterblichen zur Wonne,
Die kurzbefiederten Delphine vertauschen alsdann
Mit schnellen Rossen werden sie, die Ruder mit Zügeln, –
Und fahren auf sturmfüßigen Wagen dahin.<

Ich nahm diese letzten Zeilen zwischen die Lippen von Zeit zu Zeit und stieß sie im Gesang hinausrufend in die weit schlafende einsame Weite, und der Mond eilte mit hinter leichtem Gewölk hervor. Hörst du auch wieder die alten Hymnen, Latone, deinen Söhnen gesungen? rief ich – und so füllten sich allmählich meine Sinne und rauschten auf, als seien sie von einem Harfenrührer erschüttert mit goldnem Plektron und jugendbrausendem Mut. – Glückliche Nacht, wo die Gedanken wie Blüten im Südwind sich auftun fröhlicher Hoffnung voll – und ein Gefühl heitern Geschickes wie glänzende Strahlen aus den feurigen Blitzen sich ergießt, die der Drache in die kühlen Mondlüfte spie!

So kamen wir nach Offenbach; ich wendete links ab, statt in die Domstraße zu fahren, der Reitknecht wollt mir in die Zügel greifen, weil ich den Weg verfehle, ich wehrte ihm, und so fuhr ich rasch am Boskett vorüber, wo die Pappeln so anmutig sich neigten, so schüchtern rauschten, als wollten sie mich grüßen. Ich lenkte in den engen Weg nach des Gärtners Haus; ich hatte gesagt: um halb zwölf Uhr, es war drei Uhr in der Nacht, der Tag war im Aufwachen, der Gärtner stand vor seiner Tür und nahm die Mütze ab, als er mich kommen hörte. »Guten Morgen«, sagte ich, »heut werd ich nicht in den Garten kommen, ich will ausschlafen, da ist Euer Kranz« und lenkte wieder um voll Vergnügen, daß ich's durchgeführt hatt mit dem Kranz, denn ich war unterwegs voll Zweifel, ob ich's tun solle oder nicht. – Dem Moritz den Gürtel, dem Gärtner den Kranz, sagte ich mir immer; aber eine innere Stimme sagte mir, warum soll der Gärtner den Kranz entbehren, er gehört doch sein, und er war ihm früher versprochen, und dann fühlt ich, wie weh es ihm tun werde, wenn ich mein Versprechen nicht halten würde, und wie das ohne Lüge nicht abgehen könne, ich müsse ihm sagen, der Kranz sei verloren oder zerrissen, und das wäre eine doppelte Unachtsamkeit und müsse ihn doppelt verletzen, nein, ich mußt ihn ihm geben. Meine Seele war ordentlich leicht, als er hingeworfen war und er ihn mit der Hand auffing; er errötete so freundlich, grad mit der Morgenröte! – die aufstieg. – Dem Moritz den Gürtel, ihm den Kranz! ja, beiden gehört's. – Denn beide sind freundlich gesandt vom Dichter-Genius, der in der lautlosen Stille, wenn's von Menschen nicht gewußt oder nicht bedacht, mir durch's Labyrinth der Brust schweifet in der Nacht. –

Zu Haus im Bett, wie war mir's da? – Letzt sah ich dem Franz sein Kindchen an der Amme trinken, da mußte es so schnell schlucken, es konnt nicht eifrig genug trinken, so strömte ihm die Milch zu. Grad so war mir's im Herzen, ich schluckte süße Milch, alle süße Erinnerung strömte, sowie meine Gedanken nur einen Augenblick wollten an ihr saugen, und wie's Kindchen sich von einer Brust zur andern wendet, weil sie zu voll strömen, bis es vor Ermüdung des Saugens einschläft, so wendete ich mich von einer Seite zur andern und schlief auch endlich vor Ermüdung des Genießens ein. – So hab ich geschlafen bis Mittag, da brachten sie mir einen Strauß, der war mir aus dem Boskett geschickt worden. – Hör nur, was das für ein Strauß war und wie witzig der Gärtner ist; und wie gebunden und was das bedeuten mag – in der Mitte eine Moosrosenknospe, da herum Vergißmeinnicht und Heidekraut, die einen Kranz bilden, dann rundherum höher herauf Wacholderzweige und Nesseln, die schirmt wieder allerlei Dornwerk und Laub, was höher steigt, so zierlich gebunden wie ein Kelch, in dessen tiefster Mitte die Moosrose glüht. Das lese ich so: Die Moosrose ist mein Geschenk, der Kranz, das Heidekraut, was die Rose schirmt, das ist der bescheidne Gärtner; eine Blume, wie sie unzählig sich auf dem Feld ausbreitet, die Vergißmeinnicht, das ist das ewige Andenken; er wird's nimmer vergessen, daß ich ihm den Kranz geschenkt hab; der Wacholder ist der schlichte Weihrauch, den er meiner Gabe als Opferrauch duftet; die Nesseln bedeuten, daß es ihm im Herzen brennt und schmerzt; das Dornwerk und das Laub, was rundum in Kelchform aufsteigt, die Rose zu verbergen, die sagen, daß es in seinem Herzen soll geheim bleiben und daß er es im Herzenskelch vor aller Augen still bewahren wolle. – Der St. Clair ist wieder zurück, hat mir die Tonie gesagt. War er bei Dir? – Was hat er vom Hölderlin erzählt?

An die Bettine

Der St. Clair war bei mir, er kam von Mainz, heut erst geht er nach Homburg, bleibt acht Tage oder länger dort; wenn er zurückkommt, das wird am Sonntag sein, will er nach Offenbach kommen; er glaubt, Du werdest dann am Morgen wohl ein paarmal mit ihm im Garten auf und ab gehen, da will er Dir vom Hölderlin alles erzählen.

Am Mittwoch reise ich auf drei Wochen zur Nees auf ihr Gut bei Würzburg; von dort will ich Dir deutlicher schreiben; hier, im Augenblick von kleinen Reiseangelegenheiten gestört, kann ich nicht, wie ich wohl möchte, antworten auf Deine Liebe, der ich eben auch vertrau wie dem untadeligen Grund Deiner Seele. Schon fühl ich mich bewogen,

Deine Empfindungen, Dein Tun ohne Einwurf gelten zu lassen; tue, wie Dir's der Geist eingibt, weil es das beste und einzige ist, wo keines Menschen Rat auslangt; und auch weil Du so nur den unberufnen Vorkehrungen und Ratgebern kannst ausweichen; das ist, was hier zu befahren ist – nicht Dein kühner Sinn; Dein sicher abwägendes Gefühl haben wir nicht zu befahren, aber das Messen mit dem Maßstab, der nirgendwie mit Dir zusammenstimmt. Ich selber weiß oft nicht, mit welchem Winde ich steuern soll, und überlasse mich allen. Hab Geduld mit mir, da Du mich kennst, und denke, daß es nicht eine einzelne Stimme ist, der ich zu widersprechen habe, aber eine allgemeine, die, wie die lernäische Schlange, immer neue Köpfe erzeugt. Was Du sagst und treibst und schreibst, geht mir aus der Seele oder in die Seele; ich fühle zu nichts Neigung, was die Welt behauptet; und mustere ich gelassen ihre Forderungen, ihre Gesetze und Zwecke, so kommen sie allesamt mir so verkehrt vor wie Dir – aber Deine absurdesten Demonstrationen, wie sie Deine Gegner nennen, habe ich noch nie in Zweifel gezogen, ich hab Dich verstanden wie meinen eignen Glauben, ich hab Dich geahnt und begriffen zugleich, und doch muß ich in die Sünde verfallen, Dich zu verleugnen; es ist mir nicht gleichgültig, daß ich diese Schwäche habe; kannst Du sie mir ausrotten helfen, so bin ich willig zur Buße. Das sei Dir genug zum Fühlen, wie die Vorwürfe, die Du Dir um mich machst, mich nur drücken können. Das Produkt jener Stunde, wo Deine Liebe dieser gewaltsamen Stimmung in mir so streng entgegentrat, leg ich Dir hier bei. – Dichten in jedem Herzensdrang hat mich immer neu erfrischt, ich war nicht länger gedrückt, wenn ich mein Verstummen konnt erklingen lassen.

DES WANDRERS NIEDERFAHRT

Wandrer
Dies ist, mich hat der Meister nicht betrogen,
Des Westes Meer, in dem der Nachtwind braust.
Dies ist der Untergang, von Gold umzogen,
Und dies die Grotte, wo mein Führer haust. –
Bist du es nicht, den Tag und Nacht geboren,
Des Scheitel freundlich Abendröte küßt!
In dem sein Leben Helios verloren,

169

Und dessen Gürtel schon die Nacht umfließt.
Herold der Nacht! bist du's, der zu ihr führet,
Der Sohn, den sie dem Sonnengott gebieret?

Führer

Ja, du bist an dessen Grotte,
Der dem starken Sonnengotte
In die Zügel fiel.
Der die Rosse westwärts lenket,
Daß sich hin der Wagen senket
An des Tages Ziel.
Und es sendet mir noch Blicke
Liebevoll der Gott zurücke,
Scheidend küßt er mich;
Und ich seh es, weine Tränen,
Und ein süßes stilles Sehnen
Färbet bleicher mich;
Bleicher, bis mich hat umschlungen
Sie, aus der ich halb entsprungen,
Die verhüllte Nacht.
In ihre Tiefen führt mich ein Verlangen,
Mein Auge schauet noch der Sonne Pracht,
Doch tief im Tale hat sie mich umfangen,
Den Dämmerschein verschlingt schon Mitternacht.

Wandrer

O führe mich! du kennest wohl die Pfade
Ins alte Reich der dunklen Mitternacht;
Hinab will ich ans finstere Gestade,
Wo nie der Morgen, nie der Mittag lacht.
Entsagen will ich jenem Tagesschimmer,
Der ungern nur der Erde sich vermählt,
Geblendet hat mich trügerisch nur der Flimmer,
Der Irdsches nie zur Heimat sich erwählt.
Vergebens wollt den Flüchtigen ich fassen,
Er kann doch nie vom steten Wandel lassen,
Drum führe mich zum Kreis der stillen Mächte,

In deren tiefem Schoß das Chaos schlief,
Eh, aus dem Dunkel ewger Mitternächte,
Der Lichtgeist es herauf zum Leben rief.
Dort, wo der Erde Schoß noch unbezwungen
In dunkle Schleier züchtig sich verhüllt,
Wo er, vom frechen Lichte nicht durchdrungen,
Noch nicht erzeugt dies schwankende Gebild
Der Dinge Ordnung, dies Geschlecht der Erde!
Dem Schmerz und Irrsal ewig bleibt Gefährte.

Führer
Willst du die Götter befragen,
Die des Erdballs Stützen tragen,
Lieben der Erde Geschlecht.
Die in seliger Eintracht wohnen,
Ungeblendet von irdischen Sonnen,
Ewig streng und gerecht;
So komm, eh ich mein Leben ganz verhauchet,
Eh mich die Nacht in ihre Schatten tauchet.
Horch! es heulen laut die Winde,
Und es engt sich das Gewinde
Meines Wegs durch Klüfte hin.
Die verschloßnen Ströme brausen,
Und ich seh mit kaltem Grausen,
Daß ich ohne Führer bin.
Ich sah ihn blässer, immer blässer werden,
Und es begrub die Nacht mir den Gefährten.
In Wasserfluten hör ich Feuer zischen.
Seh, wie sich brausend Elemente mischen,
Wie, was die Ordnung trennet, sich vereint.
Ich seh, wie Ost und West sich hier umfangen,
Der laue Süd spielt um Boreas' Wangen
Das Feindliche umarmet seinen Feind
Und reißt ihn fort in seinen starken Armen:
Das Kalte muß in Feuersglut erwarmen.
Tiefer fuhren noch die Pfade
Mich hinab zu dem Gestade,

Wo die Ruhe wohnt,
Wo des Lebens Farben bleichen,
Wo die Elemente schweigen
Und der Friede thront.

Erdgeister
Wer hieß herab dich in die Tiefe steigen
Und unterbrechen unser ewig Schweigen?

Wandrer
Der rege Trieb: die Wahrheit zu ergründen!

Erdgeister
So wolltest in der Nacht das Licht du finden?

Wandrer
Nicht jenes Licht, das auf der Erde gastet
Und trügerisch dem Forscher nur entflieht,
Nein, jenes Ursein, das hier unten rastet
Und rein nur in der Lebensquelle glüht.
Die unvermischten Schätze wollt ich heben,
Die nicht der Schein der Oberwelt berührt,
Die Urkraft, die, der Perle gleich, vom Leben
Des Daseins Meer in seinen Tiefen führt,
Das Leben in dem Schoß des Lebens schauen,
Wie es sich kindlich an die Mutter schlingt,
In ihrer Werkstatt die Natur erschauen,
Sehn, wie die Schöpfung ihr am Busen liegt.

Erdgeister
So wiß! es ruht die ewge Lebensfülle
Gebunden hier noch in des Schlafes Hülle
Und lebt und regt sich kaum,
Sie hat nicht Lippen, um sich auszusprechen,
Noch kann sie nicht des Schweigens Siegel brechen,
Ihr Dasein ist noch Traum –

Und wir, wir sorgen, daß noch Schlaf sie decke,
Daß sie nicht wache, eh die Zeit sie wecke.

Wandrer
O ihr! die in der Erde waltet,
Der Dinge Tiefe habt gestaltet,
Enthüllt, enthüllt euch mir!

Erdgeister
Opfer nicht und Zauberworte
Dringen durch der Erde Pforte,
Erhörung ist nicht hier.
Das Ungeborne ruhet hier verhüllet
Geheimnisvoll bis seine Zeit erfüllet.

Wandrer
So nehmt mich auf, geheimnisvolle Mächte,
O wieget mich in tiefem Schlummer ein.
Verhüllet mich in eure Mitternächte,
Ich trete freudig aus des Lebens Reihn.
Laßt wieder mich zum Mutterschoße sinken,
Vergessenheit und neues Dasein trinken.

Erdgeister
Umsonst! an dir ist unsre Macht verloren,
Zu spät! du bist dem Tage schon geboren,
Geschieden aus dem Lebenselement.
Dem Werden können wir und nicht dem Sein gebieten,
Und du bist schon vom Mutterschoß geschieden,
Durch dein Bewußtsein schon von Traum getrennt.
Doch schau hinab, in deiner Seele Gründen,
Was du hier suchest, wirst du dorten finden,
Des Weltalls sehnder Spiegel bist du nur.
Auch dort sind Mitternächte, die einst tagen,
Auch dort sind Kräfte, die vom Schlaf erwachen,
Auch dort ist eine Werkstatt der Natur.

Der Tonie hat Clemens geschrieben, er komme in wenigen Tagen – er hofft mich hier zu finden; ich kann's nicht ändern, daß ich fortgehe, grade wie er kommt, es tut mir leid, wie gern ich ihn gesprochen hätte. – Du, sag's ihm doch, in drei Wochen bin ich zurück, bitte ihn, daß er so lange bleibe, ich werde gewiß um keinen Tag zögern, es liegt mir daran, ihn zu sehen; das einliegende Blatt gib ihm, er hat's von mir verlangt, es ist ein Gedicht, was ich schon früher gemacht habe. Clemens wird zu Dir hinauskommen; ich glaube, Du tust wohl, noch solang in Offenbach zu bleiben, bis ich wieder zurück bin, Du bist vergnügt dort, und niemand legt Dir was in den Weg, hier würden Sitten und Splitterrichter Dich verdrießlich machen, Clemens würde dabei manche Frage an Dich tun, die Dir unlieb sein dürfte, und mir ist's unangenehm, wenn er Dich ins Gebet nimmt.

Du schreibst mir doch! – schicke Deine Briefe ins Stift, dort ist am Samstag und am Donnerstag drauf Gelegenheit, etwas an mich zu schicken. – Ich wäre gern noch hinausgekommen, glaubst Du, daß George mich im Kabriolett hinausfahren ließe? – Wolltest du wohl bei ihm drum fragen? – Was Dir die Großmama aus ihrem Leben erzählt, das merk Dir doch alles, wenn's auch nur mit wenig Zeilen ist, später ist es einem gar interessant. Adieu und bleib mir gut, ich will Dir's abzuverdienen suchen.

Karoline

Ist alles stumm und leer,
Nichts macht mir Freude mehr,
Düfte, sie düften nicht,
Lüfte, sie lüften nicht,
Mein Herz so schwer!

Ist alles öd und hin,
Bange mein Geist und Sinn,
Wollte, nicht weiß ich was,
Jagt mich ohn Unterlaß,
Wüßt ich wohin? –
Ein Bild von Meisterhand

Hat mir den Sinn gebannt,
Seit ich das Holde sah,

174

Ist's ewig fern und nah
Mir anverwandt. –

Ein Klang im Herzen ruht,
Der noch erfüllt den Mut
Wie Flötenhauch ein Wort,
Tönet noch leise fort,
Stillt Tränenflut.

Frühlings Blumen treu
Kommen zurück aufs neu,
Nicht so der Liebe Glück,
Ach, es kommt nicht zurück,
Schön, doch nicht treu.

Kann Lieb so unlieb sein,
Von mir so fern, was mein? –
Kann Lust so schmerzlich sein,
Untreu so herzlich sein?
O Wonn, o Pein.

Phönix der Lieblichkeit,
Dich trägt Dein Fittich weit
Hin zu der Sonne Strahl –
Ach, was ist dir zumal
Mein einsam Leid?

An die Günderode

Warum Du aufs Landgut grade gehst, wie wir im besten Verkehr sind,
das begreif ich nicht; es war schon, als hätt ich Wurzel gefaßt in diesem
schönen Briefleben, wie die Erdbeeren beim Erröten fühlt ich einen aro-
matischen Duft in mir, wenn ich mich heiß geschrieben hatte, Du bist
immer unterwegs, ich begreif nicht, wo Du Zeit hernimmst zu allem! –
Dies schöne Gedicht! – Wann hast Du's geschrieben? – Es dreht sich im
Tanz und spielt sich selbst dazu auf – so leicht, als ob sich's so nur aus

175

Deiner Brust atme ohne Anstoß. – Dein Gedicht, was Du in der klang-
losen Stunde geschrieben, ist doch klangreich, es schöpft die Töne aus
der Brust und stimmt sie zu Melodien. – Doch weile ich lieber bei dem
ersteren, denn das hast Du doch später gemacht, nicht wahr? und fühlst
auch wie ich, daß die Schmerzen im Geist immer mit auf die Pein der
Langeweile gegründet sind. – Denn nehm's, wie Du willst; bräche das
Leben sich mit einmal eine neue Bahn, und wär sie auch noch so une-
ben und holperig, die Verzweiflung hätt ein Ende. Denn alles Schmerz-
gefühl, alle Sehnsucht kommt doch nur daher, weil die grade Bahn des
Lebens gehemmt ist. – Besinn Dich doch auf unsere Reise-Abenteuer,
die wir den Winter miteinander durchmachten; keiner von uns hatte
eine trübe Minute, den ganzen Winter nicht, Deine Sehnsucht ins Innere
von Asien hinein brachte uns immer unter die wilden Tiere. Tiger und
Löwen und Elefanten haben uns Schabernack gespielt. Was haben wir
für Sonnenhitz ausgestanden mitten im Eis; erst später merkte ich, wie
sehr wir uns in dies Leben vertieft hatten, da alle Leute diesen Winter
als einen der kältesten durchgehustet haben. Weißt Du, am Neujahrstag
kam ich zu Dir! alle Räder pfiffen an den vielen Staatswagen, die gepuderten Kutscher mit den rotgefrornen Gesichtern! – da kam ich zu Dir
in die Stube herein und sagte: Gott, es ist so heiß hier in Asien, daß wir
nur so hinschmachten, und drauß vor der Tür in Frankfurt da hängen
dem Kutscher die Eiszapfen am Knebelbart. – Was haben wir gelacht,
Günderode; – und haben unter Zimmetbäumen eine Tasse Schokolade
getrunken, die wir in Deinem Öfchen kochten mit wohlriechendem
Sandelholz; und da kam ein Salamander ins Feuer und färbte sich da in
allerlei Farben und warf die Schokoladenkanne um, und wir melkten
die weiße Elefantin, die ihr Junges in unserer Nähe säugte, und machten
Elefantenbutter; ich wollt als immer Löwenbutter machen, das littest Du
nicht, denn Du warst sehr vorsichtig, Du meintest, es sei zu viel Gefahr
dabei, die Löwin könne mir einmal wild werden über dem Melken. –
Und die Erlebnisse am Ganges und Indus, die schönen Knaben, die uns
da begegneten, wo wir uns versteckten und sahen sie vorübergehen und
sich waschen in den heiligen Fluten und Gebete tun; da sagtest Du, es
müssen wohl Tempelknaben sein, wir müssen nach dem Tempel hier in
der Gegend suchen. Da führte eine Allee von großen Tulipanen hin, die
hab ich entdeckt; wir brachten stundenlang hin mit der Bewundrung der
Blumen, und da waren Goldfruchtbäume und Trauben und Melonen,

alles das wuchs in schönster Fülle rund um die Säulen der Tempel, zu denen wir fremde Völkerstämme hinwallen sahen; da sagtest Du einen Hymnus her, den hätten sie gesungen beim Sonnenaufgang: Ätherwüste! – so fing Dein Hymnus an, und ich machte eine Melodie drauf, die ließest Du Dir vorsingen zur Zither von mir – und Du hörtest zu so still, als wär es indischer Tempelgesang; abends im Mondschein, das war unsre beste Zeit, wo wir phantasierten, und hielten uns einander bei den Händen, wenn wir die Berge hinanstiegen, und ruhten unter Dattelbäumen aus; Du machtest immer die Reiseroute, weil Du die Kenntnisse des Landes hattest, und da stiegen wir auf einen Berg, der hieß Bogdo, von da aus, sagtest Du, könne man alle Gebirgsketten übersehen, da eilte ich mich, voranzukommen, um zuerst oben zu sein, und da schrie ich Dir entgegen, ich sähe das rote Korallenmeer mit der Todespforte. Da hatte ich mich aber geirrt, denn Du bewiesest mir, daß man es von da aus nicht sehen könne, da es an der Grenze von Afrika liege, und der Bogdo liege in der Mitte von Hochasien. – Wir waren doch so glücklich; wie schwärmte mein Kopf von brennenden Farben der Blütenwelt, wie waren wir entzückt vom Duft, der uns umwallte! – das dauerte den ganzen Winter, und kein Mensch wußte, daß wir in einer südlichen Welt lebten, wir gingen grade in den Gärten von Damaskus spazieren, ganz entzückt von dem Blumenparadies und trunken von ihrem Duft, da kam der alte Herr von Hohenfeld und brachte Dir das erste Veilchen, was er auf seinem Spaziergang im Stadtgraben gefunden hatte. Ach, da verließen wir Damaskus und ließen uns von Hohenfeld hinausführen, wo er das Veilchen gefunden hatte, und suchten noch mehrere; und von da an war der Zauber aufgehoben, und wir lachten recht, daß uns das Veilchen so schnell aus Asien herübergezaubert hatte nach Frankfurt auf die alten Festungswälle, denn wir gingen von nun an in den schönen Frühlingstagen jeden Mittag hinaus und machten uns Kränze, die standen Dir so schön, so war die geringste Wirklichkeit schon wieder ein Paradies für uns. Sieben Spaziergänge haben wir so gemacht, Günderode, ich hab mir sie gezählt, sie kamen mir wie das Köstlichste im Leben vor. Du saßest immer unter der großen Eiche und bedauertest Deinen arabischen Renner, daß Du den nicht mit aus Asien herübergebracht hattest; während ich am Abhang niederkletterte, wo Du immer Furcht hattest, daß ich hinunterfalle; am Neujahrstag war ich wirklich da hinuntergekollert, ich war mit George da spazieren gegangen, es war Glatteis, ich glitt aus, und er den Augenblick, ohne sich zu besinnen, mir nach, da faßte er mich und hielt sich mit der andern Hand an einer Wurzel fest. Er war ganz blaß und wankte, denn er konnte schwer das Gleichgewicht halten. Oben sagte er: »Jetzt wären wir beide zerschmettert, hätte Gott mir nicht beigestanden; denn ich hätte mich dir nachgestürzt.« – Ich war bis dahin gar nicht erschrocken gewesen, denn ich bin so faselig und merk nie die Gefahr. – Aber das erschütterte mich, daß des Bruders Leben an dem meinen hing wie an einem Haar und daß es Gott nicht reißen ließ. – Wie Geschwister doch aneinander hängen, wie Glieder eines Leibes, eins stürzt dem andern nach in den Abgrund; eins rettet das andere. Möge ich's doch nie vergessen, daß Vater und Mutter mir den Bruder geschenkt haben. –

Was wollt ich Dir doch sagen! – ja, daß damals mir zuerst der Gedanke kam, wie das Leben nur als Notbehelf vernutzt werde. Ich dachte, daß wir Gedanken haben so rasch und daß die Zeit hintennach kommt und mag nichts erfüllen und daß die Melancholie allein aus dieser Quelle des Lebensdrang fließt, der sich nirgend ergießen kann. – Die Welt muß voll dessen sein, was unser Leben entwickelt; kämen die Taten und überflügelten unsere Sehnsucht, daß wir nicht immer ans Herz schlagen müßten über den trägen Lebensgang – nicht wahr, Du fühlst es auch? – das wär die wahre Gesundheit, und wir würden dann scheiden lernen von dem, was wir lieben, und würden lernen die Welt bauen, und das würde die Tiefen der Seele beglücken. So müßte es sein, nichts am rechten Platz. – Und was ich niemand sage wie nur Dir, ich mein immer, ich müsse die ganze Welt umwenden, ja, ich sage Dir, es liegt mir so nahe, daß ich oft in Träumen mich nach dem Zepter umsehe, wo Gott den für mich hingelegt hat, und würde gewiß die Verwirrung lichten. Nur ein einzig Ding, am rechten Ende angefaßt, zieht eine Menge andere nach sich, die von selbst dann ins rechte Geschick kommen würden. Die Menschen lernen dann allmählich auch das Rechte denken, wenn sie erst eine Weile das Rechte haben tun müssen. Denn ich sage nur immer so: konnten sie so fest in der Unnatur sich einwurzeln, wieviel fester und kräftiger dann im Boden, der ihre höhere Natur erzieht. Sollt ich irren? – Menschengeist horcht auf Göttergebot in der eignen Stimme; horcht auf jene heilige Urphilosophie, die ohne Lehre als Offenbarung jedem sich gibt, der mit reinem Willen zur Wahrheit betet. – Das hast Du selber gesagt, es sind Deine eignen Worte. Wie oft hab ich doch einsam um Wahrheit gefleht! – und wie unermeßlich ist doch Vollendung über die Sterne hinauf – und die

Zeit darf nicht mehr sein da, wo wir sie gegenwärtig fühlen. – O bessere Tage, wo seid ihr? O kommt uns entgegen, laßt nicht immer nur harren auf euch, daß nicht auch wir nur wie Schattenbilder an euch vorübergehen. Lasset euch dienen, ihr Tage, die ihr den Geist der Liebe sollt hinüberschiffen, still und heimlich euch landen helfen und den Genius aufnehmen, lehren die Menschen, daß sie ihn nimmer verschmähen, der in allem allein nur darf gelten! – so red ich das Morgenlicht an, das mich weckt, und denke dabei Deiner und meiner. – Was sind Freundschaftsbande? – Was ist Zusammenleben und Austausch der Gedanken, wenn der Dritte nicht niedersteigt, der Göttliche – der herab sich läßt, um das Leben genesen zu machen? – Ach – so deutlich steht es geschrieben in meiner Brust! – gefaßt und besonnen muß der Geist sein – das weiß ich – und das Herz ist oft ein ungeduldiger Kranker, aber der Geist wird auch alles für es aufbieten, und eine Höhe muß es geben, wo grade durch den Geist es mit allem Leiden versöhnt werde. – Das denke, wenn es zu hart Dich bedroht, lasse Dir nicht schwindeln und denk, daß Begeistrung immer das höchste Erdenschicksal ist und daß die aus dem Schmerz sich erzeuge wie aus der Freude. – Und mag's kommen, wie's will, so sollen zu Helden wir uns bilden, mit der Freude wie mit dem Schmerz unsre Freiheit erkaufen. – Oh, kommt mir das Feld der Schicksale doch vor wie der Blumengarten Gottes, wo jede Knospe in ihren eigentümlichen Farben sich erschließt, der weise Gärtner gibt Schatten den einen und Kühle und harten Boden, den andern Sonne und fruchtbare Erde, so wie jedes bedarf zum Blühen. – Und das Blühen ist ja die Erfüllung aller Sehnsucht. Drum lasse uns das Leben lieben, weil es uns zu dieser Blüte bringt, und denken, die Wolke über uns schütte sich aus, den Staub von uns abzuwaschen, und daß dann die Sonne aufs neue uns anglänzt. Ich bin traurig – ich kann nicht von Dir los – Dein Lied schmerzt mich – ja, es weckt Melodien – aber so schmerzliche, daß ich in ihrem Gesang den Widerhall Deines Wehs empfinde und mich schäme, daß ich so heiter war diese Zeit über, an jedem Weg mir Blumen sammelte und Dir zuwarf in Scherz und Übermut, und das war schlecht lieben gelernt von mir; wo ich doch herausgezogen war, um dieser Schule mich ganz zu widmen.

Was werd ich dem Clemens sagen, wenn er auf meine Bildung zu sprechen kommt? – Ich freu mich sehr auf den Clemens, das wird mich für Dein Fortlaufen trösten; ich mag gar nicht dran denken, daß Du mit so viel Menschen umgehen kannst, mit denen ich kein ungescheut Wort zu sprechen vermag. Wie ist mir doch Hören und Sehen verkürzt durch dein Weggehen! – Gestern abend noch blies mir die hundertjährige Cousine das Licht aus; ich solle nicht die ganze Nacht durch schreiben, meinte sie, oder sie wolle es der Großmama sagen, daß ich meine Gesundheit verderbe; ich hatte einen Schachteldeckel vors Licht gestellt, daß sie's nicht sehen sollt durchs Schlüsselloch, aber sie bemerkte den Widerschein; – ich sagte: »Sie alte Hundertjährige, was will Sie mit mir auf der Welt, Sie kann doch unmöglich noch einmal hundert Jahr leben, dann gehen wir zusammen.« – »Nein, wenn du's so machst, dann kannst du mir nit emal Quartier bestellen, ich überleb dich hundertmal.« Ich mußt mir's gefallen lassen, das Licht war aus, ich nahm sie aber dafür auf den Arm und trug sie mitsamt ihrem Laternchen hinunter auf ihren Ledersessel. Sie schrie erst, ich werde sie der Treppe herunterwerfen, aber mitten in der Todesgefahr war sie vor Angst ganz still, unten auf dem Sessel wollte sie anfangen zu zanken, ich nahm aber ihr Federbett und warf's ihr auf den Kopf und lief fort. – Jetzt kommt sie gewiß nicht wieder. – Obschon ich müde war, hätt gern noch geschrieben, was ich jetzt nicht mehr weiß, heut schwärmt mir's nur vor Augen und Ohren, daß Du nicht mehr auf Deinem alten Plätzchen meine Briefe bekommen sollst. Die Großmama hatte gestern einen Anfall von Schwindel, ich mag nicht nach Frankfurt verlangen, und auch mag ich nicht hin, was soll ich dort, wenn Deine Haiden, Deine Holzhausen, Dein Nees Dich in Beschlag nehmen! – Ich glaubte, ja wahrhaftig, ich glaubte, ich wär Dir lieber wie die andern, und es wär Dir ernst mit unsrer religiösen Weltumwälzung, wie's auch mir ist, und so war's auch recht von Gott angeordnet, daß wir beide nicht beisammen und doch so nah waren, daß jeden Tag unsere Briefe sich erreichten, so kam es doch zu Papier, sonst hätten wir's verschwätzt. Was hilft's' – Übermorgen gehst Du bis Würzburg, das liegt außer der Welt und läßt mich hier auf dem Dach vom Taubenschlag schmachten. – Wenn Du gut sein willst, so komm morgen früh um sieben Uhr auf die Gerbermühl; hierher komme nicht, weil die Großmama unwohl ist, da ich jetzt immer in ihrem Vorzimmer bin, aber bis morgen um zehn Uhr, wo ich erst zu ihr gehe, kann ich mit Dir sein; um sechs Uhr geh ich auf die Gerbermühl, der George läßt Dich hinfahren, ich hab's ihm geschrieben. Hinter der Mühl in dem langen Heckengang auf dem Stein am Kreuz wollen wir uns ein bißchen hinsetzen zusammen; du kannst nach der Stadt zurückfahren, Du kannst auch das Kabriolett zurückschicken und zu Wasser heimfahren, das wär mir lieber, damit du nicht ängstlich sein sollst, ums Kabriolett halten zu lassen, solang mir beliebt. Ach, am Sonntag hab ich auch eine Wasserfahrt gemacht mit Jeannot und Dorwille auf Bernhards Nachen hinter dem Schiff mit der Harmonie; alles war in Scherz und Liebesreden begriffen, wenn die Musik pausierte, ich aber hatte keinen Anteil dran, der Gärtner saß am Steuer, dem wollt ich nicht leid tun, er hatte schöne feine Hemdärmel und mein Schnupftuch um den Hals geknüpft. –

An die Günderode nach Würzburg

Weil ich jetzt weiß, daß Du außer der Welt bist, so hab ich ein ganz ander Leben angefangen, und mein Sinn hat sich geändert. – Ich möcht auch fort in die Welt, ja, ich möcht fort! – Ich bin doch in meinem Leben noch auf keinen Berg gestiegen, von wo aus man die ganze Welt übersieht, und in meiner Seel überseh ich doch die Welt. – Du zankst, daß ich alles besser wissen will, und ich weiß doch alles besser, und ich kann doch nichts davor, daß mir's anders und besser einfällt. – Ja, mir kömmt vor, als sei mein Bewußtsein ein Gesang meiner Seele, dem ich mit Vergnügen zuhör, denn wenn ich einmal etwas nicht weiß, so ist es nur, als hätt ich's vergessen gehabt, aber ich hatte es doch schon einmal gewußt. – Nur bei kleinen Dingen steht mir manchmal der Verstand still, zum Beispiel gestern bei einer wilden Kastanie, die ich aus ihrer grünen Hülse losmachte, da lagen drei Kastanien ineinander gefügt, noch unreif, blendend weiß, da mein ich immer, ich müßt mit Gewalt wissen lernen, was alle diese Formen sprechen; denn gewiß ist's, alles Geschaffene ist durch den Heiligen Geist erzeugt. Es ist unmöglich, daß eine Form sei, sie ist denn durch Gottes Wort >Es werde< hervorgegangen. Nun, was durch den ewigen Erzeugungswillen hervorgeht, das muß doch eine Selbstsprache haben, das muß sich nämlich aussprechen und sich auch beantworten. Dein Leben muß doch eine Sprache führen, denn sonst ist es ja nichts. Also, wen Gott liebt, mit dem führt er Gespräche, also bloß Liebesgespräche – ja, was ist auch Gespräch als bloß die Liebe – so ist denn alle Form in der Natur ein Ausdruck der Liebe. Die Sprach der Lieb ist also Sprach Gottes. Gott ist der Liebende – ist denn Gott persönlich? – hat er ein Antlitz? – kann ich ihm die Hand reichen? – wo find ich ihn, daß ich Liebesgespräch mit ihm führ? – Meine Lieb zu Menschen ist Mitleid, ich muß um sie trauren, daß es so und nicht anders ist. – Liebe ist, glaub ich, nur Göttergespräch. – Weil ich weiß, daß ich alles weiß, nur kann ich's nicht finden, so such ich alles in mir, das ist ein Gespräch mit Gott. Das ist also Liebesgespräch, wenn ich mich aufs Gesicht leg im Schatten und hör den Bach rauschen neben mir, was der redet alles, und Antwort drauf geben muß! und streck die Arm aus im kühlen Gras überm Kopf und frag in meine Seele hinein alles, was ich wissen will. Da wird mir Antwort, ich kann sie aber nicht gleich in Worte übertragen. Aber es gibt auch ein Gespräch ohne Worte. Aber Liebe ist wohl doch bloß Gottheitsgespräch? – Ja, was soll sie anders sein? – Frage und süße Antwort; könnt ich aufhören danach mich ewig zu sehnen? – ich wär mir selber gestorben. Und die Seele, die mich am tiefsten versteht – mir am sehnsüchtigsten Antwort gibt, mich wieder frägt um Antwort, die muß ich lieben. – Wissen wollen ist ja schon Wissen, es ist Anschauen; und wenn ich anschaue, so nehm ich ein Bild in mich auf, und das ist Wissen. Wie kann sich doch der Mensch nicht enthalten, irgendwas anders sein zu wollen als ein Liebender? – Wie komm ich doch darauf? – das ist von heut früh auf der Gerbermühl unser Gespräch; – ich sag Dir, wenn ich geschwiegen hab, so ist das, weil mir die Worte nicht wohltönend genug vorkamen, ich seh mich im Geist um nach Klang, wenn ich etwas sagen will, da find ich keinen Ton, der stimmt, und Du kannst mir's glauben, manches laß ich ungesagt, weil ich's nicht edel genug auszusprechen vermag, durch Musik hab ich's herausgefühlt, daß aller Geist im Menschen liegt, daß er aber nicht die Melodie dazu findet, ihn auszusprechen. Denn jeder Gedanke hat eine Verklärung, das ist Musik, die muß Sprache sein, alle Sprache muß Musik sein, die erst ist der Geist, nicht der Inhalt, der wird nur Liebesgespräch durch die Musik der Sprache. – Geist ist größer wie der Mensch, immer will der an ihm hinaufragen, spricht er ihn aus, so hat er selber sich in den Geist übersetzt; Geist ist Musik, so muß auch die Sprache, durch die er uns in sich aufnimmt, Musik sein. Wie könnten wir ihn begreifen mit den Sinnen zugleich, in unwürdiger Gestalt! – Nein! – Geist ist verinnigt mit Schönheit, er ist nur dann Geist, wenn er Schönheit ist. – Durch den Dichter spricht er sich aus, denn der hat's Gefühl, daß Geist nur Schönheit ist. Alle schöne Handlung, alles Große ist ein Gedicht des Geistes – Ach, ich streck die Händ zum Himmel und möcht was anders, als was die Menschen tun. Denn ich fühl wohl, mein Nichtstun ist Sünde. – Aber was soll ich tun, was mich weckt? – Die Kunst, meint der Clemens! – so ist's bloß, weil er mich innerlich nicht kennt, mit was ich alles zu tun hab. – Denn das muß wohl meine größte Anlage sein, was mich am schnellsten aufregt und mich ganz mit sich fortnimmt. – Nun, obschon ich keine Weltgeschicht studieren mag und bei dem Zeitunglesen vor Ungeduld mich kaum zusammennehmen kann, so ist's doch die Welt, die ich regieren möcht, und mich reißt's hin, darüber nachzudenken. Wenn Du an den Clemens schreibst, so sag ihm's, das scheine mir mein entschiedenstes Talent, die Welt regieren; weiß er Gelegenheit, mich darin zu üben, so will ich fleißig sein Tag und Nacht. Schon jetzt nehmen mir die Regierungsgedanken den Schlaf, von allen Seiten, wo ich die Welt anseh, möcht ich sie umdrehen. Eine Zeitlang hat alles, was ich im Leben erfahren hab, wie eine hölzerne Maschine auf mich gewirkt. So der ganze Religionsunterricht, der machte mich völlig dumm. – Z. B. die Lehre, mit welchen Waffen die Ketzer zu bekämpfen, mit welchen Grundsätzen sie bekämpfen? – da kam mir Ketzer und Waffe und Glaube alles wie ein Unsinn vor, und hätt ich nicht meine Zuflucht dazu genommen, gar nicht zu denken, so wär ich ein Narr geworden. – Wie denn wirklich alle Menschen Narren sind, mein großer Courage, dies zu glauben und ohne viel Sperenzien sie auch danach zu respektieren, das hat mich frei gemacht von der Narrheit. – Und wie sollt doch einer aus dem Schlamm des Philistertums herauskommen, als von frischem sich in die Hände Gottes geben, der hat nicht umsonst den Menschen aus Lehm gemacht, da er ihn nur anzuspeien braucht, daß er wieder feucht wird, um ihn von Grund auf neu durchzukneten und seine erste reine Gestalt wiederzugeben. – Woran erkennt man einen katholischen Christen? – am Zeichen des heiligen Kreuzes! – dies schlug mir den ersten widerspenstigen Funken aus dem Geist. Denn was braucht doch der natürliche Mensch ein katholischer Christ zu sein und sich bekreuzigen? – ist das der nächste Weg, Gott ähnlich zu werden? – ist Gott ein katholischer Christ? – oder ist er wie Du ein Ketzer? – und warum machen wir doch das Kreuz, als bloß, um wie die Hunde dem Ketzer die Zähne zu fletschen? – Als wir aus dem Kloster zurückgeholt wurden ins väterliche Haus, da ließ uns die Frau Priorin vor sich kommen und schärfte uns ein, ja nicht den katholischen Glauben zu verlassen, wenn wir zu unsrer Großmutter kommen, die eine lutherische Dame sei, sondern wir sollten alles dran wenden, sie zu bekehren. Sie sagte das mit so viel Herzenswärme, ich hätte ihr die Hand drauf geben wollen, aber ich wußte nicht, was katholisch sei – ich half mir; alles, was nicht lutherisch ist, das sei katholisch. Alles, was man lernen muß, hüllt den Verstand in eine Nebelkappe, daß die Wahrheit uns nicht einleuchte. Alles, was wir zu tun bewogen sind, ist Eselei. – Meinungen von geistreichen Männern zu hören, was der Großmama ihre Passion ist, das scheint mir leeres Stroh, liebe Großmama – »Du kannst doch nicht leugnen, liebes Kind, daß sie die Welt verstehen und dazu berufen sind, sie zu leiten?« sagte sie gestern. – »Nein, liebe Großmama, mir scheint vielmehr, daß ich dazu berufen bin.« – »Geh, schlaf aus, du bist e närrischs Dingle.« Bei der Großmama wird jetzt abends allerlei Politisches unter den Emigranten verhandelt, da wird die Umwälzung des großen Weltkürbis von allen Seiten versucht, er deucht ihnen angefault. Außer Choiseil, Ducailas, d'Allaris, die immer das Wort führen, kamen gestern noch ein Herr von Marcelange und Varicourt, dieser letztere besonders schön von edler Haltung, ritterlich, ich könnt keinen Augenblick glauben, daß ihm je etwas Unebenes in den Sinn komme; er wendete sich immer zu mir, als ob er um meinen Beifall werbe – Ai-je raison? Seine Reden machten mir Eindruck, er war in Begleitung einer Herzogin von Bouillon (Hessen-Rotenburg) und einer Prinzeß Biron, die mittags auch die Großmama besucht hatten, durch Frankfurt gekommen; ein Graf Catalan hat ihn zur Großmama geführt, die litt nicht, daß die Emigranten wie gewöhnlich Politik sprechen, weil sie meistens geteilter Gesinnung sind; später erzählte sie, daß sein Bruder jener Varicourt sei, der als Garde du roi am 6. Oktober 1790 in Versailles an der Tür der Königin ermordet wurde, als er ihr zurief: Königin, retten Sie sich, es ist der letzte Dienst, den ich Ihnen leiste! Die Großmama erzählte mir von seiner Mutter, die sie kurz nachher in der Schweiz auf einem verfallenen Landsitz bei Nyon getroffen hatte in einer düstern, großen Vorhalle, die zugleich Küche war, mit alten wollnen Tapeten so faltig behangen, ein altes Ruhebett, auf dem der Hut ihres Sohnes mit weißer Kokarde lag, ein paar Strohstühlchen, ein ungeheuer großer Kamin mit einem kleinen Feuer von einigen Rebenreiser, wo ein Kesselchen mit Teewasser für die kranke alte Frau kochte, eine schlafende Katze zu ihren Füßen, ein einziges schmales, hohes Fenster in diesem zerfallenen Wohnsitz einer ausgestorbenen Familie, da habe die Frau den Hut ihr gezeigt und gesagt: es war eine Zeit, wo das weiße Band ganz Frankreich zum Gehorsam für seinen König aufrief etc. – Ich hörte der Großmutter gern zu, solang sie dies erzählte; dabei brachte sie aber noch so manches andre vor, was keinen Zusammenhang damit hatte; so sprach sie von einer Herde mehrerer hundert Kühe, die man damals an einem Ort zusammengetrieben, wo sie wegen einer Seuche alle totgeschossen wurden; – sie jammerten und tobten bei den ersten Schüssen, als aber der Bulle niedergeschossen war, hat keine Kuh sich mehr gewehrt, alle haben ruhig den Tod erwartet, vergleiche: Emigranten und ihren König – dann hat die Großmama noch Unendliches von unschätzbaren Leuten erzählt; von Seidespinnerei, von 360 Kokons eine Unze Seide, von 2893 ein Pfund, so viel Simmer Seidenwürmer spinnen an 5 Pfund Seide – fraßen zu viel Maulbeerblätter, man gab ihnen Latuk, Spinat und Blätter von Johannistrauben, welches sie mit Vergnügen fraßen, recht gut Seide spannen, nur daß sie etwas grüngelb wurde; zuletzt erzählte sie mir noch aus dem Leben der heil. Jutta, welche Naturgeschichte und Seelenlehre studiert hatte, und dies führte sie auf den Mirabeau; als ich zu Bett ging, war ich ganz verwirrt und konnt an nichts Liebes mehr denken, ich mußt gleich einschlafen. – Wie's doch in der Großmama ihrem Kopf aussehen mag? – So viel aneinander gehängt, wozu kein Mensch die Lösung fände; ob ich wohl auch so bin? – Das Haus wird jetzt nicht leer an merkwürdigen Leuten, alle französische Journale werden gelesen und besprochen, ich muß wider Willen Anteil nehmen an ihren Witzen über Hof und Hofstaat, Kostüm, Livreen, Uniformen, Schmuck und Spitzenbehänge des weiblichen Personals, alles wird durchgemustert, dann die allgemeine große Ablaßannonce von dreißig Tagen, um die Franzosen aus des Teufels Sklaverei zu befreien. Ich stehe unter den Disputierenden wie unter einer Traufe; Protestant, Philosoph, Enzyklopädist, Illuminat, Demokrat, Jakobiner, Terrorist, Homme de sang, alles regnet auf mich herab, worunter man immer dasselbe versteht. »Von oben herab verkennen sie alles«, sagte der Varicourt, »von unten ist alles Bosheit und Lüge der Hinanklimmenden« und sprach noch über die ungeheuren Schmeicheleien, die Bonaparte einschlucke: »Ce n'est pas du bon style que d'avaler de si gros mensonges, la véracité est le seul moyen de cultiver la nature humaine; pour la grandeur il y fait faute, il n'a point le sens céleste pour l'avenir pour lequel seul s'immolera un grand coeur; il est le grand monstre de la médiocrité encombrant un monde qui s'ignore soi même.« Die Emigranten hörten ihm feierlich zu, als spreche er von der Kanzel herab. »Nous n'avons que trop bien pu comprendre ce que c'est que l'esprit régénérateur, ce n'est que lâcheté que de nous soumettre à une tyranie, qui a recours aux moyens puérils dont se sert Buonaparte pour captiver une nation qui a sacrifié son meilleur sang pour la liberté. C'est une juste punition pour avoir attenté au sang inviolablement sacré de rois, que de n'avoir pas reconnu ce que le grand génie de Mirabeau nous avait prophétisé. La révolution faite, la première des lois était d'honorer la loi, mais point cet expédient des têtes bornées, qui pour maintenir leur pouvoir, ne font que faire trembler; il faut gagner les coeurs, et puis c'est si facile! – le peuple est déjà reconnaissant si ses supérieurs ne lui font pas tout le mal qui est en leur pouvoir; ce n'est que la bêtise qui punit, la véritable grandeur prévient les fautes; c'est abuser du pouvoir que d'agir autrement, il est maladroit de ne point se servir des hommes tels qu'ils sont, c'est la sagesse qui est souveraine, elle exploite le bien du mal, mais non pas en tranchant les têtes!! – Les lois doivent être tracées par la génie de l'humanité, ce que Buonaparte ne sera jamais.« – Und ich möchte auch über allen Plunder von menschlichen Zurüstungen hinausstiefeln können, ihre Zankäpfel ihnen aus den Händen winden und ihnen dafür Selbstbeschauung, Selbsterzeugung empfehlen. Ja! ist's nicht der einzige Zweck der menschlichen Natur, daß sie lerne sich selbst erzeugen? – Und ist die Wahrheit nicht das Geheimnis, aus der die Selbsterzeugung hervorgeht? Und wenn ein Herrscher aus sich hervorgehen könnte ins reine Licht der Wahrheit, würde er nicht die ganze Menschheit regenerieren? – Ich frag Dich! Besinn Dich – hab ich nicht recht? es schwebt mir so dunkel vor, als ob aus dem Geist des einen die Wiedergeburt aller hervorgehen müsse. – Ach, ich würde gar nicht drum verlegen sein, dies keck anzugreifen, denn verderben kann man nichts, alles, was noch grünt und zu blühen scheint, steckt doch im Sumpf der Dummheit, und ist es eine so große Sache, klüger zu sein. – Wie soll einem da nicht der Verstand aufgehen, wenn man rund um sich her sieht, wie alles Narrheit ist. – Und liegt es nicht in der gesunden Menschennatur, die Idee einer göttlichen Menschheit in sich zu entwickeln? – Und was ist doch alles Denken als bloß diese ideale Richtung? – Und ist doch ein Mensch geboren, dessen Aufgabe es nicht wär, sein eignes Ideal zu erzeugen? – Und wenn das ist, wie soll mir da nicht jeder unschuldige Mensch wichtig sein, ihm meine Gedanken mitzuteilen? – Man braucht mich auch nicht zu beschuldigen, daß ich alles durcheinander werfe und von einem zum andern spring, es gibt etwas, was andre gar nicht fassen, von dem spring ich eben nicht ab, mein Geist bildet sich selbst seine Übergänge. – Sobald der reine Wille in uns liegt, das Göttliche zu suchen, so ist die Religion da, von der ich meine, daß sie den Menschen allein entwickeln könne, denn ohne sein Zutun ist es der ihn erfüllende Gott, der aus ihm redet, und dies eine ist es allein, was mir Religion deucht; und wie aus einem edlen Samen alles sich bildet, wie es organisch muß, so bin ich gewiß, daß aus einem Geist, der bloß das Göttliche denkt um sein selbst willen, auch alles folgerecht sich entwickelt und in der menschlichen Handlung nichts mir ein Anstoß sein würde. Denn gegen Denken ist das Handeln nichts, denn der Gedanke selbst ist Gott, hingegen Handeln ist nur sich nach Gott richten; wenn ich also Gott durch mein Denken suche, empfinde, erlebe, wie sollt ich da verlegen sein ums Handeln, ums Regieren? – Ei nein! das ging ganz von selbst, ich würd mich auch keinen Augenblick besinnen, denn wer den Geist der Wahrheit einatmet, wie sollte der ihn nicht auch aushauchen? – Nebenabsichten muß der Menschengeist gar nicht haben, er muß eine heilige Richtung haben. – Der Mensch ist sich immer eine Hauptnebenabsicht, drum muß er sich ganz verleugnen, sonst erreicht er sich selber nicht; das lautet zwar ganz verkehrt und ist doch wahr. Das wahrhafte Ideal des Menschen ist die lautere Selbstverleugnung, aus ihr auch allein kann alle Weisheit hervorgehen in allen Handlungen, die das Schicksal erheischt; zu derselben Selbstverleugnung sind wir berechtigt, alle Menschen aufzufordern, denn sei das Resultat eines solchen Tun, was es wolle – sie handeln in Gott, und das ist Religion, und da mach's Kreuz, oder sei Ketzer oder Heid oder Jud. – – – Himmlischer Sinn fürs Unsichtbare, Unendliche, aus dem allein die wahre Religion hervorgeht, weil dies allein zur Gottheit führt. – Das alles fällt mir so ein, wenn ich meine Gespräche mit dem Franzosen in Gedanken weiterführe. – Ich brauch mir auf eine Natur zu treffen, die mir liebreizend scheint, so bin ich gleich voller Gedanken, die mich belehren, als seien sie geweckt von jenem; so jagt der Franzose in seinem adeligen Wesen jetzt eine Begeistrung nach der andern in mir auf, und ich glaub: keine Frage, die ich nicht beantworten könnte, sobald ich mir innerlich denke, er höre mir zu, keine Handlung, die ich nicht kühn genug wäre zu vollbringen, wenn er mir zusähe, und was das auch sein möge, was mich so anreizt – gewiß ist es was Großes, was ganz Göttliches, daß der Mensch, wo er das Göttliche ahnt, das Schöne und Große gewahr wird, gleich harmonisch mit einstimmt und alle Feuer in ihm aufflammen. Ach, ich denk mich schon in eine Schlacht, auf einem Schimmel neben ihm herreitend zwischen allem

Donner der Geschütze, Rauch und Pulverdampf, in der Verwirrung großer entscheidender Momente, wie seinem sicheren Blick vertrauend ich
alles glücklich vollende, ich denk noch mehr, alles, was glühender Ehrgeiz
nur zu unternehmen wagt, das fährt durch meine Seele, ich erleb's – ich
bin glücklich, freudig, jauchze im Gelingen, und alles Volk umringt mich
mitjauchzend und harrt meiner, daß ich ihm Labung zutröpfle heiliger
Freiheit. All dies erleb ich mit dem Franzosen, der sich vor meinen Augen
zum Heros entwickelt. – Ich möchte doch wissen, wenn man alle Erlebnisse sich zusammenrechnet, ob da nicht diese eingebildeten auch gelten,
sie glühen und damaszieren doch die Seele durch diesen feinen Stahl der
Begeistrung, der mit ihr zusammengeschweißt, gebeizt und geätzt wird
und mir edler deucht wie jede andre Politur und besser zu benützen,
zäher, fester, der Kraft des Willens nachgebend und ihr folgend. Kühne,
feste Handlung, Tatkraft muß doch auch einen Samen haben in die Seele
geborgen, ist dies nicht Same? mich deucht, etwas gedacht zu haben, ist
Samen im Boden der Seele, der ans Licht dringt und sich erschließt, heute
oder morgen.

Da ging die Tür auf, Clemens kam herein, große Freud! – sie stärkt –
es blitzt innerlich. – Ist mein Verstand mir verloren und such ihn an der
leeren weißen Wand und find ihn nicht, aber in dem schönen großen Aug
von Clemens find ich ihn. Du sagst, Du kannst ihm nicht in die Augen
sehen, weil er einen verzehrenden Blick habe, ich nicht, ich schöpf
Freude drin, und ich weiß nicht was, von lebendiger Nahrung Unüber-
setzbares. – Vor allem möcht ich Herr werden über mein Denken; daß
ich nämlich die Zeit ausfülle mit lebendigem (lebengebendem) Denken.
Es gibt ein Denken was verlebt, und eins, was erlebt. – Wie mich sammeln, daß ich meinen Geist immer auf das Erleben richte? – Dies eine
nur! und das Auffahren gen Himmel ist mir gewiß.

Das Schlafen kann mit dem Denken in Rapport gesetzt werden, das
Schlafen, was aus dem Denken entspringt, erzeugt wieder Denkkraft – so
kann sich der denkbeflißne Geist erschaffen. – Überall mit Geist durchdringen, so ist das Schlechte gesprengt, denn es hat keinen Platz mehr,
denn es ist zu schwach und zu eng, um Geist zu fassen.

Ich wundre mich über meine Gedanken! – Dinge, über die ich nie
etwas erfahren, die ich nie gelernt, oder vielleicht gerade das Gegenteil davon, stehen hell und deutlich in meinem Geist. – Kann ich denn
wissen, ob ich nicht vielleicht von einem Geist besessen bin? – und ist

Besessensein nicht vielleicht ein Aufgeben der Individualität, und sind die Widerspenstigen, die sich dem Geist widersetzen, nicht vielleicht individuell stärker als die vom Geist Durchdrungnen? – Ach, liegt wohl die Stärke im Hingeben? – Ist nicht manches im Geist und in der Seele Wirkung anderer Welten? – Die Liebe, die Leidenschaft, ist die nicht Anziehungskraft von der Sonne? –

Wir saßen auf der Hoftreppe, ich und der Clemens, in der Dämmerung und schwätzten allerlei. – »Es ist alles recht lieblich, was du da vorbringst«, sagte er – »aber werd nur nicht faselig, manchmal ängstigt mich's, was aus dir werden soll, du zersplitterst deinen Geist, mit dem du dir eine so herrliche Freiheit erringen könntest. – Ach, kannst du dich denn nicht auf eins hinwenden mit deinen fünf Sinnen und das ganz auffassen? – Wenn du sprichst, bist du gescheut und gibst manchen Aufschluß, von dem die Philosophen noch nichts wissen. – Schreib doch was! – hast du mir nicht Kindermärchen versprochen? – schreib doch alles auf, was du im Kloster erlebt hast, du kannst so schön davon erzählen. – Was treibst du denn mit der Günderode? – Lernst du mit ihr? – Ich hab so große Sorge um dich, ich muß manchmal die Hände ringen, daß alle Anmut deines Geistes den vier Winden preisgegeben ist.« – Der liebste Clemens! – ich mußte ihn küssen in der stillen Nachtdämmerung auf seine leuchtende Stirn unter den schwarzen Locken für seine Liebe. Es ward windig, da saßen wir beide, in seinen Mantel gewickelt, und sahen den Wolken zu, wie sie sich eilten; da sagte der Clemens so viel von Dir, was Dich gewiß freut, Du seist so hell wie der Mond. – Das flüchtige, unstete Wesen, was Dich oft befalle, sei nur wie Wolken, die über den Mond hinziehen und verdunkeln – aber Du selber seist reines, poetisches Licht, und Du drängest tief ins Gehör, der Klang Deiner Gedichte sei Geistesmusik – und dies sei jetzt nur der Eingang zum Geisteskonzert, in dem sich immer und nach allen Seiten Melodien entfalten; und es sei so edel, sich innerlich einem solchen Leben hingeben, und so könnte und sollte ich auch mich sammeln, daß ich meinen Geist nicht wegwerfe und ein Leben führe, das würdig sei. – Was meinst Du, daß ich zu all diesem gesagt hab? – Nichts! – mir wird bang einen Augenblick, daß ich so selbstverlassen bin und daß sich mein Geist nichts um mich bekümmern will, in die Weite hinausschweift, wo eine Biene sich unscheinbare Blüten sucht, von denen nippt – aber Honig will er nicht machen, er verzehrt alles selber. – Da nun die Biene aus Ins- tinkt Honig macht, mein Geist aber nicht, so wird der wohl nicht überwintern, wo er dann keinen Vorrat braucht – er gehört wohl ins Land, wo ewiger Frühling ist. Der Clemens ist eben wieder in die Stadt, der ganze Himmel ist überzogen – da regnet's schon so gewaltig – ob er wohl schon in der Stadt ist? – er geht in ein paar Tagen zu Schiff nach Mainz und Koblenz und bleibt drei Wochen am Rhein, also wirst Du ihn sehen.

Bettine

Ich hab ihm versprechen müssen, daß ich bei seiner Rückkehr was wollt geschrieben haben, ich werde nie besser verstehen lernen, wie die Welt mit Brettern zugenagelt ist, als wenn ich versuche, ein Buch zu schreiben, und wenn nun gar der Clemens von einer freien Zukunft spricht und daß ich ohne ein Buch zu schreiben nie meine Zukunft werde genießen! – Ein Buch ist dick und hat viel leere Seiten, die alle voll zu schreiben, kann ich doch nicht aus der Luft greifen, mir deucht dies erst recht eine Fessel meiner Freiheit. – Wenn ich mich an den kienernen Schreibtisch setze, und es fällt mir gar nichts Extraes ein, und ich schneide mit dem Federmesser eine dumme Fratze nach der andern in den Tisch, die mich alle auslachen, daß mir nichts einfällt, da werf ich mein Buch weg, wo lauter Versanfänge drin stehen und kein Reim drauf. – Es ist wirklich eine Unmöglichkeit. Ich möcht dem Clemens alles zulieb tun, was er will, aber ich hab einmal keine Gedanken; andre Leute waren schon vor mir da, ich bin zuletzt gekommen, also was ich auch vorbringen könnt, so haben's andre schon früher erlebt; ich ging einmal mit dem Clemens dies Frühjahr spazieren, da waren allerlei neu aufgeblühte Kräuter, die ich nicht kannte, die wollt ich brechen; er sagte: wenn du bei jedem Mauseöhrchen oder Vergißmeinnicht hockenbleibst, so werden wir nicht weit kommen; daran denke ich jetzt immer, wenn ich was Neues in mir selber erfahr, daß andre dies alles wohl schon wissen und nichts Neues mehr für sie sein mag, wie jene Violen und Gänseblümchen am Weg, die ich mir sammeln wollte. So schreib ich's denn nicht auf, und auch, weil die Gedanken sich an mich hängen wie Schmetterlinge an die Blumen, wer soll sie haschen? – sie merken's gleich und fliegen davon, und fasse ich einen, so hab ich bald seine schöne Farbe abgewischt mit dem Schreibefinger, oder seine Flügel erlahmen. Und so ein Gedanke in der Luft flattert so lustig, aber auf dem Papier kann er sich nicht wiegen wie auf der Blume, und kann sich nicht auf die Rosen setzen von einer zu andern, er sitzt da wie angespießt. Ich seh's ja an denen paar, die ich so erwischt und aufgeschrieben hab. –

Da war ich grad am End vom Garten, ich lief eilig hinein, weil ich ihn geschwind ins Buch schreiben wollt, eh ich ihn vergesse, und jetzt, sooft ich das Buch aufmache, lacht mich der Gedanke aus und sagt: du bist recht dumm. Jetzt will ich Dir nur gleich das Blatt herausreißen, und da les die Gedanken, die ich wie Hasen auf einer dürftigen Jagd hab zusammenschießen müssen, und bin mit jedem einzelnen aus meinem Gedankenwäldchen nach Haus gelaufen, um ihn aufzuschreiben, und immer die drei Treppen hinauf. – Weißt du was? – die drei Treppen waren mir nicht zu hoch, aber ich hab mich geschämt vor den drei Treppen, wahrhaftig, ich hab die Augen zugedrückt, weil ich dacht, sie merken's, daß ich so eine kümmerliche Natur hab und bring da die armen nackten Gedanken-Pfeilmuter an; so heißen im Tirol die Schmetterlinge, ich hab's vorm Jahr auf der Messe gelernt bei dem Tiroler, der im Braunfels Handschuh verkauft, der mit dem schönen schwarzen Bart, Du weißt, Du sagtest, der hab ein Antlitz und kein Gesicht, ich fragte: was ist das, ein Antlitz? – Du belehrtest mich, das sei noch aus der Form Gottes, nach seinem Ebenbild geschaffen, aber Gesichter, die seien nur so nachgepetert, wo die Natur nicht hat wollen mit dabei sein und die Philister allein sich erzeugen lassen; und da hab ich Dich gefragt: »Hab ich ein Antlitz?« – da hast Du gelacht und gesagt: »Es stickt noch zu tief in der Knospe, ich kann's nicht erkennen.« Noch an jenem Abend hab ich mich vor den Spiegel gestellt und gebetet, Gott soll mich doch aus der Knospe herauslassen mit einem Antlitz und nicht mit einem Gesicht; denn wenn ich kein Antlitz hab, wie kann ich da einem Antlitz gefallen? Noch an jenem Abend fragte ich die Frau Hoch, weil Wartfrauen von Schönheitsmitteln manches wissen, sie meinte, wenn man keine Sünde tue, so könne man nicht unschön werden, und wenn es darauf ankomme, so werde ich gewiß mich vor allen Sünden hüten; wie aber die Frau Hoch drauß war, um dem Kindchen die Suppe zu kochen, da kletterte ich vors Fenster auf das Blumenbrett und hockte mich ganz klein zusammen; wie sie wieder hereinkam, war's ganz still, es war dunkel und noch kein Licht angezündet, da meinte die Hoch, sie wär allein und wollte ihr Abendgebet hersagen, weil das Kindchen noch schlief. – »›Jetzt geh ich ins ewige Leben‹, sprach er mit freudiger Seele, neigte das Haupt und erbleichte.« Das hörte ich auf dem Blumenbrett vom Gebet der Frau Hoch. Ich dachte, ob es wohl unrecht sein möge, sie zu belauschen, und da fiel mir meine Antlitzknospe ein, ob die vom Meltau der Sünde hierdurch könne angegriffen werden, denn so gescheut war

191

ich wohl, daß dies keine Kapitalsünde sei; aber weil ich absolut wollt wunderschön sein und ohne den geringsten Tadel, so hielt ich mir die Ohren mit beiden Händen zu, um nichts zu hören; da ließ ich die Stange los vom Brett und wär schier in den Hof gefallen. Ich konnt mir die Ohren nicht versperren, wenn ich nicht fallen wollt, und da hört ich sie noch singen:

Wenn der güldne Morgen blinkt,
Der zu dieser Hochzeit winkt,
Wo die reinen Seraphinen
Bei der hohen Tafel dienen. –

Da sang ich die zweite Stimme; die Hoch sieht sich in allen Ecken um, holt Licht, sucht oben auf dem Ofen, auf dem Vorhanggestell und überall und kann mich nicht finden. Ich pflückte eine Nelke vom Stock und stellte mich in den Fensterrahm, den stieß ich auf und reicht ihr die Nelke. Da stand sie mit ihrem kleinen Wachsstock und beleuchtet mich und meint, ich wär eine Erscheinung. Ich bin ihr aber um den Hals gefallen, denn ich hab die Frau sehr lieb. Ich fragte, ob's eine Sünde sei, daß ich ihr zugehört hab, die sagte: »Das ist grad keine Sünde, aber Sie hätten können in den Hof fallen, und da wollen wir lieber ein Danklied singen, daß Sie nicht gefallen sind.« – Hier hast Du das Lied, zu dem ich eine Melodie gemacht hab.

Der du das Land mit Dunkel pflegst zu decken,
Ach reine mich von jedem leisen Flecken.
Reich mir der Schönheit Kleid,
Daß ich an jedem Morgen meiner Blüte
Erkennen mag, wie deine Gnad sie hüte. –
Obschon die Sonne entzogen ihre Wangen,
Obschon ihr Gold der Erde ist entgangen,
Das kränket mich nicht sehr.
Erleucht in mir nur deines Geistes Licht,
Dadurch der Schönheit Geist wird aufgericht.
Kann ich des Nachts gleich nicht zum Schlafen kommen,
So mag dies meiner Schönheit dennoch frommen,
Das endet, wenn man stirbt.
Gib nur, o Gott, daß ich so Nacht wie Tag

Der Schönheit Ruhe mir erhalten mag.
Wenn du mich willst, o Schöpfer, einst genießen,
Muß über mich der Born der Schönheit fließen,
Wie wollt ich fröhlich sein! –
Sonst acht ich nichts, was Mut und Blut beliebt,
Noch was die Welt, noch was der Himmel gibt.

Die Hoch sagt: »Sie haben das Lied schön verketzert, kein Mensch wird's für ein Andachtslied erkennen.« – Ich hab es doch mit wahrer Andacht gesungen; ist es eine Sünde, so wollen wir lieber ein Bußlied singen, damit mir nicht gar noch ein Bart davon wächst. Die Hoch sagte: »Ach, gehn Sie doch, das wär Ihnen grad recht, wenn Ihnen ein Bart wüchse.«

Am andern Morgen ging die Tonie zum Tiroler, und ich ging mit, um mir sein Antlitz einzuprägen; ich dachte, wenn man sich was tief in die Seel schreibt, so blüht's am End mit einem auf, und weil die Tonie Handschuh aussuchte, setzte sich ein Schmetterling, der vom Main herübergeflogen kam, auf den Strauß an seinem Hut. »Ach, guck den Schmetterling, den haben die Blumen an deinem Hut herbeigelockt!« – Der Tiroler fragte: »Was ist das für ein Ding, ein Schmetterling?« und sieht ihn fliegen und ruft: »Ei was, das ist ja ein Pfeilmuter und kein Schmetterling. Du bist ein Schmetterling« und kriegt mich um den Hals und küßt mich auf den Mund. Die Tonie macht ein bös Gesicht und kauft gleich keine Handschuhe mehr bei ihm und geht fort. »Na«, ruft er ihr nach, »nehm Sie's nit übel, das Madel nimmt's ja auch nit übel auf«, und die Tonie mußt lachen und die Handschuh kaufen. Die Geschicht wollt ich als immer aufschreiben, weil sie mir gefällt, aber zu einem Buch paßt sie nicht, denn sie ist ja gleich aus, und was soll dann weiter passieren? – Der Clemens meint, ich soll alles schreiben, was mir durch den Kopf geht, er denkt, es wär Markt da; er schreibt, ich soll aus dem Kloster alles aufschreiben, aber nun les nur erst die dummen Gedanken, die in meinem Buch stehen, ob man da was Vernünftiges dran schreiben kann, und hab's noch dazu auf den Deckel inwendig geschrieben, weil ich meint, ich wollt's recht voll schreiben; ja, hat sich was, ich bin schon über vier Wochen noch immer am Deckel. Da steht erstens obenan:

Ob Tugend nicht auch Genialität sein möchte und ob wir vielleicht nur deswegen so mühselig hinanklettern zum Erhabenen, weil wir kein Genie haben.

Das war auf der Pappel, an der ich so bequem hinaufklettern kann, ich sah die Vögel geflogen kommen und dacht in mir, du hast kein Genie, du mußt mühselig zu allem hinanklettern, und dann kannst du dich nicht oben erhalten, mußt immer wieder hinunter. – Und da fühlt ich recht in mir, wie alles in mir schwankt, nichts erreichen kann, wie ein Feuer in mir braust, jede Kunst liegt in mir so nah, ich mein, ich hätte sie schon in mir, die Wangen glühn mir gleich so hoch, sie brennen mir, wenn ich nur in die Ferne denk, da liegen mir goldne Berge. Ich steh da, als hätt ich nur den Zauberstab in der Hand, alles inwendig im Geist, aber wenn's heraus soll, da bleib ich beim Buchdeckel und muß mühselig Sandkörnchen für Sandkörnchen zusammentragen. Wie ich von der Pappel herunter der Trepp herauf war und hatt meinen ersten papiernen Gedanken aufgeschrieben, der mich noch immer anlachte – so wollt ich doch noch ein bißchen im Abendschein mich wiegen, denn beim Wiegen kommen mir Gedanken. Kaum war ich der halben Pappel hinaufgeklettert, so fiel mir schon wieder was ein, ich klettert also gleich wieder herunter und wieder die Treppe hinauf und schrieb auf:

Der ganze Mensch muß in sich einverstanden sein, nämlich Herz und Kopf und Hand und Mund.

Da stand ich noch so eine Weile vor dem Gedanken still und dacht, vor dem hätt ich immer auf der Pappel können sitzen bleiben, und es tat mir schon leid, daß ich das Buch mit bekleckst hatte; aber weil der Clemens gesagt hatte, ich soll alles schreiben, was mir durch den Kopf geht, so wollt ich's durchsetzen. Jetzt gefällt mir aber doch etwas in dem Gedanken, ich kann ihn ja zu was Großem machen, wenn ich einen großen Sinn hineinlege, und wenn ich alles, was ich so schreib, ohne zu wissen warum, mit Gewalt wahr mache. – Ja, ich fühl, es hängt mit dem ersten Gedanken zusammen, es ist die Genialität der Tugend, wenn der ganze Mensch in sich einverstanden ist, und es ist gewiß, was die meisten nicht tun. Ach, nun kommt mir gar die Moral in Weg, laß mich nur lieber die Gedanken weiter abschreiben, dann kleb ich den Deckel zu vom Buch, daß ich sie nicht mehr seh. – Dann fallen mir vielleicht bessere Sachen ein, die nicht so steifstellig sind. Ich bin also wieder auf meine Pappel geklettert, denn es ist mir grad, als kämen mir nur da oben Gedanken; aber kaum war ich droben, so mußt ich auch schon wieder herunter, und der kam mir ganz begeisternd vor, so daß ich mit großen Freuden meine drei Treppen heraufgesprungen kam.

Den Geist nähren, das ist Religion.

Ja, wenn ich das könnt, dacht ich, wie ich wieder auf meiner Pappel saß und jetzt nicht mehr herunter wollt, denn es war so schön geworden der ganze Himmel, Abendrot, und der Luftkristalle unendlich viele, die schnell in Purpur anschossen, was hab ich alles gesehn von Farben und von wogenden Wipfeln, die sich einschmelzenden Farben und Lichtglanz in der Ferne, und wie war die Natur so gütig gegen mich, grad als ob ich sie nicht verleugnet hätt gehabt mit meinem Aberwitz auf dem Papier. Alles Selbstdenken kommt mir wie Sünde vor, wenn ich in der Natur bin; könnt man ihr nicht lieber zuhören? – ja, Du meinst, davon denkt man ja, daß man ihr zuhört, nein, das ist doch noch ein Unterschied. Wenn ich der Natur lausche, zuhören will ich's nicht nennen, denn es ist mehr, als man mit dem Ohr fassen kann, aber lauschen, das tut die Seele. – Siehst Du, da fühl ich alles, was in ihr vorgeht, ich fühl den Saft, der in die Bäume hinaufsteigt bis zum Wipfel, in meinem Blut aufsteigen, ich steh so da und lausch – und dann – da empfind ich – ich denk aber nicht grad oder doch nicht, daß ich's wüßt, aber wart nur einmal, wie's weiter geht. – Alles, was ich anseh – ja, das empfind ich plötzlich ganz – grad als wär ich die Natur selber oder vielmehr alles, was sie erzeugt, Grashalme, wie sie jung aus der Erd heraustreiben, dies fühl ich bis zur Wurzel und alle Blumen und alle Knospen, alles fühl ich verschieden. – Seh ich den großen Rosenstrauch an da auf dem Inselberg, er hatte beinah schon abgeblüht, jetzt ist ein Nachschuß da, das betracht ich alles, das dringt mir alles mit etwas ins Herz, soll ich's Sprach nennen? – mit was berührt man denn die Seel, ist die Sprach nicht die Lieb, die die Seel berührt, wie der Kuß den Menschen berührt? – Vielleicht doch; nun, es ist das, was ich in der Natur erfahr, gewiß Sprache, denn sie küßt meinen Geist, – jetzt weiß ich auch was küssen ist, denn sonst wär's nichts, wenn's das nicht wär, jetzt geb acht:

Küssen ist, die Form und den Geist der Form in uns aufnehmen, die wir berühren, das ist der Kuß; ja, die Form wird in uns geboren,

und darum ist die Sprache auch küssen, es küßt uns jedes Wort im Gedicht, alles aber, was nicht gedichtet ist, das ist nicht gesprochen, das ist nur gegautzt wie die Hunde. Ja, was willst Du denn anders mit der Sprache, als die Seele berühren, und was will der Kuß anders, er will die Form in sich saugen und die Seele berühren, alles das ist eins, ich hab's von der Natur gelernt, sie küßt mich beständig, ich mag gehn und stehn, wo ich will; sie küßt mich, und ich bin auch schon so ganz dran gewöhnt, daß ich ihr gleich mit den Augen entgegenkomme, denn die Augen sind der Mund, den die Natur küßt; siehst Du, so fühl ich auch, daß mich eine Knospe anders küßt als eine Blume, denn warum? sie sind verschieden in der Form, dies Küssen ist aber Sprechen, ich könnt sagen: Natur, dein Kuß spricht in meine Seele hinein – ja, das ist auch ein Gedanke, den ich ins Buch geschrieben hab, aber den wollt ich stehenlassen, an ihn kann ich noch weiteres anknüpfen. Ach, wenn ich mich so umseh, wie sich alle Zweige gegen mich strecken und reden mit mir, das heißt küssen meine Seele, und alles spricht, alles, was ich anseh, hängt sich mit seinen Lippen an meine Seelenlippen, und dann die Farbe, die Gestalt, der Duft, alles will sich geltend machen in der Sprache; nun ja, die Farbe ist der Ton, die Gestalt ist das Wort, und der Duft ist der Geist, so kann ich wohl sagen, die ganze Natur spricht in mich hinein, das heißt, sie küßt meine Seele, davon muß die Seele wachsen, es ist ihr Element, denn alles hat sein Element in der Natur, was Leben hat. Der Seele ihr Element ist also das Schauen, das ist das Lauschen, sie saugt alle Form, das ist die Sprache der Natur. Aber die Natur hat nun auch selbst eine Seele, und diese Seele will auch geküßt sein und genährt, grad wie meine Seele von ihrer Sprache genährt wird, wenn ich so durchdrungen war von ihr (denn es gibt Augenblicke, wo die Seele wie ein Feuer ist von Leben, wo sie ganz und gar nur das ist, was sie in sich aufgenommen, nämlich Selbstsprache der Natur, da erkennt sie die Natur wieder als nahrungsbedürftig), so hab ich vor ihr gestanden und hab mich wieder in sie hineingesprochen, ich hab sie geküßt mit meinen Seelenlippen. Sieh, das war Geist, der war nicht gedacht, der war ursprünglicher Lebensgeist ohne Erdform, Gedanken ist die Erdform des Geistes – aber mein Geist hat diese Form nicht angenommen, als er mit ihr sprach, es war nicht Gedanke, es war nicht Gefühl oder Empfindung, denn das deucht mir auch noch verschieden, es war Wille – ja Wille war's, der sah so rasch und fest die Natur an, als wolle er ihr nun wieder schenken alles, was sie ihm gab, nämlich Leben. – Das ist's, alles ist ein Wechselwirken, alles, was lebt, gibt Leben und muß Leben empfangen. – Und glaub nur nicht, daß alle Menschen leben, die sind zwar lebendig, aber sie leben nicht, das fühl ich an mir, ich leb nur, wenn mein Geist mit der Natur in dieser Wechselwirkung steht. – Da weiß ich auch, daß Tränen noch gar keine Folgen von Schmerz zu sein brauchen oder von Lust – sie können auch eine natürliche Folge sein, wie auch Schlaf die Folge ist vom aufgeregten Geist. – Denn ich muß oft plötzlich weinen, ohne vorher gerührt zu sein, das ist also gewiß, wenn die Natur mich so erfaßt, heimlich meine Seele erschüttert, daß sie weinen muß. Und oft leg ich mich auch am Boden auf die sammetschwarze, aufgepflügte Erde, die so warm von unten auf dampft, und das wärmt mich, weil ich dann frier – ja, der Geist friert in mir, da leg ich mich am Boden hin, da wird gleich der ganze Geist wieder warm, da fühl ich's, wie's durch den Kopf zieht und durch die Brust, und da muß ich gleich die Hände betend zusammenhalten. Siehst Du, das ist alles nicht gedacht und ist doch Geist – Geist, der mit der Natur in Wechselwirkung ist. – Ich bin ordentlich froh, daß ich heut das Wort gefunden hab, ich hätt schon früher mit Dir davon gesprochen, aber ich fand die Worte nicht – aber ich könnt Dir noch ganz andere Sachen sagen – ach nein, ich fürcht mich gar nicht vor Dir, daß Du mich schelten solltest, Du wirst wohl auch mit mir einverstanden sein, daß, soweit der Geist seinen Flug erheben mag, so weit darf er auch; warum hat ihm Gott Flügel gegeben? Geist ist ja eigentlich Fliegen. – So muß ich lachen über die Lotte, wenn die von Konsequenz spricht, das ist kein Geist – Inkonsequenz ist Geist – im Flug hin und her schweben, alles, was er berührt, gleich mit ihm zusammenfließen, das ist Geist, daß er gleich sich verwandle in das, was er berührt, so verwandelt der wahre Geist sich in die Natur, weil die ihm begegnet allüberall, weil ihr Berühren mit ihm allein Geist ist, er wär nicht, wär die Natur nicht leidenschaftlich seiner bedürftig, das eben ruft ihn jeden Augenblick ins Leben, Geist ist fortwährendes Lebendigwerden, um die Natur zu küssen, seine Formen in sie prägen; die Natur saugt die Geistesformen in sich, davon lebt sie, und Geist fließt durch alle Gestalten mit ihr zusammen; so faßt die Natur sich selber in ihren Formen, das ist eben der ganz göttliche Reiz an ihr. Reiz ist Zauber, wo kann Zauber her entstehen als durch das Sichselbsterfassen? – ja, das ist schon wieder was Neues, das wollen wir morgen besprechen. Heute abend tut mir der Nacken weh vom Schreiben – das wollt ich nur noch sagen: mein Geist, oder durch mich spricht der Geist mit ihr, und dabei bin ich ganz unregsam, ich besinn mich nicht, ich denk nichts, ich hab keine Betrachtung, aber nachher kann ich davon erzählen, wie Du siehst, heut zum erstenmal, also erzeugt das Ineinanderfließen des Geistes mit der Natur doch Gedanken, die man nachher hat. – Was sind das aber vor Gedanken, einer könnt sagen, es sind Lügen oder Dummheiten, Fabeleien und also keine Gedanken, denn was kann ich's beweisen, oder zu was frommen und führen diese Gedanken? Ja, das ist es eben, Geistesgedanken berühren nichts, was schon da ist, sie erzeugen neu, da siehst Du wieder, daß ich recht hab; weil der Geist und die Natur sich einander berühren, so sind sie fortwährend lebendig und erzeugen fortwährend neu, denn wir sollen übergehen in ein neu Leben nach diesem Leben, wie sollen wir's aber anfangen, wenn der Geist sich nicht selber hinübererzeugt in die andre Welt? – er muß sich also selbst wie ein klein Kind im Mutterleib tragen, er muß mit sich gesegnet (guter Hoffnung) sein und muß sich nähren, bis er selbst als Frucht in sich reif wird, dann bringt er sich zur Welt, wo, wie und wann – das ist alles einerlei; eine reife Frucht kommt allemal zur Welt, die Welt ist da vor der Frucht, sie kann nicht aus jener Welt, in das ihr Leben überstrebt, herausfallen, sie kann nur in sie geboren werden. Der Geist also, der fortwährend mit der Natur sich küßt, das heißt, der ihre Sprache trinkt, der nährt sich selbst in ihr, um sich zu gebären; die Natur tut das auch, sie reift sich für die künftige Frucht des Geistes, in ihrem Berühren mit ihm, und so wird die neugeborne Frucht des Geistes in die Welt einer höher gereiften Natur übergehen, denn Gott läßt nie von der Natur, überall ist sie es, die der neugebornen Seele wieder begegnet, wieder ihr Formen ihr zu küssen gibt, das heißt ihre Sprache, die ihr in die Seele spricht, wovon die Seele sich nährt; so ist es gewiß mit allen lebenden Kreaturen, die so weit sind, daß der Geist schon gelöst ist und selbst denken kann. – Alle Menschen erleiden dieselbe Berührung von der Natur, sie wissen's nur nicht, ich bin grade wie sie, nur der Unterschied ist, daß ich bewußt bin, denn ich hab das Herz gehabt, dringend und mit leidenschaftlicher Liebe zu fragen, andre Menschen lesen's wohl als poetische Fabel, daß die Natur um Erlösung bitte, andre Menschen empfinden wohl eine Unheimlichkeit, wenn sie so in der lautlosen, stillen Natur dastehen, es bedrängt ihr Herz, sie wissen weder den Geist zu wecken in sich noch zu bezwingen; da gehen sie ihr fühllos aus dem Weg, ihr Inneres sagt ihnen wohl, hier geht was vor, du solltest dich dem hingeben, dann überkommt sie eine Angst, und sie ziehen sich wieder ins Gewohnheitsleben, wo eine Mahlzeit die andere verabschiedet, bis der Schlaf obendrauf sich einstellt, und dann ist der Tag und die Nacht herum; und dafür hätte man gelebt? – Nein, das ist nimmermehr wahr! – der Gedanke hat mich schon lang verfolgt: ›Warum lebst du doch?‹ – besonders eben, wenn ich so manchmal bei Sonnenuntergang spazieren ging – im Wald auf der Homburger Chaussee, da stand ich als still und fragte mich das, da hörte ich diese traurige Stille der Natur, da lag eine Scheidewand zwischen mir und ihr, da fühlt ich deutlich, daß ich nicht bis zu ihr drang; da dacht ich, wenn's nicht eine lebendige nähere Beziehung gab zu ihr, so würdest du das nicht so deutlich empfinden, du fühlst ja ordentlich in deiner Seele, wie sie traurig ist, also geht sie doch lebendig an dich heran, und du fühlst, daß sie einen Geist hat, der ihr allein angehört und der sich mitteilen will, da faßt ich mir einmal ein Herz und wollte sprechen, da wußt ich nicht, sollt ich laut mit ihr sprechen, wie mit den Menschen, denn ans Küssen ihrer Form und so mit ihr sprechen, das war mir nicht deutlich, obschon gewiß ich es unbewußt im Kloster getan, denn vom Kloster da kann ich Dir gar wunderliche Dinge sagen. – Ich dachte an einem Sonntagmorgen, als wir den Weg von Bürgel aus der Kirche zurückkamen, heut wollt ich am Nachmittag mir einen recht einsamen Platz suchen und wollt da mit ihr sprechen ganz laut, wie man mit den Menschen spricht, und es war mir ganz schauerlich, als ich aus einem großen Garten, wo wir zusammen mit andern waren, herausschlich und längs der Chaussee am Wald ging, dann den Bach verfolgte, der mir entgegengerauscht kam, und so kam ich an eine Stelle, wo Felssteine liegen, und der Bach teilt sich und muß Umwege machen und schäumt und braust; da blieb ich eine Weil stehen, das Brausen war mir grad so ein Seufzen, das lautete mir, als wär's von einem Kind; da redete ich auch zu ihr wie zu einem Kind. »Du! – Liebchen – was fehlt dir?« – und als ich's ausgesagt hatte, da befiel mich ein Schauer, und ich war beschämt, wie wenn ich einen angeredet hätte, der weit über mir stehe, und da legt ich mich plötzlich nieder und versteckte mein Gesicht ins Gras, und um Anfang war ich ganz betäubt, daß ich gar nicht wußte, warum ich dahergekommen war, aber nach und nach besann ich mich, und nun, wo ich an der Erde lag mit verborgnem Gesicht, da war ich einmal zärtlich; ach, ich sag Dir – – tausend süße Dinge drängten sich aus meinem Seelenmund, ein Begehren, sie zu lieben; ich weiß nicht, wie's nachher gewesen ist, ich konnt ungern vom Platz aufstehen, aber da ward mir so heiß auf dem Kopf, und wie ich ihn aufhob, schien die Sonne so kräftig, und nichts war mehr düster und traurig, alles lebendig, ich war in der Seele, als hab ich ein neu Leben empfangen, und die Wellen im Bach, die über die Steine sich teilten, schienen mir voller zu rieseln und lauter, und ich mußte alles so tief ansehen, und da lernt ich gleich ihre Formen fassen, ich sah sie viel kräftiger an, und ich hatte unter zwei Tannen gelegen, die ihre Äste noch bis zum Erdboden hängen hatten, und guckte die feinen Nadeln an, wie sie so gleichmäßig gereiht waren, und wie sie die klebrigen Knospen so schützend in ihrer Mitte tragen. Da dacht ich, ist doch kein Gedanke so kräftig und so wahr wie dieser Baum, und ich hab noch nichts gehört von Menschen sagen, wo der Gedanke gleich schon eine Knospe der Zukunft in sich bewahrte; und drum ist auch alles platt und kein Leben drin, denn alles, was lebendig ist, das muß die ganze Zukunft in sich tragen, sonst ist es nichts, und alles Tun der Menschen muß so sein, sonst ist's Sünde, und da dacht ich, wie ist es möglich, daß jede Handlung gleich den Keim der Zukunft in sich fasse? aber da wußt ich's gleich, nämlich jede Handlung muß den höchsten Zweck haben, und ein hoher Zweck ist ja doch die Knospe der Zukunft. Oh, ich wollt gleich die Welt regieren, und die Leute sollten sich verwundern, das hab ich in jenem ersten Moment gelernt von der Natur, wie ich das machen soll, und glaub nur, ich würde nie fehlgehen, im Anfang würde es viel Staub setzen, wenn ich gegen das alte Gemäuer anrennen ließ, wenn aber erst die Staubwolken sich gelegt hätten, dann um so schönerer, hellerer Himmel. – Aber als ich am Boden lag, da mischten sich auch meine Träume mit dem Erdreich, aber der Nacken tut mir so weh, ich kann nicht mehr schreiben, und ich wollt Dir doch noch so viel sagen! – Es ist schon Morgen, die Sonn kommt schon, gute Nacht.

Montag

Ich hab heut im Schlaf gedacht, ich bin doch recht glücklich; alles, was ich Dir gestern aufgeschrieben hab, das war in meinem Buch mit folgendem ledernen Gedanken bezeichnet:

Alle Form ist Buchstabe, wisse die Formen zusammenzusetzen, so hast Du das Wort (Kuß), und durch dieses den Sinn (Gedanken), Liebesnahrung des Geistes. –

Nein, daraus würde wohl keiner klug werden! – und auch keiner sich drum kümmern, so ein Gedanke, den man aufbewahrt, ist wie eine gedürrte Pflaume, ganz verhutzelt und verkohlt. Nein, es ist eine Unmöglichkeit, ein Buch zu machen aus dem, was mir durch den Kopf geht, es ist ungehobeltes Zeug, was sich sperrt, wenn's in Gedanken soll gefaßt werden. – Und kein Mensch kann's brauchen, selbst der Clemens würde fürchten daß ich übergeschnappt sei, von Dir erwart ich, daß Du mich ungestört anhörst, es ist doch einmal nicht zu ändern, Ihr gebt Euch Mühe, meine Gedanken zu konzentrieren (auf etwas fest richten soll das, glaub ich, heißen), das ist aber grad, was nie geschehen wird, denn ich selbst kann's nicht erzwingen von mir, ich sag mir oft, nur jeden Tag eine halbe Stunde Geduld, so wirst du gewiß Herr über alles, was du lernen magst. – Aber wenn ich das denk, so schaudert's mich, als ob ich gesündigt hätt mit dem Gedanken. Gestern nahm mich die Großmama ins Gebet über meine vermöglichen Fähigkeiten, sie sagt: »Wer den Most nicht fassen kann in Gefäße, der kann ihn nicht bewahren«; da hielt sie mich mit beiden Händen und sah mich groß an, da versprach ich ihr alles; da sagte sie: »Lern doch Latein«, und ich versprach's ihr, aber gleich befiel mich eine frevelige Angst, und mir klopfte das Herz vor Ungeduld, daß sie mich loslassen solle, aber aus Ehrfurcht bleib ich vor ihr stehen, und wie sie sah, daß meine Wangen so brannten, da sagt sie: »Geh hinaus, liebs Mädele, in die Luft, und morgen wollen wir weitersprechen.« – Gleich klettert ich aufs Dach von der Waschküch und erwischte so einen Akazienzweig und kletterte hinüber auf den Akazienbaum und hab in umhalst und wieder abgebeten, daß ich gesagt hab, ich wollt Latein lernen.

Bettine

An die Bettine

Ich habe Deine Briefe erhalten, die Du seit meiner Abreise mir schreibst. Ich muß mich kalt machen, daß Deine Flammen mich nicht angreifen, doch such ich Dir nachzuempfinden, und meine Mühe ist nicht ganz umsonst – doch staun ich, wie gewaltig Dich alles ergreift und daß dies alles nicht Deine Gesundheit aufreibt; denn wie mir einleuchtet, so kannst Du unmöglich viel schlafen? – Und dabei dies unruhige Leben, wo jeder Augenblick Dich aufs neue reizt – ich glaub selber, daß Du einen Dämon hast, der Dich wieder stärkt, wie könntest Du sonst alles fassen? – und Dein Herz, ist es nicht voll zum Überlaufen, der Gärtner, der Moritz, der Franzose, der Clemens und ich doch auch – und Deine frühen Wanderungen im Boskett, Du schläfst nicht aus, es wird nicht lange so fortdauern können – ich selbst fühl mich hier anders wie sonst. – Die Zukunft leuchtet mir nicht helle, und ich hab so große Lust nicht mehr am Lebendigen, an der Märchenwelt, die unsre Einbildung uns damals so üppig aufgehen ließ, daß sie die Wirklichkeit verschlang, doch wird sich's ändern, gewiß, wenn wir wieder zusammen sind; diesen Winter denk ich ernstlich mich zu überwinden, ich hab mir einen Plan gemacht zu einer Tragödie, die hohen spartanischen Frauen studier ich jetzt. Wenn ich

nicht heldenmütig sein kann und immer krank bin an Zagen und Zau-
dern, so will ich zum wenigsten meine Seele ganz mit jenem Heroismus
erfüllen und meinen Geist mit jener Lebenskraft nähren, die jetzt mir
so schmerzhaft oft mangelt, und woher sich alles Melancholische doch
wohl in mir erzeugt. – Doch fürchte nichts für mich, es sind nur Minuten, wo mich's überfällt wie starker Frost, doch Deinen frühlingsheißen
Briefen widersteht er nicht. – Heut und gestern war ein Grünen und Blühen in mir – und ich lese sie gern wieder, dann bin ich immer wieder
glücklicher gestimmt, ich danke Dir dafür. – Auch von Clemens sagst Du
mir, was mich freute. – Lebe wohl. – Dein Naturbrief besonders hat mir
Freude gemacht, er ist wie das Zwitschern junger Vögel, die sich noch im
Nest der Ätzung freuen, die die Mutter in Fülle ihnen gibt; sind sie erst
flügge, dann werden vielleicht auch da Geistesgesetze herausfließen, von
der Natur gegründet für den Geist, der sie als göttlich zu fassen vermag,
aber sie werden wohl nimmer im Buchstaben können gefaßt werden,
zum wenigsten nicht in unserm Jahrhundert. –

Ist denn das alles von Gedanken, was Du in Dein Buch aufgeschrieben? o verliere nichts. Hier sende ich Dir ein paar Lieder; lese sie, wie
man Gedichte liest, ohne zu großen Affekt. Denk, daß der Reim auch
die Stimmung leitet, und glaub nicht gleich, ich sei zu traurig. – Gedichte
sind Balsam auf Unerfüllbares im Leben; nach und nach verharscht es,
und aus der Wunde, deren Blut den Seelenboden tränkte, hat der Geist
schöne rote Blumen gezogen, die wieder einen Tag blühen, an dem es
süß ist, der Erinnerung Duft aus ihnen zu saugen.

Die Pilger hab ich vor acht Tagen geschrieben, auf das letzte: Der
Lethe Fluß, hatte Dein Emigrantenverkehr Einfluß; ich weiß nicht wie.

Ist St. Clair noch nicht zurückgekehrt? war er bei Dir? –

Beilage.

DIE PILGER

Der eine Pilger
Ich bin erkranket
An Liebespein,

Möcht nur genesen
Wolltst mein Du sein.

Dein liebreich Wesen,
Dein Lippenrot
Hält mich gefangen
Bis an den Tod.

Mein Aug ist trübe,
Meine Jugend verdorrt,
Muß Heilung suchen
An heilgem Ort.

Ich greif zum Stabe,
Ich walle zum Meer,
Es brausen die Winde,
Es tobet das Meer.

Die Vöglein fliegen
So lustig voran,
Sie suchen den Frühling
Und treffen ihn an.

Es hält mich die Liebe,
Ich bliebe so gern,
Doch ziehet mich Wehmut
Zum Grabe des Herrn.

Mich sehnet, o süße
Geliebte, nach Dir,
Doch wähl ich das Grab mir
Des Heilands dafür.

Da knie ich nieder
Voll bitterem Schmerz,
Da kann ich Dich lassen,
Da bricht mir's Herz.

Lebt wohl denn, ihr Augen
Voll freundlichem Schein,
Mein Blick soll zum Himmel
Gerichtet nur sein.

Der andre Pilger
Ich scheide froh vom Vaterland
Und suche den geliebten Strand,
Wo Jesus Christus wallte,
Wo er in Demut angetan
Des Erdenlebens schwere Bahn
Mit stillem Sinne wallte.

Was ist die Herrlichkeit der Welt
Und alles, was dem Sinn gefällt?
Ich will ihm froh entsagen.
Die irdsche Kette fällt von mir,
Und Jesu! nur zu Dir! zu Dir! –
Will ich mein Sehnen tragen.
Die Märterkrone windet mir
Und Seligkeit wohl für und für,
Wenn ich vollendet habe.
O süße Buße! himmlisch Leid!
In frommer Einfalt, Seligkeit
Ihr wohnt am heiligen Grabe.

LETHE

Du rollst, o Bach, mit stillem Stolz die Flut,
Und düstergrün umhüllen dich Gesträuche,
In deiner Well erstirbt die Rosenglut,
Die lieblich glänzt vom fernen Geisterreiche.

Dir schmeichelt nicht die Gunst der Gegenwart
Mit Blütenduft, mit Zephirs kühlem Säuseln,

Kein Glück, das in der Zukunft Schleier harrt,
Wird deine Wog in holden Spielen kräuseln.

Erbebend schaut es die Vergangenheit,
Wann deine Flut der Schatten Heer umweben,
Wie die Gebilde der entflohnen Zeit
Zum öden Nichts auf deiner Well entschweben.

Du wallest stolz! des Helden Lorbeerkranz,
Die Myrte durch Cytherens Hauch erzogen,
Der Tugend Palm in des Olympos Glanz
Verlieren sich in deinen düstern Wogen.

Entführt durch sie dahin, wo Zeit und Raum
Verschwinden, wo in trüber Nebelferne
Dein dumpfer Fall ertönt, dein weißer Schaum
Im Chaos strahlt statt lichtbegabter Sterne.

Hinweg von dir! – die blütenreiche Luft,
Der Zauber in Elysiums Gefilden
Verführ mich nicht, der rosenfarbne Duft
Mag sich umsonst an deinem Ufer bilden.

Vergebens weht hier magisch süß ein Ton
Zu mir herab aus seliger Geister Chören,
Erschiene selbst Latones großer Sohn,
Sein Phöbusauge wird mich nicht betören.

Für Seligkeit, die ich noch nie genoß,
Sollt ich in Lethe meine Lust versenken?
Und Schmerzen, die ich lang in mir verschloß,
Für unbekannte Freuden hinzuschenken.

Nein! jed Gefühl, zur Qual und auch zur Lust,
Vom Hauch der Erdenluft in mich geboren,
Die Leidenschaft bekämpft in meiner Brust –
Den Siegerstolz! ich geh ihn nie verloren.

Es drückt das Herz, wenn eine fremde Macht
Ihm Gottheit gibt, es sträubt sich dieser Würde,
Mit höherem Stolz entsagt es dieser Pracht
Und schmiegt sich liebend seiner Erdenbürde.

Kann ich die Seligkeit auf jener Flur
Nur durch den Tod von diesem Ich erringen,
So leite fern von ihrer Zauberspur
Mich die Erinnerung auf ihren zarten Schwingen.

Ich trag im Busen mein Elysium,
Und dieses blühe mir auf Blumenmatten
Elysischer Gefild! ich bringe stumm
Es sonst zum Styx, zu ungeweihten Schatten.

Dich aber fleh ich an, Erinnerung!
O Göttin! die den Gram um Freuden tauschet,
Und wie ein Lilienduft mit leisem Schwung
Durch die Verzweiflungsnacht zum Troste rauschet.
Nimm deinen Wanderstab und schlage kühn
Der stolzen Lethe Flut, daß ihre Wellen
In Nichts verdurstend, ewig schüchtern fliehn,
Elysiums Strand nicht spottend mehr umschwellen.

Die Schatten jauchzen dann, im Götterglanz
Der Tugend Traum entfaltend, wie der Fehler Bürde,
Wo Lethe floß; umschwebt vom ewigen Tanz
Der Anmutschwestern, in ihrer Selbstheit Würde.

Der Kuss im Traum

Es hat ein Kuß mir Leben eingehaucht,
Gestillet meines Busens tiefes Schmachten,
Komm, Dunkelheit, mich traulich zu umnachten,
Daß neue Wonne meine Lippe saugt.

In Träume war solch Leben eingetaucht,
Drum leb ich, ewig Träume zu betrachten,
Kann aller Freuden Glanz verachten,
Weil mir die Nacht so süßen Balsam haucht.

Der Tag ist karg an liebesüßen Wonnen,
Es schmerzt mich seines Lichtes eitles Prangen,
Und mich verzehren diese heißen Gluten.

Drum birg dich, Tag, dem Leuchten irdscher Sonnen,
Hüll dich in Nacht, sie stillet dein Verlangen
Und heilt den Schmerz, wie Lethes kühle Fluten.

An die Günderode

Schon zehn Tage bist Du fort, alle Tage kommt der Jud mit dem leeren
Sack; ich ließ ihn heut den Sack um und um kehren, weil ich dacht, es
müsse sich Dein Brief drin finden, den ich so sicher erwartete, aber es
war nichts herausgefallen als Brotkrümel, und kein Krümelchen Deiner
Feder für mich – wonach ich gar nicht so hungrig bin, wenn ich nur weiß,
daß alles noch beim alten ist und daß Du gesund bist – Weißt Du mir
nichts zu schreiben, so such ich mir aus meinen Briefen meine Religions-
prinzipien zusammen, ich hab noch allerlei Nachgedanken berauschen-
der Quellen der Natur hervorströmen und mir deucht, ich sollte sie auch
noch zu schöpfen versuchen. –
   Bei der Großmama ist ewiger Besuch, heute spazierte man zu sieb-
zehn Fürstlichkeiten im Garten auf und ab, die Großmama zum Bewundern in Anmut und Würde alle überstrahlend, Isenburg, Reuß, Erbach
und etliche Hessische Durchlauchten und nebenbei noch der Herzog
von Gotha, der schon längere Zeit täglich Brot ist, im Haus, nämlich
alle Mittag um drei Uhr kommt er herausgefahren und läßt sich von mir
die Depeschen vorlesen und Journale; dann geht er in den Garten, wo
er Bohnen gepflanzt hat, die muß ich ihm begießen helfen. Die Großmama spricht von seinem Genie, mir gefällt, daß er mit mir umgeht wie
mit einem Kind, er nennt mich Du! fragt mich nie nach was anderm, als
was ich mit ja oder nein beantworten kann, weiter hab ich ihm nichts

gesagt bis jetzt. – Im Garten läßt er mich in der Sonnenhitze den Regen-
schirm tragen, und er trägt die Gießkanne; letzt war er so matt, daß er
sich hinstellen mußte, ich sagte, er solle den Parapluie tragen, ich wolle
die Gießkanne nehmen; er meinte, die sei wohl zu schwer für mich; als er
aber sah, daß ich sie mit ausgestrecktem Arm weit ab durch die Luft trug,
um mein Kleid nicht naß zu machen, so nennt er mich seitdem die starke
Magd. – Seine roten Haare, die einen verzweiflungsvollen Schwung
haben wie ein schweres Ährenfeld, das der Hagel verwüstet hat, und
sein blasses Angesicht geben ihm in der Abenddämmerung das Ansehen
von einem Geist; ich hab mich vor ihm gefürchtet, wie er mich abends
durchs Boskett begleitete. Die Großmama hatte alle Fürstlichkeiten an
der Wagentüre begrüßt und dagegen protestiert, daß sie unter das Dach
ihrer Grillenhütte kommen; sie wollten aber absolut in die Grillenhütte
herein, und so ward diese bald zu eng. – Im Garten machte der Herzog
selbst eine Weinkaltschale mit Pfirsich, denn er panscht gern; ich mußte
dazu alles herbeiholen in die Geißblattlaube; da er mich nun immer
starke Magd nannte, so passierte ich bei der hohen Gesellschaft für ein so
seltnes Monstrum; zuletzt sagte er noch: geh an unsern Bohnenstangen
und sorge, daß die breitfüßigen und krummbeinigen Spaziergänger sie
nicht umtreten; ich holte mir die Schawell und setzte mich mitten ins
Bohnenfeld, wo ich nicht mehr bemerkt wurde, es war mir eine Labung,
denn ich war betäubt und müde; alles kann ich ertragen, nur nicht das
Brausen der Menschenreden, die kein Feuer, keinen Zweck haben und
immer in der Luft herumgreifen und nichts fragen und nichts anregen;
besser wär's, schweigen. Bis das Ton wird, was unendlichen Vorteil bringen mag, da kann noch viel Wasser den Main hinunterfließen; am Abend
ging alles ins Boskett, die Musik zu hören, es war mit bunten Lampen
erleuchtet, die Orangerie auf der Terrasse am Main jetzt in ihrem schönsten Flor, ach, ich war so müde und betäubt – was ich geträumt habe, weiß
ich nicht mehr, es war schön, denn ich wachte auf, wie trunken von Behagen, aber doch so schwindlig, daß sich die starke Magd an der Hand vom
Herzog nach Haus führen ließ; er fuhr in die Stadt, er rief mir noch aus
dem Wagen zu: leg dich zu Bett, starke Magd, du siehst ganz blaß aus. –

17ten

St. Clair war heute hier, zwischen zehn und ein Uhr, ich lag noch zu Bett,
ich hatte die Großmama um Erlaubnis fragen lassen auszuschlafen, weil

mich am Abend der Duft der Orangerie ganz betäubt hatte, er wartete auf mich hinter der Pappelwand. Es gibt Weh, darüber muß man nicht verstummen; die Seele möchte sich mit begraben, um es nicht mehr empfinden zu müssen, daß solcher Jammer sich über einem Haupte sammeln könnte, und wie konnte es auch? – Oh, ich frage! und da ist die Antwort: weil keine heilende Liebe mehr da ist, die Erlösung könnte gewähren. Oh, werden wir's endlich innewerden, daß alle Jammergeschicke unser eignes Geschick sind? – daß alle von der Liebe geheilt müssen werden, um uns selber zu heilen. Aber wir sind uns der eignen Krankheit nicht mehr bewußt, nicht der erstarrten Sinne; daß das Krankheit ist, das fühlen wir nicht, und daß wir so wahnsinnig sind und mehr noch als jener, dessen Geistesflamme seinem Vaterland aufleuchten sollte – daß die erlöschen muß im trüben Regenbach zusammengelaufner Alltäglichkeit, der langweilig dahinsickert. – Hat doch die Natur allem den Geist der Heilung eingeboren, aber wir sind so verstandslos, daß selbst der harte Stein für uns ihn in sich entbinden lässet, aber wir nicht – nein, wir können nicht heilen, wir lassen den Geist der Heilung nicht in uns entbinden, und das ist unser Wahnsinn. Gewiß ist mir doch bei diesem Hölderlin, als müsse eine göttliche Gewalt wie mit Fluten ihn überströmt haben, und zwar die Sprache, in übergewaltigem raschen Sturz seine Sinne überflutend und diese darin ertränkend; und als die Strömungen verlaufen sich hatten, da waren die Sinne geschwächt und die Gewalt des Geistes überwältigt und ertötet. – Und St. Clair sagt: ja, so ist's – und er sagt noch: aber ihm zuhören sei grade, als wenn man es dem Tosen des Windes vergleiche, denn er brause immer in Hymnen dahin, die abbrechen, wie wenn der Wind sich dreht – und dann ergreife ihn wie ein tieferes Wissen, wobei einem die Idee, daß er wahnsinnig sei, ganz verschwinde, und daß sich anhöre, was er über die Verse und über die Sprache sage, wie wenn er nah dran sei, das göttliche Geheimnis der Sprache zu erleuchten, und dann verschwinde ihm wieder alles im Dunkel, und dann ermatte er in der Verwirrung und meine, es werde ihm nicht gelingen, begreiflich sich zu machen; und die Sprache bilde alles Denken, denn sie sei größer wie der Menschengeist, der sei ein Sklave nur der Sprache, und so lange sei der Geist im Menschen noch nicht der vollkommne, als die Sprache ihn nicht alleinig hervorrufe. Die Gesetze des Geistes aber seien metrisch, das fühle sich in der Sprache, sie werfe das Netz über den Geist, in dem gefangen er das Göttliche aussprechen müsse, und solange der Dichter noch den Versakzent suche und nicht vom Rhythmus fortgerissen werde, solange habe seine Poesie noch keine Wahrheit, denn Poesie sei nicht das alberne sinnlose Reimen, an dem kein tieferer Geist Gefallen haben könne, sondern das sei Poesie: daß eben der Geist nur sich rhythmisch ausdrücken könne, daß nur im Rhythmus seine Sprache liege, während das Poesielose auch geistlos, mithin unrhythmisch sei – und ob es denn der Mühe lohne, mit so sprachgeistarmen Worten Gefühle in Reime zwingen zu wollen, wo nichts mehr übrigbleibe als das mühselig gesuchte Kunststück zu reimen, das dem Geist die Kehle zuschnüre. Nur der Geist sei Poesie, der das Geheimnis eines ihm eingebornen Rhythmus in sich trage, und nur mit diesem Rhythmus könne er lebendig und sichtbar werden, denn dieser sei seine Seele, aber die Gedichte seien lauter Schemen, keine Geister mit Seelen. –

Es gebe höhere Gesetze für die Poesie, jede Gefühlsregung entwickle sich nach neuen Gesetzen, die sich nicht anwenden lassen auf andre, denn alles Wahre sei prophetisch und überströme seine Zeit mit Licht, und der Poesie allein sei anheimgegeben, dies Licht zu verbreiten, drum müsse der Geist und könne nur durch sie hervorgehen. Geist gehe nur durch Begeisterung hervor. – Nur allein dem füge sich der Rhythmus, in dem der Geist lebendig werde! – wieder: –

Wer erzogen werde zur Poesie in göttlichem Sinn, der müsse den Geist des Höchsten für gesetzlos anerkennen über sich und müsse das Gesetz ihm preisgeben. Nicht wie ich will, sondern wie du willst! – und so müsse er sich kein Gesetz bauen, denn die Poesie werde sich nimmer einzwängen lassen, sondern der Versbau werde ewig ein leeres Haus bleiben, in dem nur Poltergeister sich aufhalten. Weil aber der Mensch der Begeisterung nie vertraue, könne er die Poesie als Gott nicht fassen. – Gesetz sei in der Poesie Ideengestalt, der Geist müsse sich in dieser bewegen und nicht ihr in den Weg treten; Gesetz, was der Mensch dem Göttlichen anbilden wolle, ertöte die Ideengestalt, und so könne das Göttliche sich nicht durch den Menschengeist in seinen Leib bilden. Der Leib sei die Poesie, die Ideengestalt, und dieser, sei er ergriffen vom Tragischen, werde tödlich faktisch, denn das Göttliche ströme den Mord aus Worten, die Ideengestalt, die der Leib sei der Poesie, die morde – so sei aber ein Tragisches, was Leben ausströme in der Ideengestalt (Poesie) – denn alles sei tragisch. – Denn das Leben im Wort (im Leib) sei Auferstehung (lebendig faktisch), die bloß aus dem Gemordeten hervorgehe. – Der Tod sei der Ursprung des Lebendigen. –

Die Poesie gefangennehmen wollen im Gesetz, das sei nur, damit der
Geist sich schaukle, an zwei Seilen sich haltend, und gebe die Anschauung, als ob er fliege. Aber ein Adler, der seinen Flug nicht abmesse –
obschon die eifersüchtige Sonne ihn niederdrücke – mit geheim arbei-
tender Seele im höchsten Bewußtsein dem Bewußtsein ausweiche und
so die heilige lebende Möglichkeit des Geistes erhalte, in dem brüte der
Geist sich selber aus und fliege – vom heiligen Rhythmus hingerissen oft,
dann getragen, dann geschwungen sich auf und ab in heiligem Wahnsinn,
dem Göttlichen hingegeben, denn innerlich sei dies eine nur: die Bewegung zur Sonne, die halte am Rhythmus sich fest. –

Dann sagte er am andern Tag wieder, es seien zwei Kunstgestalten oder
zu berechnende Gesetze, die eine zeige sich auf der gottgleichen Höhe im
Anfang eines Kunstwerks und neige sich gegen das Ende; die andre, wie
ein freier Sonnenstrahl, der vom göttlichen Licht ab sich einen Ruhepunkt
auf dem menschlichen Geist gewähre, neige ihr Gleichgewicht vom Ende
zum Anfang. Da steige der Geist hinauf aus der Verzweiflung in den heiligen Wahnsinn, insofern der höchste menschliche Erscheinung sei, wo
die Seele alle Sprachäußerung übertreffe, und führe der dichtende Gott
sie ins Licht; die sei geblendet dann und ganz getränkt vom Licht, und
es erdürre ihre ursprüngliche üppige Fruchtbarkeit vom starken Sonnenlicht; aber ein so durchgebrannter Boden sei im Auferstehen begriffen, er
sei eine Vorbereitung zum Übermenschlichen. Und nur die Poesie verwandle aus einem Leben ins andre, die freie nämlich. – Und es sei Schicksal der schuldlosen Geistesnatur, sich ins Organische zu bilden, im regsam Heroischen wie im leidenden Verhalten. – Und jedes Kunstwerk sei
ein Rhythmus nur, wo die Zäsur einen Moment des Besinnens gebe, des
Widerstemmens im Geist, und dann schnell vom Göttlichen dahingeris-
sen sich zum End schwinge. So offenbare sich der dichtende Gott. Die
Zäsur sei eben jener lebendige Schwebepunkt des Menschengeistes, auf
dem der göttliche Strahl ruhe. – Die Begeisterung, welche durch Berührung mit dem Strahl entstehe, bewege ihn, bringe ihn ins Schwanken; und
das sei die Poesie, die aus dem Urlicht schöpfe und hinabströme den ganzen Rhythmus in Übermacht über den Geist der Zeit und Natur, der ihm
das Sinnliche – den Gegenstand – entgegentrage, wo dann die Begeisterung bei der Berührung des Himmlischen mächtig erwache im Schwebepunkt (Menschengeist), und diesen Augenblick müsse der Dichtergeist
festhalten und müsse ganz offen, ohne Hinterhalt seines Charakters sich

ihm hingeben – und so begleite diesen Hauptstrahl des göttlichen Dich-
tens immer noch die eigentümliche Menschennatur des Dichters, bald
das tragisch Ermattende, bald das von göttlichem Heroismus angeregte
Feuer schonungslos durchzugreifen, wie die ewig noch ungeschriebene
Totenwelt, die durch das innere Gesetz des Geistes ihren Umschwung
erhalte, bald auch eine träumerisch naive Hingebung an den göttlichen
Dichtergeist oder die liebenswürdige Gefaßtheit im Unglück; – und dies
objektiviere die Originalnatur des Dichters mit in das Superlative der
heroischen Virtuosität des Göttlichen hinein. –

So könnt ich Dir noch Bogen voll schreiben aus dem, was sich St. Clair
in den acht Tagen aus den Reden des Hölderlin aufgeschrieben hat in
abgebrochnen Sätzen, denn ich lese dies alles darin mit dem zusammen,
was St. Clair noch mündlich hinzufügte. Einmal sagte Hölderlin, alles
sei Rhythmus, das ganze Schicksal des Menschen sei ein himmlischer
Rhythmus, wie auch jedes Kunstwerk ein einziger Rhythmus sei, und
alles schwinge sich von den Dichterlippen des Gottes, und wo der Menschengeist dem sich füge, das seien die verklärten Schicksale, in denen
der Genius sich zeige, und das Dichten sei ein Streiten um die Wahrheit,
und bald sei es in plastischem Geist, bald in athletischem, wo das Wort
den Körper (Dichtungsform) ergreife, bald auch im hesperischen, das sei
der Geist der Beobachtungen und erzeuge die Dichterwonnen, wo unter
freudiger Sohle der Dichterklang erschalle, während die Sinne versunken
seien in die notwendigen Ideengestaltungen der Geistesgewalt, die in der
Zeit sei. – Diese letzte Dichtungsform sei eine hochzeitliche, feierliche
Vermählungsbegeisterung, und bald tauche sie sich in die Nacht und
werde im Dunkel hellsehend, bald auch ströme sie im Tageslicht über
alles, was dieses beleuchte. – Der gegenüber, als der humanen Zeit, stehe
die furchtbare Muse der tragischen Zeit; und wer dies nicht verstehe,
meinte er, der könne nimmer zum Verständnis der hohen griechischen
Kunstwerke kommen, deren Bau ein göttlich organischer sei, der nicht
könne aus des Menschen Verstand hervorgehen, sondern der habe sich
Undenkbarem geweiht. – Und so habe den Dichter der Gott gebraucht
als Pfeil, seinen Rhythmus vom Bogen zu schnellen, und wer dies nicht
empfinde und sich dem schmiege, der werde nie weder Geschick noch
Athletentugend haben zum Dichter, und zu schwach sei ein solcher, als
daß er sich fassen könne, weder im Stoff noch in der Weltansicht der früheren noch in der späteren Vorstellungsart unsrer Tendenzen, und keine

poetischen Formen werden sich ihm offenbaren. Dichter, die sich in gegebene Formen einstudieren, die können auch nur den einmal gegebenen Geist wiederholen, sie setzen sich wie Vögel auf einen Ast des Sprachbaumes und wiegen sich auf dem nach dem Urrhythmus, der in seiner Wurzel liege, nicht aber fliege ein solcher auf als der Geistesadler, von dem lebendigen Geist der Sprache ausgebrütet.

Ich verstehe alles, obschon mir vieles fremd drin ist, was die Dichtkunst belangt, wovon ich keine klare oder auch gar keine Vorstellung habe, aber ich hab besser durch diese Anschauungen des Hölderlin den Geist gefaßt als durch das, was mich St. Clair darüber belehrte. – Dir muß dies alles heilig und wichtig sein. – Ach, einem solchen wie Hölderlin, der im labyrinthischen Suchen leidenschaftlich hingerissen ist, dem müssen wir irgendwie begegnen, wenn auch wir das Göttliche verfolgen mit so reinem Heroismus wie er. – Mir sind seine Sprüche wie Orakelsprüche, die er als der Priester des Gottes im Wahnsinn ausruft, und gewiß ist alles Weltleben ihm gegenüber wahnsinnig, denn es begreift ihn nicht. Und wie ist doch das Geisteswesen jener beschaffen, die nicht wahnsinnig sich deuchten? – Ist es nicht Wahnsinn auch, aber an dem kein Gott Anteil hat? – Wahnsinn, merk ich, nennt man das, was keinen Widerhall hat im Geist der andern, aber in mir hat dies alles Widerhall, und ich fühle in noch tieferen Tiefen des Geistes Antwort darauf hallen als bloß im Begriff. Ist's doch in meiner Seele wie im Donnergebirg, ein Widerhall weckt den andern, und so wird dies Gesagte vom Wahnsinnigen ewig mir in der Seele widerhallen.

Günderode, weil Du schreibst, daß Dir mein Denken und Schreiben und Treiben die Seele ausfüllt, so will ich nicht aufhören, wie es auch kommen mag, und einst wird sich Dir alles offenbaren, und ich selber werde dann, wie Hölderlin sagt, mich in den Leib des Dichtergottes verwandeln, denn wenn ich nur Fassungskraft habe! – denn gewiß, Feuer hab ich – aber in meiner Seele ist es so, daß ich ein Schicksal in mir fühle, das ganz nur Rhythmus des Gottes ist, was er vom Bogen schnellt, und ich auch will mich der Zäsur, wo er mir ins eigne widerstrebende Urteil mein göttlich Werden gibt, schnell losreißen und in seinem Rhythmus in die Himmel mich schwingen. Denn wie vermöcht ich sonst es? – Nimmer! – Ich fiel' zur Erde, wie alles Schicksallose. –

Und Du, Günderode, so adelig, wie Du bist in Deinen poetischen Schwingungen! Klirrt da nicht die Sehne des Bogens des Dichtergottes und lässet die Schauer uns fühlen auch in diesen leisen träumentappenden Liedern: –

Drum laß mich, wie mich der Moment geboren,
In ewgen Kreisen drehen sich die Horen,
Die Sterne wandeln ohne festen Stand.

Sagst Du nicht dasselbe hier? – klingt nicht so der Widerhall aus der Öde in Hölderlins Seele? –

Ach, ich weiß nicht zu fassen, wie man dies Höchste nicht heilig scheuen sollte, dies Gewaltige, und wenn auch kein Echo in unseren Begriff es übertrage, doch wissen wir, daß der entfesselte Geist über Leiden, die so mit Götterhand ihm auferlegt waren, im Triumph in die Hallen des Lichts sich schwinge, aber wir! – Wissen wir Ungeprüften, ob je uns Hellung werde? – Jetzt weiß ich's, ich werd ihm noch viel müssen nachgehen, doch genug zwischen uns davon; eine Erscheinung ist er in meinen Sinnen, und in mein Denken strömt es Licht. –

Anhang

GEDICHTE DER GÜNDERODE

I

Darthula nach Ossian

Nathos schiffet durch den Sturm der Wogen,
Ardon, Althos, seine Brüder mit,
Caibars, Erins König, Zorn zu meiden,
In geheimnisvolle Schatten kleiden
Dunkle Wolken ihren fliehnden Schritt.

Wer? o Nathos! ist an deiner Seite!
Traurig seufzt im Wind ihr braunes Haar,
Lieblich ist sie, wie der Geist der Lüfte,
Eingehüllt in leichte Nebeldüfte;
Schön vor allen Collas Tochter war.

Ach, Darthula! deine irren Segel
Eilen nicht dem waldgen Etha zu.
Seine Berge heben nicht die Rücken,
Und die seeumwogten Küsten bücken
Turas Felsen schon dem Meere zu.

Wo verweilet ihr, des Südes Winde?
Schwelltet Nathos weiße Segel nicht?
Trugt ihn nicht zum heimatlichen Strande?
Lange blieb er in dem fremden Lande,
Und der Tag der Rückkehr glänzt ihm nicht.

Schön, o König Ethas! warst du in der Fremde;
Wie des Morgens Strahl dem Angesicht.
Deine Locken, gleich dem Raben, düster,
Deine Stimme wie des Schilfs Geflüster,
Wenn der Mittagswind sich leise wiegt.

Deine Seele glich der Sonne Scheiden,
Doch im Kampfe warst du fürchterlich.
Brausend wie die ungestümen Wogen,
Wenn vom Nord die stürmschen Winde zogen,
Stürztest du auf Caibars Krieger dich.

Auf Selamas grau bemoosten Mauern
Sah dich Collas Tochter, und sie sprach:
Warum eilst du so zum Kampf der Speere?
Zahlreich sind die düstern Caibars Heere.
Ach! und meiner Liebe Furcht ist wach.

Freuen wollt ich dein mich, deiner Siege,
Aber Caibars Liebe läßt mich nicht.
So sprachst du. Jetzt haben dich die Wogen,
Mädchen! und die Stürme dich betrogen,
Nacht umringt dein schönes Angesicht.

Aber schweiget noch ein wenig, Winde!
Überbraust Darthulas Stimme nicht!
Fürst von Etha! sind dies Usnoths Hallen?
Jene Ströme, die von Felsen fallen,
Sind es Ethas blaue Ströme nicht?

Hier empöret Erin seine Berge,
Ethas Felsenströme brüllen nicht.
Dennoch ruh hier an des Ufers Hügel,
Denn mein Schwert umgibt wie Blitzes Flügel
Dich, du Liebliche, du schönes Licht.

Nathos: sagt das braungelockte Mädchen,
Niemand hat Darthula außer dich,
Denn die Freunde sind mir früh gefallen,
Laß um sie noch meine Klage schallen,
Hör der Trauer Stimme, höre mich.

Abend ward einst, in der Wehmut Schatten
Bargen meines Landes Ebnen sich,
Über hoher Wälder Wipfel schritten
Einzle Lüfte, die aus Wolken glitten,
Da umgaben Trauerschatten mich.

Die Gestalten meiner Freunde gingen
Traurig, Geistern gleich, an mir dahin,
Da kam Colla mit gesenktem Schwerte,
Seinen Blick geheftet an die Erde,
Brennend glühte noch die Schlacht darin.

»Collas letzte einzge Hoffnung«, sprach er;
»Braungelocktes Mädchen! Truthil fiel.
Siegreich kehrt dir nicht der Bruder wieder,
Zu Selama naht Erins Gebieter,
Mit ihm Tausende im Schlachtgewühl.«

Ist des Kampfes Sohn gefallen? seufzt' ich!
Hat der lange Schlaf sein Aug verhüllt?
Oh! so schütze mich der Jagden Bogen,
Glücklich oftmals meine Pfeile flogen,
Tödlich für das dunkelbraune Wild.

Freud umstrahlt den Greisen. Ja, Darthula!
Deine Seele brennt in Truthils Glut,
Geh, ergreif das Schwert vergangner Schlachten!
Also Colla: seine Worte fachten
Höher noch in mir des Kampfes Mut.

Wehmutsvoll verging die Nacht, am Morgen
Schimmerte im Stahl der Schlachten ich. –
Caibar saß zum Mahl in Lonas Wüste,
Als Selamas Waffenklang ihn grüßte;
Seine Führer rief er da zum Krieg.

Warum soll ich, Nathos! dir erzählen
Von des Kampfes schwankendem Geschick?
Ach! umsonst bedeckt von meinem Schilde,
Sank der Vater mir im Schlachtgefilde,
Und in heißen Tränen schwamm mein Blick.

Treulos zeigte da des Mädchens Busen,
Caibar mein zerrissenes Gewand;
Freundlich naht' er, sprach der Liebe Worte,
Führte mich zu meiner Väter Pforte,
Aber Trauer meine Stirn umwand.

Da erschienst du, Nathos! meinen Augen
Freundlich wie ein abendlich Gestirn.
Caibar schwand vor deines Stahles Sprühen
Wie der Nachtgeist vor des Morgens Glühen,
Doch es wölbte Trauer deine Stirn?

Meine Seele glänzte in Gefahren,
Eh ich dich, du schönes Licht! gesehn.
Aber unsre Segel sind betrogen,
Wolken kommen gegen dich gezogen.
Und du wirst in ihrer Nacht vergehn.

Oskar weilet noch an Selmas Küste!
Oskar schiffe durch das dunkle Meer!
Oh, daß Winde deine Segel schwellten!
Zittern würden dann Temoras Helden.
Friede wäre um Darthula her.

Wo wird Nathos deinen Frieden finden?
Wo, Darthula! wo ist für dich Ruh?
Geister der Gefallnen! sprach Darthula:
Truthil! Colla! Führer von Selama!
Winkt ihr mir aus euren Wolken zu!

Nathos! reiche mir das Schwert der Tapfern,
Vater! ich will deiner würdig sein,
In des Stahles Treffen werd ich gehen,
Nimmer Caibars düstre Hallen sehen,
Nein! ihr Geister meiner Liebe! nein!

Freude glänzt in Nathos bei den Worten,
Die das schöngelockte Mädchen sprach:
Caibar, meine Stärke kehret wieder!
Komm mit Tausenden, Erins Gebieter!
Komm zum Kampfe! meine Kraft ist wach!

Ja, er kommt mit Tausenden! rief Ardan;
Schreckbar tönet ihrer Schwerter Schall. –
»Laß zehntausend Schwerter sich empören:
Usnoth soll von Nathos Flucht nicht hören,
Ardan! sag ihm: rühmlich war mein Fall.

Winde! warum brausen eure Flügel?
Wogen! warum rauscht ihr so dahin?
Wellen! Stürme! denkt ihr mich zu halten?
Nein, ihr könnt's nicht, stürmische Gewalten,
Meine Seele läßt mich nicht entfliehn.

Wenn des Herbstes Schatten wiederkehren,
Mädchen! und du bist in Sicherheit,
Dann versammle um dich Ethas Schönen,
Laß für Nathos deine Harfe tönen,
Meinem Ruhme sei dein Lied geweiht. –

Nathos blieb gestützt auf seinem Speere;
Schaurig pfiff der Nachtwind um ihn her,
Aber bei des Morgens erstem Strahle
Drang er vorwärts mit gezücktem Stahle,
Mit dem Führer eilt Darthula her.

Komm zum Zweikampf! ruft er, Fürst Temoras!
Für Selamas Mädchen! – Caibar spricht:
Stolzer, du entflohst mir mit der Schönen,
Wähnst du, Caibar kämpft mit Usnoths Söhnen?
Nein, er kämpft mit Unberühmten nicht.

In des königlichen Nathos Augen
Glänzen Tränen; und er wendet sich
Zu den Brüdern, ihre Speere fliegen
Rache dürstend und gewiß zu siegen,
Erins Reihn verwirren schwankend sich.

Da ergrimmet Caibars finstre Seele,
Und er winket, tausend Speere fliehn,
Usnoths Söhne sinken wie drei Eichen,
Die zur Erde ihre Wipfel neigen,
Wenn des Nordens Stürme sie umziehn.

Gestern sah sie noch der Wandrer blühen,
Ihre stolze Schönheit freute ihn,
Heute beugte sie der Sturm der Wüste,
Sie, die gestern noch die Sonne grüßte.
Sprachlos starret Collas Tochter hin.

Höhnend naht' ihr Caibar: »Mädchen, sahst du
Nathos Land, in fernes Blau gehüllt?
Oder Fingals dunkelbraune Hügel?
Ha! entrannst du auch des Sturmes Flügel,
Über Selma hätte meine Schlacht gebrüllt.«

Caibar sprach's. Da rauscht ein Pfeil, getroffen
Sinkt sie, und ihr Schild stürzt vor sie hin.
Wie des Schnees Säule sank sie nieder,
Über Ethas schlummernden Gebieter
Spreiten sich die dunklen Locken hin.

Da versammelten die hundert Barden
Caibars um Darthulas Grabmal sich,
Ihr Harfen rauschten um den Hügel,
Und es schwang sich des Gesanges Flügel
Für der Mädchen Erins Schönste! dich!

Trauer schreitet an Selamas Strömen,
Schweigen wohnet in den Hallen nun,
Collas Tochter sank zum Schlafe nieder,
Oh, wann grüßest du den Morgen wieder?
Schöngelockte! wirst du lange ruhn?

Weit entfernet ist dein Morgen, nimmer
Stehst du mehr in deiner Schönheit auf;
Ach, die Sonne tritt nicht an dein Bette,
Spricht: »Erwach aus deiner Ruhestätte!
Collas schöne Tochter! steig herauf!«

II

Don Juan
Es ist der Festtag nun erschienen,
Geschmücket ist die ganze Stadt.
Und die Balkone alle grünen,
In Blumen blüht der Fürstin Pfad.
Da kommt sie, schön in Gold und Seide
Im königlichen Prunkgeschmeide
An ihres neu Vermählten Seite.

Erstaunet siehet sie die Menge
Und preiset ihre Schönheit hoch!
Doch einer, einer im Gedränge
Fühlt tiefer ihre Schönheit noch.
Er möcht in ihrem Blick vergehen,
Da er sie einmal erst gesehen,
Und fühlt im Herzen tiefe Wehen.

Sein Blick folgt ihr zum Hochzeitstanze
Durch all der Tänzer bunte Reihn,
Erstirbet bald in ihrem Glanze,
Lebt auf im milden Augenschein.
So wird er seines Schauens Beute,
Und seiner Augen süße Weide
Bringt bald dem Herzen bittres Leiden.

So hat er Monde sich verzehret
In seines eignen Herzens Glut;
Hat Töne seinem Schmerz verwehret,
Gestählt in der Entsagung Mut;
Dann könnt er vorgen Mut verachten
Und leben nur im tiefen Schmachten,
Die Anmutsvolle zu betrachten.

Mit Philipp war, an heilger Stätte,
Am Tag den Seelen fromm geweiht,

Sein Hof versammelt zum Gebete,
Das Seelen aus der Qual befreit;
Da flehen Juans heiße Blicke:
Daß sie ihn einmal nur beglücke!
Erzwingen will er's vom Geschicke.

Sie senkt das Haupt mit stillen Sinnen
Und hebt es dann zum Himmel auf;
Da flammt in ihm ein kühn Beginnen,
Er steigt voll Mut zum Altar auf.
Laut will er seinen Schmerz ihr nennen
Und seines Herzens heißes Brennen
In heilger Gegenwart bekennen.

Laut spricht er: Priester! lasset schweigen
Für Tote die Gebete all.
Für mich laßt heiße Bitten steigen;
Denn größer ist der Liebe Qual,
Von der ich wen'ger kann genesen,
Als jene unglücksel'gen Wesen
Zur Qual des Feuers auserlesen.

Und staunend siehet ihn die Menge
So schön verklärt in Liebesmut.
»Wo ist, im festlichen Gepränge«,
Denkt manche still, »die solche Glut
Und solches Wort jetzt hat gemeinet?«
Sie ist's, die heimlich Tränen weinet,
Die Juans heiße Liebe meinet.

War's Mitleid, ist es Lieb gewesen,
Was diese Tränen ihr erpreßt?
Vom Gram kann Liebe nicht genesen,
Wenn Zweifelmut sie nicht verläßt.
Er kann sich Friede nicht erjagen;
Denn nimmer darf's die Lippe wagen,
Der Liebe Schmerz ihr mehr zu klagen.

Nur einen Tag will er erblicken,
Der trüb ihm nicht vorüberflieht,
Nur eine Stunde voll Entzücken,
Wo süße Liebe ihm erblüht,
Nur einen Tag der Nacht erwecken,
Es mag ihn dann, mit ihren Schrecken,
Auf ewig Todesnacht bedecken.

Es liebt die Königin die Bühne,
Erschien oft selbst im bunten Spiel,
Daß er dem kleinsten Wunsche diene,
Ist jetzt nur seines Lebens Ziel.
Er läßt ihr ein Theater bauen,
Dort will die reizendste der Frauen
Er noch in neuer Anmut schauen.

Der Hof sich einst zum Spiel vereinet,
Die Königin in Schäfertracht
Mit holder Anmut nun erscheinet,
Den Blumenkranz in Lockennacht.
Und Juans Seele sieht verwegen
Mit ungestümem, wildem Regen
Dem kommenden Moment entgegen.

Es winkt, und Flamm und Dampf erfüllen
Entsetzlich jetzt das Schauspielhaus;
Der Liebe Glück will er verhüllen
In Dampf und Nacht und Schreck und Graus;
Er jauchzet, daß es ihm gelungen,
Des Schicksals Macht hat er bezwungen,
Der Liebe süßen Lohn errungen.

Gekommen ist die schöne Stunde;
Er trägt sie durch des Feuers Wut,
Raubt manchen Kuß dem schönen Munde,
Weckt ihres Busens tiefste Glut.
Möcht sterben jetzt in ihren Armen,

Möcht alles geben ihr! verarmen,
Zu anderm Leben nie erwarmen.

Die eilenden Minuten fliehen,
Er merket die Gefahren nicht
Und fühlt nur ihre Wange glühen:
Doch sie, sie träumet länger nicht,
Sie reißt sich von ihm los mit Beben,
Er sieht sie durch die Halle schweben –
Verhaucht ist der Minute Leben.

Mit sehnsuchtsvollem, krankem Herzen
Eilt Juan durch die Hallen hin.
In Wonne, Gram und süße Schmerzen
Versinket ganz sein irrer Sinn,
Er wirft sich auf sein Lager nieder,
Und holde Träume zeigen wieder
Ihm ihr geliebtes, holdes Bild.

Die Sonne steiget auf und nieder;
Doch Abend bleibt's in seiner Brust.
Es sank der Tag ihm, kehrt nicht wieder,
Und sie, nur sie ist ihm bewußt,
Und ewig, ewig ist gefangen
Sein Geist im quälenden Verlangen,
Sie, wachend träumend, anzuschaun.
Und da, erwacht aus seinem Schlummer,
Ist's ihm, als stieg er aus der Gruft,
So fremd und tot; und aller Kummer,
Der mit ihm schlief, erwacht und ruft:
O weine! sie ist dir verloren,
Die deine Liebe hat erkoren,
Ein Abgrund trennet sie und dich!

Er rafft sich auf mit trüber Seele
Und eilt des Schlosses Gärten zu;
Da sieht er, bei des Mondes Helle,

Ein Mädchen auf ihn eilen zu.
Sie reicht ein Blatt ihm und verschwindet,
Eh er zu fragen Worte findet,
Er bricht die Siegel auf und liest:

»Entfliehe! wenn dies Blatt gelesen
Du hast, und rette so dich mir.
Mir ist, als sei ich einst gewesen,
Die Gegenwart erstirbt in mir,
Und lebend ist nur jene Stunde,
Sie spricht mir mit so süßem Munde
Von dir, von dir, und stets von dir.«

Er liest das Blatt mit leisem Beben
Und liebt's und drückt es an sein Herz.
Gewaltsam teilet sich sein Leben
In große Wonne – tiefen Schmerz,
Soll er die Teuerste nun meiden?
Kann sie dies Trauern ihm bereiten?
Soll er sie nimmer wiedersehn?

Er geht nun, wie sie ihm geboten;
Da trifft ein Mörderdolch die Brust.
Doch steigt er freudig zu den Toten,
Denn der Erinnrung süße Lust
Ruft ihm herauf die schönste Stunde,
Er hänget noch an ihrem Munde –
Entschlummert sanft in ihrem Arm.